INNOVATORS' COUNTERATTACK
18 CASES ON NEW QUALITY PRODUCTIVE FORCES

新质生产力的十八堂案例课

郑刚　陈劲　尹西明 ◎ 编著

图书在版编目(CIP)数据

创新者的逆袭.3,新质生产力的十八堂案例课/郑刚,陈劲,尹西明编著.--北京:北京大学出版社,2024.8.--ISBN 978-7-301-35438-4

Ⅰ.G643

中国国家版本馆CIP数据核字第2024UZ2466号

书　　　名	创新者的逆袭3：新质生产力的十八堂案例课 CHUANGXINZHE DE NIXI 3: XINZHI SHENGCHANLI DE SHIBA TANG ANLIKE
著作责任者	郑　刚　陈　劲　尹西明　编著
责任编辑	李沁珂　李　娟
标准书号	ISBN 978-7-301-35438-4
出版发行	北京大学出版社
地　　　址	北京市海淀区成府路205号　100871
网　　　址	http://www.pup.cn
微信公众号	北京大学经管书苑(pupembook)
电子邮箱	编辑部 em@pup.cn　　总编室 zpup@pup.cn
电　　　话	邮购部 010-62752015　　发行部 010-62750672 编辑部 010-62752926
印　刷　者	天津中印联印务有限公司
经　销　者	新华书店
	730毫米×1020毫米　16开本　24印张　425千字 2024年8月第1版　2024年8月第1次印刷
定　　　价	69.00元

未经许可，不得以任何方式复制或抄袭本书之部分或全部内容。

版权所有，侵权必究

举报电话：010-62752024　电子邮箱：fd@pup.cn

图书如有印装质量问题，请与出版部联系，电话：010-62756370

Preface ▶ 前　言

　　2023年9月，习近平总书记在黑龙江省哈尔滨市召开的新时代推动东北全面振兴座谈会上指出，"积极培育新能源、新材料、先进制造、电子信息等战略性新兴产业，积极培育未来产业，加快形成新质生产力，增强发展新动能"。新质生产力是创新起主导作用，摆脱传统经济增长方式、生产力发展路径，具有高科技、高效能、高质量特征，符合新发展理念的先进生产力质态。它主要包括战略性新兴产业和未来产业这两部分内容，特点是创新，关键在质优，本质是先进生产力。要以科技创新推动产业创新，特别是以颠覆性技术和前沿技术催生新产业、新模式、新动能，发展新质生产力。当前，在快速变革的商业世界中，培育发展新质生产力已成为国家、区域和企业高质量发展的关键；而发展新质生产力，其核心是摆脱传统生产力发展路径和类比/模仿思维，依靠颠覆性创新思维另辟蹊径、创新逆袭。

　　在快速变革的商业世界中，创新已成为企业生存和发展的关键。《创新者的逆袭3：新质生产力的十八堂案例课》是继《创新者的逆袭》系列前两部作品之后的最新本土创新案例集。本书旨在通过一系列精选的鲜活中国本土新质生产力创新案例，深入探讨其背后的颠覆性创新思维以及创新与变革管理、创业管理、战略管理等领域的前沿理论及最新中国创新实践，为商学院的师生、企业管理者以及创新实践者提供最新新质生产力及颠覆性创新案例启发。

　　为什么原先如日中天的一些行业领军企业，如诺基亚、摩托罗拉、柯达等，会遭遇"创新者的窘境"，纷纷从巅峰跌落？与此同时，一些后起之秀近年来依靠创新异军突起，如特斯拉、英伟达、OpenAI等，它们背后的创新密码和规律是什么？

什么是颠覆性创新？如何做颠覆性创新？如何实现关键核心技术突破？如何做颠覆性商业模式创新？如何做颠覆性组织变革与制度创新、社会创新、场景驱动式创新？

如何发展新质生产力？新质生产力与颠覆性创新是什么关系？

对于这些问题，读者都能从本案例集中找到答案和获得启发。

《创新者的逆袭：商学院的十六堂案例课》自2017年出版以来，受到了广大读者的热烈欢迎和高度评价。随着时间的推移，我们见证了更多本土企业的创新实践和逆袭故事。为了持续捕捉和分享这些宝贵的经验，我们精心挑选了十八个新的案例，集结成书。

我们编写本书不仅仅是为了展示中国企业如何在不同行业中实现创新逆袭，更重要的是，通过这些案例，我们希望激发读者的创新思维，启迪智慧，促进理论与实践的结合。

本书的出版，具有以下几方面的重要意义：

第一，促进理论与实践的结合。通过鲜活的案例，将抽象的管理理论具体化，使读者能够更好地理解和应用。

第二，盘点本土化的创新案例。本书强调中国本土企业的创新实践，为国内外读者提供独特的视角。

第三，辅助教学与学习。作为教学案例集，本书旨在提升教学效果，同时为学习者提供丰富的学习材料。

第四，激发创新思维。本书的案例分析，有助于激发读者的创新思维，促进其创新能力的提升。

2017年，我们推出的《创新者的逆袭：商学院的十六堂案例课》一书，精选了当时作者主导开发的十六个中国本土的代表性企业或现象级项目的第一手创新案例，例如小米、海尔、吉利等，涉及传统企业如何依靠互联网思维创新转型升级，初创企业或后发企业如何通过组织和制度创新激发企业内部创新活力等，具有较广泛的代表性。该书受到了包括高校师生、企业管理者等在内的广大读者的好评。

在随后几年的教学科研过程中，我们又持续开发了一些新的本土创新案例，并精选了其中十八个案例，例如中车、大疆创新、瑞幸咖啡等，收录在2021

年出版的《创新者的逆袭 2：商学院的十八堂案例课》一书中。

  2024 年 9 月，《创新者的逆袭》系列第三部——《创新者的逆袭 3：新质生产力的十八堂案例课》正式付梓。作为国内首本新质生产力创新案例集，本书紧密围绕创新与变革管理、创业管理、战略管理等相关课程的教学目标和有关理论知识，精选了近几年来本土原创并经过实际课堂检验的创新与变革、新质生产力鲜活案例，其中不少案例入选"全国百篇优秀管理案例"。这些案例严格依据全国工商管理硕士（MBA）教育指导委员会案例编写规范编写而成，旨在助力于创新与变革管理领域的广大教师开展生动的新质生产力案例教学，提升教学效果；同时激荡 EMBA/MBA 学员和经济管理专业研究生、创新实践者的新质生产力思维和颠覆性创新思维，启迪创新智慧。

  在书的呈现形式和阅读体验方面，我们在努力顺应数字经济时代的阅读趋势的同时进行了创新。例如，在内容上努力做到深入浅出、图文并茂，更多的图片及视频链接以二维码形式置于文后，便于读者理解；在版式设计上进一步改善，提升了本书的可读性和综合阅读体验。

  本书不仅适合作为 EMBA/MBA、管理类研究生的教材，还适合作为学习相关管理学知识的本科生、高级管理培训班和短期进修班学员的参考用书，对广大企业管理人员、创业者的创新与变革管理实务提升也具有重要价值。

  作为国家级一流本科课程"创新管理"的指定教材《创新管理（精要版）》的配套案例集，本书附有案例教学使用说明材料，任课教师可以联系北京大学出版社进行免费索取。

  本书的框架设计、统稿工作主要由浙江大学郑刚教授、清华大学陈劲教授、北京理工大学尹西明副研究员合作完成，其间得到了清华大学技术创新研究中心、浙江大学创新管理与持续竞争力研究中心这两所中国重要的创新管理研究机构的鼎力支持。浙江大学邬爱其教授、王颂副教授、金珺副教授，博士、硕士研究生邓宛如、莫康、朱国浩、王晨宇、陈泰伦、周飞，本科生段奕荷、林文丰、应佳薇、王含伊等一起合作开发了部分案例；北京理工大学管理与经济学院尹西明副研究员及硕士研究生苏雅欣，清华大学陈劲教授、李纪珍教授等共同参与了各案例的编写与完善工作。北京大学出版社经管图书事业部责任编辑李沁珂、周莹老师对本书的编辑出版工作给予了大力支持。在此，对她们表示由衷谢意！

当今变革时代的颠覆性远超以往，创新与变革的频率也越来越高，周期越来越短，案例的编写往往无法完全跟上变革的步伐。由于时间较紧，本书的部分案例内容仍有很多方面不尽如人意，疏漏之处在所难免。衷心希望广大师生、企业管理工作者能够给予批评和指正，及时反馈使用意见，以使我们不断改进。

郑刚、陈劲、尹西明

2024 年 9 月 10 日

Preface ▶ 序　言
以新技术、新产业驱动新质生产力*

新质生产力是由技术革命性突破、生产要素创新性配置、产业深度转型升级而催生的当代先进生产力，它以劳动者、劳动资料、劳动对象及其优化组合的质变为基本内涵，以全要素生产率提升为核心标志，是党中央立足新发展阶段，深刻把握新一轮科技革命和产业变革大势，面向加快推进中国式现代化等核心目标任务提出的重要概念，是对马克思主义生产力理论的创新和发展，进一步丰富了习近平新时代中国特色社会主义经济思想的内涵，既具有重要的理论意义，又具有深刻的实践意义。要运用体系思维，从新技术、新产业、新场景等方面出发，理解和把握其中的深刻内涵与内在逻辑，识别制约新质生产力形成的深层次障碍，让各类先进优质生产要素向发展新质生产力顺畅流动和高效配置，进而以新质生产力促进经济高质量发展。

一、强化颠覆性技术、前沿技术对经济发展的新动力作用

颠覆性技术被称为"改变游戏规则""重塑未来格局"的革命性力量，它能突破现有技术轨道而转向新的技术轨道，以革命性方式改变经济发展的形态，形成强有力的新质生产力。人类历史上的蒸汽动力技术、汽车技术、交流电技术、电报技术、电子商务技术等都是典型的颠覆性技术，既形成了现代的汽车、电力、通信、互联网等庞大的产业体量，也对人类生活和社会变迁带来

---

* 陈劲、朱子钦：《以新技术、新产业驱动新质生产力》，《经济》，2024年第1期，第22—24页。

了深远影响。当前,世界正处于颠覆性技术不断产生的阶段,生成式人工智能技术正在快速发展;3D打印正重塑传统制造业,颠覆甚至重构传统供应链体制;现代合成生物技术正在革命性地改造传统农业和传统制药业。

前沿技术则是各技术领域最先进甚至是"从0到1"的技术。如以材料的结构功能复合化、功能材料智能化、材料与器件集成化为特征的新材料技术开发,是中国各行业关键核心技术突破"卡脖子"问题的关键,也是推动中国经济增长的关键。例如,具有多功能、多参数和作业长期化的海洋技术,包括天然气水合物勘探开发技术、大洋金属矿产资源海底集输技术、现场高效提取技术和大型海洋工程技术等,可以大幅提升中国对海洋资源的科学有效利用,形成对中国整体经济产生重大带动作用的、具有超大产业规模的海洋经济。为此,加强对前沿技术的探索与开发,并形成颠覆性技术,是进一步实现高水平科技自立自强的重大举措。

从"足够好"的颠覆性创新,到"足够强"的颠覆性技术,中国已经提出了更合理的科技创新战略。我们要进一步鼓励科技领军企业、高校、科研院所加强对前沿技术、颠覆性技术的开发,使这两类技术成为中国当前和未来科技创新的重点。其间,高校和科研院所要努力探索5—10年甚至更长远的前沿技术和颠覆性技术,科技型中小微企业更是要把前沿技术和颠覆性技术作为创业的根基,从而更好地推动中国的创业向以技术创业为主的趋势转化。

二、强化未来产业、战略性新兴产业对经济增长的重要价值

未来产业是基于前沿技术、颠覆性技术的产业,是发展潜力大、对经济社会具有全局带动和重大引领作用的产业,是面向未来并决定未来产业竞争力和区域经济实力的前瞻性产业。2023年中央经济工作会议进一步强调对"量子、生命科学等未来产业新赛道"的探索与发展,具有重要的政策导向,这将进一步加快产业"未来化"进程,进一步助力中国产业发展并攀升全球价值链的顶端。2023年中央经济工作会议首次提出"打造生物制造、商业航天、低空经济等若干战略性新兴产业",这表明中央更为关注更前沿、更落地的战略性新兴产业发展。

我们要基于"非对称战略",提出符合国家或者区域资源禀赋特色的未来产业重点布局方向,特别是要具备国际视野,立足国际竞争,强化战略思维,

奋力在未来产业的谋划方面走在世界先进国家前列。如进一步发展好中国具有较大优势的新能源汽车产业和正在形成新优势的柔性电子材料产业、合成生物产业等。同时，要积极探索大模型、算力、元宇宙等驱动的新一代人工智能产业，基于"后香农"理论的未来通信产业，基于生物工程的现代农业、食品业和制药业等。

近年来，安徽省合肥市加快了新型显示、集成电路、人工智能等三大战略性新兴产业的发展，2022年合肥市战略性新兴产业产值增长14.3%，占规模以上工业产值的比重为56.2%，创历史新高。同时，其又充分发挥基础研究雄厚的优势，不断探索量子科技、聚变能源、深空探测等未来产业，已经成为中国战略性新兴产业和未来产业发展最快、成效最显著的城市，和北京、上海、深圳同为综合性国家科学中心建设城市，在短短15年左右的时间里国内生产总值从千亿元攀升到万亿元。合肥市的经验表明，对未来产业进行不竭的探索，就能形成对中国经济增长具有重大带动作用的战略性新兴产业，就能从根本上形成新质生产力，促进经济的快速、健康发展。

三、强化国家战略需求和丰富场景对新质生产力的驱动作用

以国家战略需求为导向，充分利用好中国超大规模市场、强大生产能力的优势，依托重大工程与丰富场景，以体系观统筹发挥各创新主体的主观能动性，形成支持颠覆性技术、前沿技术，推动战略性新兴产业和未来产业的发展，从而加快中国现代化产业体系建设，切实激发经济活力、巩固和增强经济回升向好态势，持续推动经济高质量发展。

近年来，场景驱动形成的精准经济值得关注。京东方、海尔等大力发展场景驱动的物联网经济，形成了企业可持续发展的强大后劲。三峡集团、国家电网、中车集团等央企坚持以重大工程项目为牵引，以场景驱动推动中国复杂产品或系统的研制，走出了中国特色社会主义经济发展道路。场景驱动创新既是将现有技术、数据、产品和服务应用于特定场景，进而创造更大价值的过程，也是基于未来趋势与愿景需求，驱动战略、技术、数据、组织、市场需求等创新要素及情境要素整合共融，不断开发新产品、新业态、新商业模式的过程。要积极开发面向颠覆性技术、未来产业预测的决策支持平台，综合运用人的主观洞见（头脑风暴、未来蓝图分析、情景分析、德尔菲法等）和机器的定量分

析（知识图谱、技术预见、文献计量、交叉影响分析、趋势外推等），依据人机深度融合的混合智能智慧大脑，持续开展关于颠覆性技术、未来产业的战略预见等，为形成有中国特色且世界领先的未来技术和未来产业布局提供决策支撑。

因此，在中国经济高质量发展过程中，要把握场景驱动的新范式、新机遇，发挥中国超大规模市场和丰富应用场景的优势，全力发展精准经济，全面塑造发展的先导优势，加速实现从创新追赶到创新引领的跨越。

四、强化新质生产力对中国经济高质量发展的关键支撑作用

培育以新型劳动者队伍为代表的高质量生产要素。数智化工具等新型生产要素能够极大地延展和增强传统生产要素的功能，全面提升生产要素的质量。从人的要素角度出发，通过与新型生产要素结合，数智化赋能的劳动者在知识素养、劳动技能、劳动质量、创新能力等方面得到系统升级，成为能够创造新质生产力的战略人才和能够熟练掌握新质生产资料的应用型人才，可以显著优化劳动力结构，释放人才红利，全面提升劳动生产率；从物的要素角度出发，新质生产力可以有效推动数智化工具与资本、土地、技术等传统生产要素深度融合，使传统要素摆脱时间和空间的限制，推动要素价值增值、要素成本降低、要素结构优化，显著提高投入产出效率，从而促进经济高质量发展。

打造充分掌握关键核心技术的新型生产工具。大数据、云计算、人工智能、新一代移动通信、人形机器人、脑机融合、新材料、精密制造等技术将推动机器、工具、技术设备等传统生产工具实现功能、性能、效能上的全面跃升，发挥促进新兴产业发展的乘数倍增效应。当前，"数据（新型生产要素）+算法（新型劳动工具）+算力（新型劳动主体）"驱动的科技革命和产业变革已经成为全球竞争的焦点，将会对各国的经济、社会、文化、安全、国防等各方面产生深远影响，直接关系到未来数十年的世界发展格局。要以时不我待、只争朝夕的紧迫感加快突破关键核心技术，在新型生产工具的全球竞争中赢得主动权，高度重视通用技术，全力推进筑底板、锻长板、补短板，有力支撑传统产业升级以及战略性新兴产业和未来产业发展。

塑造适应新质生产力的生产关系。在数字中国建设的浪潮下，经济发展的时空限制被加速打破，需求端和供给端之间的"信息差"快速消减，更高效低

损的资源配置和更科学精准的供需匹配成为可能,这必将催生新型生产组织模式和劳动方式。从组织模式来看,受限于物理空间和地租逻辑的机械化、同质化、孤岛化、集中式、排他性生产将逐步迈向数字空间无限供给的柔性化、个性化、平台化、生态化、共享化生产;从劳动方式来看,数智化赋能的劳动者将成为企业活力和价值创造的真正来源。普通劳动者与企业家在特质、能力方面的差距越来越小,甚至有机会超越企业家。劳动者将不再是困在格子间里或生产线上的工具人,而是灵活响应市场需求和持续创新的主人翁。通过拥有契约的签订权、执行权和契约收益的剩余分配权,实现责任、风险与收益的统一,劳动者的主观能动性和首创精神将得到充分释放。

contents ▶ 目 录

第一篇 颠覆性技术与关键核心技术突破

第1堂课　林东：
"牛肉干大王"如何成为"潮流能发电先锋"？ ………… 003

第2堂课　"市场带技术"道路能否让自主CPU龙芯逆袭？ ………… 019

第3堂课　阿里巴巴平头哥，能否在AIoT时代"换道超车"？ ………… 035

第4堂课　"全域自研"战略能否让零跑汽车"领跑"？ ………… 053

第5堂课　专精特新企业如何快速突破工艺类关键核心技术，打造冠军产品？
中集圣达因产学研合作突破"应变强化"技术之路 ………… 069

第6堂课　谁说国产不如进口？联影医疗高端医疗装备
"高举高打"之路 ………… 083

第二篇 颠覆性商业模式创新

第7堂课　从"来往"到钉钉：
"无招"如何"向死而生"？ ………… 101

第8堂课　"绝影"四足机器人：
"中国的波士顿动力"商业化之路走向何方？ ………… 119

第 9 堂课　微医：
　　　　　　数字创新如何改变传统医疗健康行业？ ······················ 133

第 10 堂课　雅乐科技：
　　　　　　"中东小腾讯"崛起之路 ······································ 151

第 11 堂课　屏之物联：
　　　　　　场景驱动京东方朝物联网创新领军者跃迁 ················ 167

第 12 堂课　小视科技：
　　　　　　贴"地"而行，成就 AI 专精特新"小巨人" ············ 185

第三篇　颠覆性组织变革与制度创新

第 13 堂课　如何系统性提升创业成功率？
　　　　　　——小米生态链谷仓学院的"反向孵化"之道 ··········· 205

第 14 堂课　花开岭：
　　　　　　中国首个公益村落将开出怎样的乡村振兴之花？ ········ 223

第 15 堂课　从吸管大王到创业共享平台：
　　　　　　双童的自组织创业裂变 ······································ 239

第 16 堂课　浪潮科创：
　　　　　　国有高科技龙头企业如何通过内部创新创业迎接
　　　　　　下一次浪潮？ ·· 253

第 17 堂课　数以智友，创新领航：
　　　　　　用友从 ERP 到 BIP 的嬗变秘籍 ································ 267

第 18 堂课　总结：新质生产力与创新逆袭战略 ····················· 283

附录一　教学案例使用说明示例 ·· 313

附录二　案例分析涉及的主要理论依据 ··································· 337

第一篇
INNOVATORS' COUNTERATTACK

颠覆性技术与关键核心技术突破

INNOVATORS' COUNTERATTACK

第 1 堂课

林东：

"牛肉干大王"如何成为"潮流能发电先锋"？

摘　要：
ABSTRACT

多年来，世界各国都在探索海洋潮流能发电的可能性，却一直面临无法实现产业化的技术困境，这一僵局最终被我国一位民营企业家打破，他就是"牛肉干大王"林东。本案例介绍了林东从传统食品行业转型升级进入新能源领域，克服重重困难后建立目前世界最大的潮流能发电站——LHD的传奇历程。林东在潮流能发电领域另辟蹊径探索出的关键核心技术突破路径、低成本快速试错的奏效逻辑及其兼具企业家精神与科学家精神的个人特质，对我国其他领域企业选择合适的创新路径，以实现关键核心技术突破和转型升级具有重要启示。[1]

关键词

潮流能发电　转型升级　第二曲线　关键核心技术　奏效逻辑

---

[1] 本案例由浙江大学管理学院的王颂、邓宛如、郑刚、金珺撰写，入选2022年全国百篇优秀管理案例。

> 具有科学家精神的企业家及具有企业家精神的科学家，是推动人类技术革新的核心力量。
>
> ——杭州林东新能源科技股份有限公司董事长、总工程师 林东
>
> 我回来了，我们的心与奋斗无疆；年轻的臂膀，挽起未来的脊梁；凯歌在唱，我们是你新的荣光；青春绽放，让全世界为我们一起鼓掌……
>
> ——《无疆》

这段朗朗上口的歌词对于很多电视观众来说或许并不陌生，它正是出自央视庆祝中华人民共和国成立 70 周年献礼电视剧《奋进的旋律》的主题曲——《无疆》。自 2020 年 2 月开播以来，《奋进的旋律》就得到社会各界一致好评，收视率位居同时段电视节目全国第一。这部以"中国制造"和"中国创造"为核心的电视剧，讲述了以主人公林杰为代表的群体不畏困难，历经 7 年成功研发出能够持续并网发电的世界首个潮流能发电站，并打造海洋清洁能源高端设备制造产业的故事。跌宕起伏的剧情入木三分地刻画出林杰的形象。而林杰的原型，就是杭州绿盛集团有限公司（以下简称"绿盛"）创始人，杭州林东新能源科技股份有限公司（以下简称"LHD"）董事长、总工程师——林东。从"牛肉干大王"到"潮流能发电先锋"，林东不仅是把牛肉干卖到全国行业第一的知名企业家，还是跨界科技领域，为中国潮流能发电做出突出贡献的科学家。林东的真实经历，甚至比电视剧还要精彩……

成为牛肉干大王（1993—2008）

尽管如今林东的新名片上已经找不到和绿盛牛肉干相关的头衔，但是最初让他走入大众视野的却是一段与高科技完全不沾边的牛肉干创业经历。"没有绿盛牛肉干，今天的我也造不出潮流能发电机组"，在林东看来，正是以往的创业经验为之后 LHD 的成功打下了坚实基础。

林东出生于浙江省温州市，这里是中国民营经济最发达的地区之一。1993

年，林东刚大学毕业，便投身于创业的浪潮。当时中国创业的风云人物都诞生于食品行业，李经纬的"健力宝"和宗庆后的"娃哈哈"名扬四方，这让林东觉得，自己也可以在食品行业中淘到专属的那桶金。他向家里借了30万元注册了绿盛公司，陆续进行了"粒粒橙汁""棒棒冰""牛奶"等项目的创业尝试，却相继失败，最后不仅耗尽家里支持的资金，还欠下了40多万元的债务。

1995年，林东不得不用家里的房子抵债，颜面尽失的他准备结束生意前往国外。就在出发之前，他看到"双汇火腿肠"的市场反响很好，这让他联想到亲戚带回来的牛肉干，并打算利用它进行最后一搏。林东用手头上仅剩的1万多元，将制成的牛肉干运到商场门口摆摊叫卖。意外的是，这些牛肉干收获的市场反响很好，每天几乎都售卖一空，依靠卖牛肉干攒下的钱，他在1996年年末就把之前的欠债悉数还清了。

林东不满足于街边叫卖的小作坊，总希望可以把这个产品做大做强。1998年，他为了学习先进的品牌管理经验，远赴澳大利亚拉筹伯大学攻读MBA（工商管理硕士）学位。学成回国后，林东开始对绿盛的产品进行全新包装，并运用自创的"R&V非竞争性战略联盟"①策略将绿盛牛肉干植入风靡一时的网络游戏，实现资源的整合，迅速扩大了品牌知名度，推动了绿盛的快速发展。2008年，绿盛已经成为年销售额超过10亿元、净利润超过1亿元的牛肉干行业的大品牌。林东也因此成为全球权威杂志《福布斯》（Forbes）2008年第一期的重点报道人物，是继马云之后第二位登上该杂志的中国企业家，获得了"牛肉干大王"的称誉。

"创业从来都是在失败中成功的"，如今提起这段创业经历，林东感慨万千："在创业的过程中，大家首先得发现一个大的趋势，然后跟随着这个趋势找到正确的路。最终你会发现，整个大趋势会推着你不断往前走。如果你的战略再做得好一点，别人又无意追逐，你就很容易勇立潮头。"

---

① R（Reality）& V（Vitality）战略联盟，是将现实资源和虚拟资源结合，具有非竞争性的全新联盟合作模式。2006年，绿盛把天畅科技旗下《大唐风云》游戏的形象用于产品包装和其他宣传渠道，天畅科技则把绿盛牛肉干植入游戏作为"最高能量补充剂"，这使联盟合作双方在共享彼此资源的基础上获取了额外收益，并实现了共享资源效用最大化。

▶ 转型探索（2008—2009）

"绿盛再好，能改变世界吗？"

澳大利亚的留学经历，给林东带来的不仅仅是商业理念的改变，更是理想抱负的触动。林东发现，国外的大学生满脑子都想着要"改变世界"。他对此非常惊讶，因为彼时国内很少有年轻人会想着做改变世界的事，然而，美国的年轻人凭借着自己的努力，不断尝试用科技来改变世界，比如比尔·盖茨的微软、史蒂夫·乔布斯的苹果，等等，众多"以科技改变世界"的事迹深深感染着林东。他开始反思：第一，绿盛就算再成功，也顶多是一个食品品牌，其存在与否会给大家的生活带来很大的改变吗？第二，绿盛销量最好的时候也就卖到11.8亿元，规模再扩大，管理的成本将变得更高，企业的责任和风险也将更大，这对提升企业自身的品牌和产品质量有益吗？"唯有科技创新，才能真正推动社会的进步""创富不是我的梦想，我的梦想是突围，从传统行业中突围出来，实现传统行业与新经济的结合"。

林东开始想着要改变世界："能不能做一些前沿的东西，发现一些新技术，为可持续发展提供帮助？"

寻找可以改变世界的新技术

2008年金融危机蔓延，世界局势动荡，高端人才市场变动加剧。而我国政府实施了一系列刺激经济增长的政策，极大地抵消了金融危机对中国企业的负面影响，使得中国成为拉动世界经济复苏的重要引擎。此时林东明显地感受到中国已经进入快速发展的阶段，新一波的创业机会来临。林东依靠自己多年积攒的资源，在美国洛杉矶建立了创新孵化中心，开始寻找可以改变世界的新技术。2009年，他担任浙江省中国留学生创业人士联谊会会长，并成为杭州大学生创业联盟的首任轮值主席。为响应政府实施海外高层次人才引进计划，林东把目光聚焦到了"海归"项目和大学生创业平台上，一口气在猎户烧烤等8个项目中投资了上千万元。但受到金融危机的波及，多半项目在第一年就宣告失败，新能源项目成了为数不多的幸存者。

林东一方面感到十分惋惜，另一方面又为此庆幸："或许新能源领域有着最合适的机会？"他抬头望向天空，看不到蓝天白云，只有灰蒙蒙的雾霾——此时正是大气污染最严重的时期，随着国内工业产值的不断提高，工业生产引发的能源以及环境问题越来越突出。与此相对应的是，一系列支持新能源产业发展的政策相继出台，新能源产业迎来新的机遇（见附件1）。"想要持续生存下去，就必须发展新能源，这就是锁住未来人类刚需的技术！"

为了了解先进的新能源技术，林东多次拜访在美国多年的材料科学家丁兴者和流体力学科学家黄长征，并进行了长时间的沟通交流。彼时，黄长征已在风能、太阳能光伏发电领域进行了尝试，并基于强大的动手能力，在美国洛杉矶的一个仓库内率先完成了一些样品的制作。这让林东眼前一亮："不如就此一试？"，三人决定在美国洛杉矶进行新能源项目的创业。

但经过一段时间的深入了解，林东发现如今风能和太阳能光伏发电技术已经发展得相当成熟，且都容易受到天气和季节的影响。尤其是在风能发电领域，他们的努力也只是杯水车薪，"别人已经做得相当好了，我们再重新去做十分不经济"。是否还有别的可能性呢？林东很快就有了新的思路：在众多新能源中，有一种清洁能源只有"当太阳不再升起、地球不再转动、月球不复存在时，才会枯竭"，那就是海洋潮流能。全球海洋能可开发利用的总蕴藏量为10亿千瓦左右，我国更是占了其中近20%，达1.9亿千瓦，这意味着我国在海洋潮流能领域具有得天独厚的地理优势；另外，由于发电不稳定、转换效率不高、设备无法实现大型化等因素，潮流能发电技术瓶颈始终未被突破，即便是起步较早的欧洲国家、美国、日本等也无法连续并网发电。面对这个机遇与挑战并存的"蓝海油田"，林东激动万分，"处在这个时代，如果有机会为这个时代、为祖国做些有突破性的东西，生命就会变得有意义"。[①]

确定方向（2009—2011）

没有专业背景的总工程师

2009年5月，美国LHD[②]科技有限公司在洛杉矶的一个车库门前挂牌成

---

① 《视点｜林东：用科学家精神+企业家精神去改变世界｜紫金创享》，浙大ZTVP微信公众号，2019年11月29日，2024年3月26日读取。

② 企业名称取自三位创始人林、黄、丁姓氏的拼音首字母。

立。但是此时的林东比谁都要清楚，创业并非易事；技术创业的道路上更是"九死一生"——潮流能发电是一个高复杂系统工程，涉及多门学科，涵盖从总成平台系统、水轮机涡轮系统、传动系统，到增变速系统、发电机组系统、制动系统等的多项技术，虽然黄长征、丁兴者在各自领域都有专攻，但没有一个总体规划根本行不通。在统筹布局、整合资源方面，林东充分发挥了企业家的特质，成了 LHD 项目的总工程师。比如，当团队在美国进行原理论证时，他们遇到了关于海底旋转机器技术的困难，林东立刻联系到一位在国内从事船舶推进系统工作的总工程师寻求技术建议；当团队进行实地攻关遇到施工问题时，林东又快速找到一位从事跨海大桥设计工作的总工程师进行技术验证。"这些人都是各自领域的专家，肯定在工作中试过错，都是摸爬滚打出来的实干家"林东回忆道，"第一，我做的项目和他们的东家并不存在竞争。第二，我每次都很真诚地去请教他们，去和他们交朋友。比如其中有一位总工程师，我经常在周末的时候邀请他来杭州。以我的经济实力不可能把这些专家都全职招到团队里，但是一个年轻人去和他们交朋友，做的是想改变世界的事，我相信换作谁都肯定会帮忙的"。①

"为什么全世界这么多科学家，他们都干不出来？"

LHD 团队前期在风能发电领域的尝试派上了用场——风能和潮流能本质上都是通过动力推动涡轮旋转进行发电的。但在当时，潮流能发电设备造型多为单机三叶片，这使得设备面临着无法大型化、无法维修且安装成本高昂等问题；而 LHD 团队则另辟蹊径，他们参照前期的风能涡轮机样机，将潮流能设备做成了多叶片设计并采取模块化架构，这样一来就打破了三叶片的技术惯性。另外，非科班出身的林东的思路更加开阔，他不仅关注潮流能技术的发展，还利用企业家资源整合的逻辑汲取船舶推进、桥梁工程、风电控制等其他行业的经验进行技术改造，优化了潮流能发电机的设计。

2011 年年末至 2012 年年初，为了评估技术路径的可行性，肩负着总工程师重任的林东几乎走访了包括美国、英国、法国、意大利、加拿大、韩国、日

---

① 根据 2021 年 4 月 2 日，课题组于 LHD 总部调查、访谈内容整理。

本、中国、新加坡等在内所有研发和实施潮流能的项目。当时在研发和实施此项目的机构除了美国通用电气、英国劳斯莱斯、法国国有船舶 DCNS、日本 IHI 株式会社、德国西门子、中国三峡集团等国内外大型企业，还有美国国家能源部、欧盟欧洲海洋能源中心、加拿大国家海洋能试验场、日本经济产业省、中国科学院电工研究所、英国爱丁堡大学、美国康奈尔大学及纽约大学等顶尖科学研究机构。每次完成调研回到住处，林东内心都充满着两种极端的情绪：一是极度沮丧，"全世界这么多科学家，他们都还在攻关，我能成功做出来吗？" 二是极度兴奋，调研得越多，他越意识到，"他们的技术路径也尚未走通，而我的或许可以成功！"①

"底线"思维——2亿元上限

林东终于下定决心要研究这个项目，但是基于他之前创业失败的经历，他给自己设立了一条"底线"："想投资一个项目时，可以先摸摸自己口袋里有多少钱。如果口袋里有 10 万元，全部拿出来创业，即便是亏了也不要紧。但如果又亏了 2 万元，哪怕借了 1 万元，你就会负债。而负债 1 万元会导致什么呢？要么继续向银行借，要么向身边的亲戚朋友借，那就没有底线了。"当初第一次创业失败，林东花了 30 万元，随后又陆续借了几十万元，最终还是铩羽而归。这不仅让他的家庭陷入了很艰辛的境地，也使自己与身边亲戚朋友的感情受到了不可挽回的伤害。

2 亿元！拿到第一台合格样机的投资不超过 2 亿元，如果花费 2 亿元还没做成，就收手不干了！因为这笔钱，是他早期靠绿盛牛肉干辛辛苦苦积攒下来的——当时绿盛牛肉干每年的利润近 1 亿元。"如果项目失败了，就当两年的生意白做了，但是不能再让自己的家庭陷入艰辛的境地；万一成功了，那就很可能为人类送上取之不尽，用之不竭的清洁能源，这种突破性创新必将改变世界！"②

---

① 《视点｜林东：用科学家精神+企业家精神去改变世界｜紫金创享》，浙大 ZTVP 微信公众号，2019 年 11 月 29 日，2024 年 3 月 26 日读取。

② 同上。

低成本快速试错（2011—2016）

从游泳池开始试验

在确定了技术路线之后，LHD 团队并没有直接启动复杂系统工程的设计和大规模投入。2011 年，他们先在美国进行小规模的模拟测试，并通过询问有经验的专家、总工程师的方式进行理论验证。"最初的试验是在游泳池里进行的，几个人拖动设备，让游泳池的水被动产生潮流，后来我们又找到一个无人的海湾，雇了几个墨西哥人帮忙抬机器，做试验"。为了得到更有价值的数据，他们还需要一个既稳定又安全的流场进行试验，这时林东想起了在杭州西湖的入水口有一处水流湍急的区域，符合试验条件。

2011 年下半年，林东从美国回到中国，希望在杭州太子湾公园一处小水库的取水口进行第二阶段的测试。然而由于杭州西湖申遗事项，太子湾的试验一开始被政府禁止，后续经过多次沟通，政府终于允许他们在半夜做试验。尽管光线条件不佳、天气寒冷，LHD 团队还是欣然接受。他们迅速开展工作，夜以继日地接力配合：黄长征和丁兴者在美国绘制图纸，林东主要负责国内的试验操作。没有足够的帮手，林东就找来绿盛车间的技术工人们组成临时团队制作小型样机，在夜晚公园清场后将设备抬到入水口进行试验。就这样，他们分工合作，晚上做试验、测数据，白天根据数据调整设备。连续作业 6 个月后，他们终于验证了 LHD 涡轮发动机的稳定性和捕捉能量的转换效率，林东开始慢慢有了底气。

2012 年下半年，林东开始转入更贴近真实情况的环境进行第三阶段的试验。他在千岛湖成立了杭州林黄丁新能源研究院有限公司，注册资金为 1 000 万元，并投入 1 800 万元设立了 LHD 模拟洋流能大型户外实验室。千岛湖的试验水流速度最快达到每秒 4 米，且试验时长可持续 24 小时，这时 LHD 团队每次试验的成本已超过 100 万元。

2013 年，LHD 团队同步在舟山附近进行最终设备安装的选址、测流。设计、下水、发电、改进……从模拟实验室到真正的海域，LHD 团队不断重复着这个过程，"走不通了，就绕回来重新走"。[1]

---

[1] 《"弄潮人"林东：以中国智慧打开海洋能源宝库》，https://news.cri.cn/20190601/4f632a7f-7003-b9bc-a520-bba05e6c49f3.html，2024 年 3 月 26 日读取。

屡败屡战

随着试验规模越来越大,投入的资源也越来越多,资金问题和土地使用问题也由此显现。这时,林东想到了申请国家基金。当时原国家海洋局(现自然资源部)有一个国家海洋可再生能源专项资金项目,林东立即前去参评。然而,专家们看到林东的项目书后,对其产生了极大的怀疑。当时我国"863"计划(高技术研究发展计划)研究的潮流能发电站装机容量为1.2兆瓦,已是当时的世界之最。而林东区区一个卖牛肉干的民营企业家,不但想要赶超英国最大的潮流能发电机组,还想要打破"世界之最",这根本就是"无稽之谈"。林东对此没有回应,曾经历过创业失败并屡败屡战的他,早已磨砺出强大的内心。"至少2亿元还没花完,还有成功的可能性",他一边继续争取支持,一边夜以继日地模拟发电实验,反复论证数据。

2013年,在得知林东潮流能项目的进展后,浙江省委、省政府,原国家海洋局高度重视,决定予以补助。补助文件中指出,这台5兆瓦的发电机组在项目一期总投资约4 089万元,中央补助资金1 900万元,补助比例占项目总投资的46%,这一项目更被列为省重大科技专项。对林东来说,这不仅仅使得团队后期的用水、用地得到了支持和保障,更是莫大的鼓舞和肯定。此后,LHD团队的研发步入了快车道。

从"纸上谈兵"到"真枪实战"

2014年,浙江省发展和改革委员会复函同意建设秀山岛南部海域LHD-L-1000林东模块化大型海洋潮流能发电机组示范项目,并明确提出请省电力企业提供并网支持。林东开始在舟山实地攻关LHD项目,联合动能海洋能大型实验室(中国·舟山)陆地工程全面开工建设。所有"纸上谈兵"的操作,如今都变成了"真枪实战",不仅涡轮能量的稳定捕获、稳定转换是要攻克的难题,而且调节负载系统,以及防腐、防生物等也都是新事物,放眼全世界也没有可以借鉴的经验,而哪怕是一项任务没完成好,都无法让机组成功发电。没有把握的时候,林东就积极寻求各行各业专家的帮助,听取专家们的专业咨询意见。专家们纷纷倾囊相助:一方面,林东从事的行业与他们的本职工作不同，不必担心商业伦理；另一方面，林东待人的真诚、对科学的热忱深深地感染了他们。

攻克密封圈技术难题

密封圈技术难题的解决就是 LHD 团队攻坚克难历程的一个缩影。潮流能水轮发电机的密封圈与船舶螺旋桨的密封圈有本质区别，这种商品放眼全世界都买不到。"船舶、潜艇也要密封，但是它们可以开回来维修保养；我们的发电机在海上是不可以拉回来维修保养的"，林东强调。他曾试图以"产学研"（即企业、科研机构、高校合作）模式解决这个难题，并表示愿意提供 500 万元的科研经费进行支持，但却遭到拒绝。林东为此失眠了一个多月，但始终没有放弃。后来，林东从潜艇中找到了灵感。通过拜访相关专家，林东得知潜艇阻止海水从螺旋桨的密封圈渗入的原理，即让潜艇内部的压力大于外部的压力。最后，LHD 团队抛弃了传统密封圈的做法，打破原有思路发明出了"海洋潮流能轴系密封保护系统"，圆满地解决了这个问题。除此之外，抗台风，防海洋盐腐、贝类及藻类附生，主轴冷却，洋流自适应控制等关键技术，他们也都逐一突破。最终，LHD 涡轮发电机叶片数多达 79 片，由一个形似小提琴的总成平台进行模块化部件的嫁接。

解决发电机组下海安装难题

2016 年 1 月，舟山秀山岛边的海域，一艘浮吊船将重达 2 500 吨的 3.4 兆瓦 LHD 模块化大型海洋潮流能发电机组总成平台缓缓吊装到海里，总成平台正式启动下海。随后，LHD 项目被中共岱山县委、岱山县人民政府授予"十二五"期间重大招商引资项目；三个月之后，LHD 项目再获原国家海洋局可再生能源专项资金补助 4 500 万元。LHD 团队离发电机组的建成又近了一步。

2016 年 7 月 25 日，第一代涡轮发电机组终于迎来了下海组装。然而当 C 模块下放到 80% 的时候突然卡住了。要知道，如此庞然大物，只有在小潮汛期间才能组装，这样的窗口期每个月只有 2 次，每个窗口期仅有 4 天，还必须是风平浪静的日子。如果在窗口期内问题无法解决，意味着项目将蒙受巨大的损失，甚至会遭遇全盘皆输的败局。"你们船先撤，200 万元的工程款我照付"，坐镇杭州远程指挥的林东与多名专家连夜赶往舟山，一直探讨到次日凌晨。

深夜的海湾，海面之下漆黑得像个无底洞，想要知道问题的原因，无异于盲人摸象。无奈之下，林东只能叫停了会议，自己坐在会议室里继续排查图纸。第二天清晨，他们终于找到了原因：原来是作业时长延误的问题，由于作业时间超过了平潮窗口期，涨起的潮水形成巨大的推力，使涡轮发电机组失去了平衡，导致其底部卡在了总成平台支架上。LHD 团队引以为戒，在其余模块下海安装时，将吊装窗口期提前了半小时。

柳暗花明（2016 年以来）

世界上唯一一台实现全天候连续运行的潮流能发电机组

"我是总工程师林东，我命令，LHD 海洋涡轮式水轮机下海，正式启动！"

2016 年 7 月 27 日，天蒙蒙亮，从舟山南部海域上传来了响亮的广播。在聚光灯的照射下，世界首台 3.4 兆瓦 LHD 模块化大型海洋潮流能发电机组安装完成。同年 8 月 26 日，首批 1 兆瓦发电机组一次性成功并入国家电网，实现全天候连续并网发电，这也是世界上唯一一台实现全天候连续运行的潮流能发电机组。经中国海洋工程咨询协会专家鉴定，由中国工程院院士金翔龙担任主任的专家委员会一致认为，LHD 项目成果总体上达到了国际领先水平。

快速迭代

"要想站在高端装备制造业的制高点，研发的脚步就要像自己研发的潮流能发电机组一样，永不停歇"。由于采用模块化设计，涡轮发电机组可以在不影响别的机组运行的情况下不断进行更新迭代。

已有的三代机组 7 个发电模块共实现 1.7 兆瓦并网发电。2016 年 7 月，第一代阻力型垂直轴涡轮机安装完成，它有 4 个发电模块；2018 年 11 月，第二代升力型垂直轴涡轮机下海，它有 2 个发电模块，采用碳纤维叶片，大大降低了成本；2018 年 12 月，第三代升力型水平轴可偏航涡轮机面世，它有 1 个发电模块，除采用碳纤维叶片外，还可以借助水流实现 360 度自动掉头。

2021 年 1 月 21 日，重达 2 600 多吨的 LHD 潮流能二期总成平台顺利下海，完美就位。2022 年 2 月 24 日，世界单机规模最大的 LHD 第四代 1.6 兆瓦潮流能发电机组成功下海，随着该机组投入运行，潮流能发电成本将大幅下降。

掌握自主知识产权

截至2021年4月，LHD团队获授权的国际国内专利合计63项，其中发明专利27项，国际发明专利13项，林东均为第一发明人，拥有完全自主知识产权。8年研发加2年攻关，LHD项目让中国成为继英国、美国之后，第三个全面掌握潮流能发电并网技术的国家，在并网发电、连续运行时间上，甚至实现了"弯道超车"。

欧盟委员会发布的"欧洲战略能源技术规划"（SET-Plan）中显示，计划到2025年，欧盟潮流能均化发电成本达每度电1.5欧元（约11.7元人民币），而我国国家发展和改革委员会2019年已核定给LHD项目的价格是每度电2.58元，这一数字远低于发达国家的计划水平。林东表示："2021年6月，当第四代机组下海组装后，潮流能的发电成本将低于海上风电，潮流能发电成本将大幅下降，从而推动我国潮流能发电产业化进程。"

除了继续进行技术的突破，林东也考虑到了产业化布局。经考察，仅舟山海域就拥有7 000兆瓦可开发潮流能总量，若全部开发发电量将大于200亿千瓦时。如今他已在为"西堠门""金塘"等水道的开发做准备。LHD项目的最终目标，不仅是要在国内抢占潮流能开发的先机，还要对国外输出成套设备和技术，引领世界潮流能发电，最终形成新万亿级的市场！

LHD项目陆续得到了国内外社会各界的肯定与关注，相继被美国权威科学杂志《海洋科技》、世界科普频道《美国国家地理》等权威媒体采访报道，来自美国、英国、法国、日本等国际潮流能研发机构的工作人员纷至沓来，寻求合作。2019年6月，时任总理李克强在全国大众创业万众创新活动周钱江潮展区视察了LHD海洋发电项目，对LHD海洋发电取得的突破性重大科技创新做出了肯定。截至2018年，林东已为LHD项目投入1亿多元，此外从国家和地方获得约1.36亿元的资金支持（见附件2）。

尾声

谁能想到，昔日的"牛肉干大王"，在遭受无数的质疑和挫折之后，竟然真的完成了向"潮流能发电先锋"的转型。林东一直在思考一个问题："自改革开放以来,我国尊重科学家群体,给科学家以崇高的地位,在科技创新研发上投入巨大,可为什么我国真正的原始创新和颠覆性创新成果少之又少?"①

林东最佩服的两种人:一种是像"硅谷钢铁侠"埃隆·马斯克、微软创始人比尔·盖茨一样具有科学家精神的企业家;另一种是像爱迪生、诺贝尔、贝尔一样具有企业家精神的科学家。在舟山 LHD 潮流能发电站的前面竖立着一块石碑,碑上刻着林东最喜欢的一句话:"具有科学家精神的企业家及具有企业家精神的科学家,是推动人类技术革新的核心力量。"

截至 2022 年 2 月,LHD 海洋潮流能发电机组已实现连续不间断并网发电运行 57 个月,连续并网发电运行时间保持全球第一;累计向国家电网送电超过 235 万千瓦时,送电总量位居世界第三。LHD 团队共得到了 500 余万元的电费收入。尽管相比于 2 亿元的投入来说这笔钱微乎其微,但林东依然激动万分。目前,世界上掌握潮流能并网发电技术的国家只有英国、美国、法国和中国,但在持续稳定并网发电时间上,LHD 项目已经领跑世界。

林东心里也很清楚:他们仅仅只是迈出了技术创业的第一步,眼前并不是一片坦途,还有更多产业化、规模化、降本增效、技术改造与升级等实际问题亟待解决。林东表示,未来 LHD 项目将继续致力于达成潮流能发电成本低于火电的目标,为人类贡献由中国研发的高性价比海洋清洁能源,为"2030 年前实现碳达峰、2060 年前实现碳中和"贡献中国科技力量。

LHD 项目的未来,还有待时代浪潮的冲击和洗礼……

扫描查看本案例附件

---

① 《视点 | 林东:用科学家精神+企业家精神去改变世界 | 紫金创享》,浙大 ZTVP 微信公众号,2019 年 11 月 29 日,2024 年 3 月 26 日读取。

> **阅毕请思考：**
>
> 1. "牛肉干大王"林东为什么要走出舒适区，挑战充满艰险和不确定性的潮流能发电这一高科技领域？他二次创业的初心是什么？
>
> 2. LHD潮流能发电站关键核心技术的突破过程经历了哪几个阶段？每个阶段的主要难点是什么？又是如何解决的？
>
> 3. LHD潮流能发电项目目前取得的阶段性成果背后的关键性成功因素、创新模式是什么？
>
> 4. 林东从传统行业跨界新能源科技的创业经历和关键核心技术突破模式对传统企业转型升级有哪些新的启示？

INNOVATORS' COUNTERATTACK

第 2 堂课

"市场带技术"道路能否让自主 CPU 龙芯逆袭？

摘　要：
ABSTRACT

近年来，美国对中国科技企业的种种遏制表明，发展关键核心技术才是强国之道，关键核心技术受制于人是国家安全的最大隐患。本案例以胡伟武带领中国科学院龙芯CPU团队自主创新的发展历程为主线，详细阐述了该团队在"夹缝"中努力突破芯片关键核心技术的过程。不同于我国汽车等产业传统的"市场换技术"战略，龙芯CPU团队在实践中摸索出了"市场带技术"的创新战略，即充分发挥我国体制优势和市场优势，通过体制内市场引导形成技术能力，带动技术进步，再参与体制外市场竞争。龙芯CPU团队目前已取得阶段性成果，但仍面临着残酷的市场竞争和打造自主产业生态的挑战。龙芯CPU团队"市场带技术"的战略及关键核心技术突破的路径，对其他行业、企业探索适合自己的自主创新道路和关键核心技术突破路径，具有参考和探讨价值。[①]

关键词
龙芯　创新战略　关键核心技术　市场带技术　自主创新

---

① 本案例由浙江大学管理学院的郑刚、邓宛如撰写，入选2022年全国百篇优秀管理案例。

2018年,中兴通讯遭美国制裁,一家偌大的企业,因为一枚小小的"芯片",几乎遭受灭顶之灾;2019年,华为被美国列入贸易管制黑名单,导致谷歌和芯片设计商 ARM 有限公司相继中断与华为的合作;2020年,华为的芯片代工受阻……大国之间的博弈不断升级,未有平息,我国部分领域关键核心技术受制于人、被"卡脖子"的问题,被明晃晃地摆在众人面前。

"短期来看,(美国制裁中兴通讯事件)对我国电子信息产业来说压力很大,长期来看利大于弊",龙芯中科技术股份有限公司(以下简称"龙芯")董事长、中国科学院计算技术研究所研究员、龙芯CPU(中央处理器)首席科学家胡伟武,再次被推到聚光灯下,"要实现中华民族伟大复兴的'中国梦'总要经历一些磨难,这次事件就是我们在通向中华民族伟大复兴道路上的一个磨难。由于我国集成电路长期依赖于人,'禁运'如果持续发酵,我国电子信息产业的企业会面临很大的压力,甚至不少企业将面临生存困境。我们必须彻底放弃幻想,坚持自主研发"。①

二十多年来,正是胡伟武带领龙芯团队,做着这样的事情——探索出"市场带技术"的道路,打造属于中国人自己的芯片,即通过体制内市场引导形成技术能力,带动技术进步,再参与体制外市场竞争。从"无芯"到"有芯",他们耐住寂寞,恶补基础课,抵制研究热点和产业热点的诱惑;从"做科研"到"做企业",他们走出学术的"象牙塔";从"农村"到"城市",他们另辟蹊径,深耕大企业看不起的"盐碱地",向产业生态中心包围。2021年上半年,龙芯净利润已超过5亿元,成为冲击科创板的第一只国产自研CPU股,其合作伙伴增至千家,下游开发人员达到数万人,龙芯被应用于网络安全、办公与信息化、工控及物联网等众多应用场景中。小小的芯片,凝聚了无数龙芯人的心血,更吸引了无数国人的目光,这种关注不限于产品本身,更在于民族自主品牌的崛起。有人认为,龙芯是中国制造真正的代名词,但也有人认为,面对英特尔等巨头的强大攻势,龙芯的腾飞几乎是不可能完成的任务……

---

① 《龙芯总设计师胡伟武:2020年前,龙芯争取成为行业型的CPU龙头》,http://paper.people.com.cn/zgjjzk/html/2018-04/30/content_1853533.htm,2024年3月26日读取。

潜龙初升：于科研中诞生

无"芯"之痛

近年来，中国制造业升级如火如荼，全球70%的彩电、90%的手机和电脑都在中国生产，但是对于相关产品中的芯片，我国却严重依赖于国外。据统计，我国90%的芯片依靠进口，2021年，中国芯片进口总额约为4 400亿美元，达到石油进口总额的2倍以上。芯片是中国第一大进口产品，国内芯片自给率仅不到20%，高端芯片自给率仅不到5%。

芯片是电子信息产业的基础设施，而通用CPU的地位更堪比"大脑"，控制着其他器件的运行，自主研发的难度很大。在很长一段时间里，只有美国掌握着芯片关键核心技术，有能力进行芯片的自主研发，其他国家不得不向其申请授权或购买。由于历史原因，我国在计算机领域从CPU和OS（操作系统）两大核心器件的研发中退出，抱着"造不如买"的想法，将IT（信息技术）产业和国家安全建立在了国外开发的Wintel和AA体系[①]平台上。一直以来，我国电子信息产业主要被以英特尔和AMD（超威半导体）等为代表的国外芯片企业，以及以微软为代表的操作系统企业垄断，地位几乎无法撼动。即便是中国企业在本土市场销售的电脑、手机，也几乎采用国外厂商供应的芯片，这导致本应以高附加值为特征的电子产品，中国企业往往只能从中分到2%—3%的利润，而售价的20%—30%则需要支付给国外专利持有者。国内企业根本不具备核心技术及发展的话语权，"无芯"之痛已经严重威胁到国家安全和国民经济发展，这使胡伟武等计算机专家产生了强烈的危机感。[②]

龙芯之"父"

1968年，胡伟武出生于浙江省永康市的一个教师家庭里。18岁时，他凭借优异的成绩，以市高考状元的身份考入中国科学技术大学；本着对数学和物理学的兴趣，胡伟武选择了计算机科学技术这一交叉性的新兴学科。

[①] 微软的Windows操作系统和英特尔的指令集体系构成了Wintel体系；与此类似，安卓操作系统和ARM的指令集体系构成了AA体系。

[②] 《"龙芯之父"胡伟武：稳扎稳打，做"人民的CPU"》，https://new.qq.com/rain/a/20210921A0AOKJ00，2024年3月26日读取。

从中国科学技术大学毕业后，胡伟武得到了免试直接攻读中国科学院计算技术研究所博士学位的机会，跟随著名计算机专家夏培肃院士开展计算机科学与技术领域的研究。在胡伟武看来，夏培肃院士带给他的不仅仅是学术上的教导，更是态度和精神上的启迪："我在1995年4月就提交了博士论文，本来希望六七月答辩，但一直等到1996年2月29日才完成答辩，我的导师把我的论文改了8个月、共26稿，非常严谨，一个小的标点符号都不会放过。她手把手教我，传授给我对科学的严谨态度。"最终，胡伟武的博士论文入选首届全国优秀博士学位论文。①

在夏培肃院士的悉心培养以及中国科学院的学术熏陶下，胡伟武耳濡目染逐渐培养了两种情怀，一种是家国情怀——国家需要什么，我们就做什么；另一种是实事求是的科学精神——学会在实践中发现科学规律，并用其解决问题。在夏培肃院士等老一辈计算机专家的心里，把中国的计算机事业发展起来就是他们最大的心愿，而这个心愿就像一颗种子，也深深地扎根在了胡伟武的心中……

龙芯的诞生

胡伟武等开始进行CPU设计起源于中国科学院计算技术研究所前所长李国杰院士的直接推动。CPU设计技术是核心技术，设计是"大系统"，存在高度的复杂性；并且市场壁垒很高，就算流片成功的CPU，如果没人使用，也会走入"鉴定会就是追悼会"的怪圈。然而，李国杰院士站在如何发展整个国家的电子信息产业的高度来考虑问题，决定把CPU设计作为计算技术研究所的一个内部项目先做起来——设计出一款能用的CPU。2000年，胡伟武主动请缨组建CPU设计队伍；2001年5月，在得不到任何外界经费支持的情况下，中国科学院计算技术研究所提供了全部的创新经费（1 000万元）支持龙芯课题组。

刚起步时，龙芯团队只拥有一间不到60平方米的实验室，人员也是东拼西凑，总计也就10来个。没人教、没处学，龙芯团队面临的最大问题就是"不会"，于是胡伟武带领着团队成员耐着性子，补CPU微结构的课，补基础

---

① 《胡伟武：核心技术应在试错中发展》，https://www.kedo.net.cn/c/2018-12-21/961116.shtml，2024年3月26日读取。

软件的课，开始一步步地自己摸索。①

不同于一些年轻的研究人员，在作出一些成果之后喜欢自立门户，造成科研力量的分散，龙芯团队始终紧紧地团结在一起，彼此信任，同心协力地攻坚克难。经过夜以继日地连续奋战，龙芯团队的成果——通用CPU"龙芯1号"于2002年8月问世，至此我国终于实现了CPU"零"的突破。在很多人质疑中国要不要做芯片的时候，龙芯团队依靠极其有限的资源，在不确定的环境中终结了我国电子信息产业"无芯"的历史。"龙芯1号"处理器主频最高可达266MHz，与英特尔奔腾Ⅱ处理器②的主频相同，这让胡伟武激动万分。但满心欢喜随即被性能不高的失落取代：经国际标准测试程序检验，"龙芯1号"的实际性能仅为奔腾Ⅱ处理器的一半左右。

知耻而后勇，龙芯团队很快调整状态，进入下一阶段的攻关。2003年10月，我国首款64位通用CPU"龙芯2B"研制成功，其性能达到"龙芯1号"的3倍。2004年9月"龙芯2C"、2006年3月"龙芯2E"相继流片，每一款性能都得到了3倍提升。其中，"龙芯2E"是我国首款最高主频超过1GHz的CPU，性能不亚于中低档的奔腾Ⅳ处理器。在此次研发中，龙芯团队制定了一条极具风险与挑战的技术路线——除依靠制程工艺提高性能外，还在访存带宽方面进行优化。"龙芯2号"系列CPU的研制最终完成了我国自主CPU技术的"三级跳"，确立了我国在单处理器方面的世界先进水平。

"龙芯2号"系列CPU的研制成功在国际上引起了很大反响。2006年，世界著名半导体企业意法半导体购买了"龙芯2E""龙芯2F"的生产和销售授权，这一事件开创了我国计算机关键核心技术对外授权的先例。2009年，龙芯团队经过深思熟虑，从芯片设计企业MIPS处获得MIPS32与MIPS64的架构授权。团队做出这一选择的原因是MIPS架构允许被授权方更改设计，在此基础上，龙芯团队可实现完全的自主知识产权，将"自主创新"变为现实。

在这一阶段，龙芯团队得到了国家"863"计划、"973"计划（国家重点基础研究发展计划）以及国家自然科学基金等项目的支持，在边学习边研制、

---

① 《把"不可能"变为现实的龙芯团队》，https://www.cas.cn/cm/201906/t20190617_4695431.shtml，2024年3月26日读取。

② 奔腾Ⅱ处理器（Pentium Ⅱ）为英特尔于1997年5月推出的微处理器，是其确立业界优势的经典之作。

积累技术能力的过程中，胡伟武等愈发意识到，中国人在电子信息产业的关键核心技术方面，完全可以通过自主创新来取得突破。

神龙摆尾：向市场化转型

龙芯团队在前 10 年的时间里完成了技术积累，然而此时胡伟武却深感研发和市场脱节的问题——龙芯团队不能再在科学院待下去了，"CPU 必须是给人用的，否则你做得再好，拿再多的国家奖，评再多的职称都是没用的"。曾有客户有使用龙芯芯片的意向，但接触后发现龙芯的产品不可用或不好用，于是他们或在等待中对龙芯失去了信心，或在发现问题却得不到解决的无奈中离去。

2010 年 4 月，在包括路甬祥院士在内的众多领导和专家的支持下，由北京市政府与民营企业共同出资 2 亿元，支持龙芯团队全面走向市场化，成立龙芯中科技术股份有限公司，由胡伟武担任总裁。此时恰逢国家推进自主信息化工作，龙芯的产品因此获得了被应用的机会。

从"作坊式"到"工业化"

可在组织上的转型并不意味着行动和思想上的转型。龙芯团队很快就遇到了挫折，"龙芯 3B1000"于 2010 年 6 月流片成功，但第一批芯片在使用时却连操作系统都启动不了。经过一番排查，胡伟武发现问题出在芯片的逻辑设计上——由于芯片逻辑设计这一微小失误，导致这一批芯片出现质量问题。而在同一时期，"龙芯 1A""龙芯 2I"等其他芯片也出现了类似的情况。这对龙芯团队无疑是一个重大的打击，不仅在费用上造成了损失，还给市场造成了不好的影响。追根究底，是龙芯的管理机制出了问题。在课题组时期，龙芯主要采取"作坊式"的设计流程，胡伟武作为课题组组长，可以细致入微地把控每一枚芯片的完整设计环节和流片过程。然而现在，"工业化"的作业流程还未建立起来，由于精力有限，身为企业总裁的胡伟武，又无法同时顾及研发、市场、财务等环节，导致产品问题和服务问题频发。

为了建立现代企业管理制度，克服科研人员和市场人员身上的随意性，胡伟武等根据下游厂商反馈的意见和问题，结合企业管理的实践经验，重新着手芯片研制的质量体系建设，建立了立项—方案—签核—测试—结项的"研制五步法"；并进行了全面预算管理，详细制定了每个阶段的研发和考核内容。经过一年多的改进，科研人员和市场人员的产品意识及计划性得到了提高，产品质量和服务意识也得以增强，严重的产品质量问题再也没出现过。

从"浮点峰值"到"单核通用能力"

上述的技术错误总还是可以慢慢排除修复，但是"龙芯3B"芯片的研发方向却出现了巨大偏差。早在2009年，龙芯团队就研制出了我国首个四核CPU"龙芯3A1000"，这标志着龙芯掌握了多核CPU研发的一系列关键技术，它的处理器核的性能已超过英特尔的奔腾Ⅲ处理器，虽然运行速度还是有点慢，但在很多比较固定的领域已经可以进行应用了。然而，由于当时团队一味追求国际学术界的热点，只关心多核以及浮点峰值性能的单一指标，导致单核的通用处理能力逐渐落后。"打个最简单的比方——做饭时，一个人1小时可以做好一顿饭，给一家三口吃；但是现在我们安排了60个人用餐，还要求他1分钟内把饭做好，这可能吗？"

虽然龙芯在学术上取得了成功，但在"十一五"期间，我国CPU单核通用处理性能差距被国外主流产品迅速拉开，从相差一两倍到相差一个数量级。[①]

技术上的差距体现在市场上就会影响产品的使用。在国家自主化应用试点的过程中，由于自主CPU应用遭遇性能瓶颈，在与国外产品对比的巨大落差之下，2013年左右，国家基本上放弃了CPU自主研发路线，转而支持引进国外CPU技术路线的课题项目，走上了"市场换技术"的道路。以IBM、AMD、ARM为代表的国外CPU企业趁虚而入，纷纷建立合资企业号称"自主"，这使得龙芯陷入巨大困境，在最艰苦的时候，龙芯差点连工资都发不出来。

痛定思痛，龙芯团队决心卸下科研导向的包袱，静下心来按照市场规律办事。他们结合市场需求，及时调整研发路线，为每一系列芯片规划了角色："龙芯1号"是针对产业链短、容易形成技术优势并快速销售的行业研制的专

---

① 《把"不可能"变为现实的龙芯团队》, https://www.cas.cn/cm/201906/t20190617_4695431.shtml, 2024年3月26日读取。

用芯片；"龙芯 2 号"不追求"大而全"的复杂度，而是重新结合用户需求定义芯片；"龙芯 3 号"不再过多追求单一指标，而是把通用处理能力、单核性能和芯片设计放在首位。①

电子信息产业也有长尾效应，除 10% 的企业占据 90% 的市场外，还有 90% 的企业占据 10% 的市场。2006 年开始，龙芯开始涉足如轨道交通、电力拓展等工控领域，原来这些场景根本不敢用龙芯芯片，全部使用国外的芯片，在龙芯慢慢完成几个项目后，逐渐取得了业界的信任。

工控领域从硬件到软件都是垂直独立的，不存在生态垄断，即便产品品质差一点，也可以通过贴身服务弥补。从 2013 年到 2015 年，龙芯至少接手了几百个小项目。

2015 年，龙芯营业收入过亿，达到盈亏平衡。胡伟武形象地说："龙芯做工控，是种了一块盐碱地，虽然不好种，但你认真了一定不会饿肚子。工控市场（的地）种好了，也就成了龙芯的根据地，没人争，也没人争得过。"

2016 年后，龙芯利润逐年翻番。在向市场化转型的过程中，龙芯主要通过市场造血养活团队并支撑产品研发，从而摆脱了国家项目的支持，开始真正走上自主化道路。

成龙配套：在试错中成熟

"CPU、发动机等核心技术问题，本质上不是科学原理，也不是技术问题，而在于工程细节的完善"。胡伟武认识到，关键核心技术的突破是不可能一蹴而就的，"就像爬楼梯一样，爬一级阶梯就是一次在应用中试错，需要时间和耐心，这是核心技术自主创新不可忽视的变量"。② 实际上，国外产品也是在几十年的应用中经历了多轮试错才发展起来的，例如 20 世纪 90 年代微软推出的 Windows3.0 和 Windows3.1 操作系统，一开始也存在很多的漏洞，但经过不断应用就成熟起来了。

---

① 张显龙：《中国龙芯：构建自主国产软硬件产业生态体系》，《中国信息安全》，2019 年第 7 期，第 44—47 页。

② 《胡伟武：核心技术应在试错中发展》，https：//www.kedo.net.cn/c/2018-12-21/961116.shtml，2024 年 3 月 26 日读取。

在胡伟武看来，发展关键技术只有一步一个脚印地爬楼梯试错，不能幻想着"弯道超车"，投机取巧只会让产业发展走入误区，反而发展得更慢。因此，龙芯也力求在应用中发展。"一轮、两轮、三轮，上三级台阶，一般就能达到国外的水平"。①

工控领域应用（2010—2015）

2010年，龙芯在转型后进入第一轮试错，主要面向基于嵌入式操作系统的单一应用及基于Linux通用操作系统的简单应用。每个应用所采用的软件和硬件都不一样，需要进行专门的研制，且需求量都比较小。然而这些机会是大企业所看不上的"盐碱地"，也是此时龙芯的"试金石"。"英特尔不愿意去干的，龙芯就去干吧"！

面向单一、简单的市场，龙芯在试错应用的过程中发现并解决了成百上千的问题，其中包括CPU性能不足、部分软件功能缺乏、输入和输出设备适配度不够等；还逐步建立起质量体系和服务体系，并赢得了产业链合作伙伴的肯定，特别是在珠三角地区得到了不少认可。在此期间研发出的"龙芯3A1000"和"龙芯3B1500"芯片也达到了"基本可用"的水平，龙芯扭亏为盈，成功地在国外大企业垄断的局面中存活了下来。

电子政务领域应用（2016—2019）

2016年，龙芯开始了第二轮试错，试点范围包括党政办和行业业务系统在内的复杂固定应用，每个应用场景都有上千台计算机，虽然复杂，但是有边界。在这个过程中，龙芯高性能处理器产品"3A2000"和"3A3000"实现量产并得到推广应用，其单核通用处理性能较第一阶段提高了3—5倍，超过了英特尔凌动系列CPU②；龙芯处理器产品"3A3000"和"3B3000"也实现量产并得到推广应用，其主频超过1.5GHz，成为国产CPU中单核SPEC实测性能

---

① 《胡伟武：核心技术应在试错中发展》，https://www.kedo.net.cn/c/2018-12-21/961116.shtml，2024年3月26日读取。

② 凌动（Intel Atom）为英特尔的一个处理器系列，于2008年在北京与台北电脑展上同步推出，开发代号众多。凌动系列使用场景广泛，适合嵌入式工业场合，移动互联网设备（MID），以及简便、经济的上网本等。

最高的芯片之一，在访存带宽方面更是达到与国际主流处理器相当的水平。在吸取第一轮试错经验的基础上，龙芯芯片达到了"可用"的程度，市场对自主基础软硬件的抵触态度也逐渐缓解。这一阶段，大量自主输入和输出设备的企业主动加入了自主产业链的队伍，各类基础软硬件企业聚集到一起，共同协作应对适配过程中出现的各种难题，形成了"场景应用—发现问题—解决问题并完善平台—在应用中检验"的良性循环。

关键行业信息技术基础设施全面推广（2020年以来）

2020年，龙芯进入第三轮试错，这一阶段所面向的应用具有全业务、全地域开展的特点，自主基础软硬件在这一时期逐步走向成熟。龙芯主要从以下三个方面完善基础软硬件：一是CPU通用处理性能提升1—2倍，逼近主流CPU的"天花板"；二是完善自主基础软硬件规范，实现系统架构稳定和技术平台收敛，以达到像Wintel体系中不同主板及CPU操作系统的二进制兼容，减少软硬件适配的工作量；三是以用户体验为中心，对自主基础软硬件展开系统梳理和优化，打造集约型系统，实质性提高用户体验，使产品达到"好用"的水平。

2019年12月，龙芯新一代通用CPU产品"3A4000"和"3B4000"重磅发布，其单核通用处理性能较上一代产品又提高了2—3倍，这与AMD基于28nm工艺打造的产品"挖掘机"处理器相当；另外基于龙芯CPU的KVM虚拟机正式发布，运行过程中龙芯芯片"功能完整、架构稳定"。2020年12月，龙芯"3A5000"和"3B5000"完成芯片初样验证，并正式交付流片。"3A5000"和"3B5000"芯片采用龙芯完全自主的指令集"龙架构"（LoongArch），相比"3A4000"和"3B4000"，其设计频率提高40%，这标志着龙芯芯片性能补课完成。

经过多轮试错，龙芯的技术平台不断完善，产业生态体系已初步形成。

飞龙在天：在生态中腾飞

近年来，"美国制裁中兴通讯事件""美国制裁华为事件"的发生让我国芯片等关键核心技术受制于人的话题再次成为议论的焦点。然而，龙芯等企业研制的 CPU 却无法作为替代品使用，拯救以上涉事企业于水火之中。为什么以龙芯为代表的国产 CPU 企业，产品性能逐年提高，应用领域也不断扩展，却还是未能扭转局面呢？实际上，在龙芯市场化的过程中，胡伟武就深感："做 CPU 不仅仅是完成一件产品，更是在构建一个软硬件生态体系。"

如今的电子信息产业，恰似一个"两极世界"：Wintel 体系控制了 PC（个人电脑）端桌面和服务器市场，AA 体系控制了手持终端及工控等市场。在桌面和服务器市场中，国内电子信息产业的大企业（如联想等）因缺乏芯片核心技术而不得不依赖于国外供应商的芯片原材料，由于受制于国外垄断集团，它们不敢冒险选择龙芯芯片；在手持终端市场上，像华为这样掌握芯片技术的企业，拿到的净利润甚至不及苹果的零头。在胡伟武看来，中国电子信息产业的根本出路在于建立自己的生态，即独立于 Wintel 体系和 AA 体系的"第三极世界"。

其实早在 2007 年，胡伟武就已经认识到：如果不注重产业链的建设，即使上游的设计厂商再完善，也很难带动下游的应用企业。当时，他提出了"星火战术"，团结一切可以团结的力量参与龙芯芯片的应用和推广工作。除了受国外垄断集团限制的国内大企业，龙芯首先应该团结的是一些中小企业，在嵌入式系统领域，龙芯具有高性能、低功耗和低成本的优势，推广起来有较大优势；在桌面系统领域，国内各地还存在不少面向地区及行业的中小企业，它们希望改变现有的格局，在改善生态环境方面也是一股不可忽视的力量；另外，在国外也有很多企业对如今的垄断局面感到不满，对于龙芯来说，这也是可以团结的力量。渐渐地，已经有部分企业开始和龙芯试水"联姻"。

2010 年，龙芯转型之后，也一直遵循着这样的战术思路，希望搭建我国自主的电子信息产业体系。龙芯首先从外围做起，从大企业看不起的"烟囱"林立的控制类系统做起，获得了产业链合作伙伴的支持，改善了用户对于国产芯片"不好用"的主观想法，并在试错发展的过程中逐渐向建立生态的中心突破。①

近年来，龙芯不断召开有关"打造产业生态"的会议。在大会上，胡伟武宣布龙芯将发布开源的基础版操作系统，供下游的操作系统企业、整机设备企

---

① 张显龙：《中国龙芯：构建自主国产软硬件产业生态体系》，《中国信息安全》，2019 年第 7 期，第 44—47 页。

业、解决方案企业推出产品版操作系统，同时推出了统一系统架构的标准规范体系。胡伟武解释，龙芯将采取"英特尔+谷歌+苹果"的商业和技术发展模式，即像英特尔一样卖芯片；像谷歌一样做基础版操作系统，免费开放给操作系统和整机合作伙伴；像苹果一样以用户体验为中心进行系统优化，不断提升用户体验。通过建立标准化、模块化的技术平台以及清晰开放的商业模式，以吸引大量的企业来参与体系建设。

2021年4月，龙芯发布了完全自主的指令系统架构"龙架构"，该架构成为继"X86""ARM64"架构之后，第三种ACPI规范支持的CPU架构。要知道，一种指令集系统架构实际上承载着一个软件生态。龙芯的阶段性成果，在更好地服务产业链伙伴以及扩大自主生态建设方面迈出了重要的一步。

随着政府相关政策的推动以及市场需求的拉动，龙芯芯片在诸多领域开始得到应用。2021年，龙芯芯片出货量已接近200万枚，在国产化应用市场中占据70%的份额。尽管相较于国外巨头来说这样的布局尚处基础阶段，但龙芯至少已通过行动让众多国产企业认识到如今电子信息产业的国际竞争，不能只凭一个人去战斗。

龙芯乘云：前路何在？

转眼间，龙芯已经发展了二十多年，按照胡伟武"高复杂系统能力建设需要以30年为周期"的说法，龙芯也已经进入了发展的下半程。尽管目前国产芯片和处理器在市场上已经占有一席之地，不少产品可以代替国外进口的中低端产品，但是仍不足5%的市场占有率，预示着离胡伟武口中的"第三极世界"的形成还有很长一段路要走。一方面，电子信息产业的产业链条长，龙芯力所能及的领域是有限的，即使有国家的支持，全领域覆盖也会带来巨大的财务负担，龙芯应该如何着手？另一方面，生态体系的建设必须依托大量的相关企业，面对国外两大体系的压力，会有多少大企业与消费者愿意团结在龙芯周围？龙芯如何打造电子信息产业的"第三极世界"？在胡伟武眼中，未来5—10年的时间，正是最好的时机。

"开拓疆域"?

第一个思路是,打造工业互联网生态。[①] 中国目前已经是制造业大国,不同领域拥有不同的复杂工控系统,但是现阶段它们还是如同功能手机一般,彼此独立,无法形成制造资源互联、互通、互操作的局面,更不要说形成生态。未来几年,产业联盟等行业组织完全可能基于龙芯 CPU 与其他国产操作系统建立的基础设施平台,打造出新的智能工控平台。在该平台上,每一种应用程序都代表不同的控制系统,"高铁应用""发电应用"等不同的应用程序控制着不同的制造系统。

如果说现阶段智能手机、电脑中的各类应用程序实现了"软件即服务",那么智能工控平台中的各类应用程序将实现"软件即制造"的效果,从而更好地提高制造资源的综合利用效率。以此类推,如果说目前以 Wintel 和 AA 体系为代表的"两极世界"为的是满足消费端的生活和工作,那么"第三极世界"或许可以用来提高生产端的效率和质量。

"收复失地"?

第二个思路是,打造集约型智能终端生态体系。[②] 虽然英特尔和 ARM 的芯片基本已经达到主流芯片的"天花板",但在胡伟武看来,我国电子信息产业要有立足之地,还是必须建立起自己的产业基础设施。我国至少要发展面向金融、电信、交通、电力、教育等关乎国家安全和国民经济细分领域的自主信息技术应用平台。

目前包括 Windows 和安卓在内的通用操作系统冗余度较高,基于这一缺陷,龙芯完全可以适度融合 Windows 和安卓的部分功能,消除通用操作系统的大量冗余,在龙芯"龙架构"自主指令系统架构上研制集约型开源版操作平台。

[①] 罗仙:《自主决定命运 创新成就未来——访龙芯中科技术有限公司总裁胡伟武》,《信息安全与通信保密》,2016 年第 1 期,第 84 页。

[②] 同上。

以市场带技术

虽然关于建立"第三极世界"的具体思路，龙芯团队还需要在前进中不断结合实际进行试错和调整，但可以肯定的是，他们必须走一条"市场带技术"的道路。改革开放以来，我国的核心技术发展有两条路，一条是"市场换技术"，另一条是"市场带技术"。

与汽车产业一样，电子信息产业也曾经走过"市场换技术"道路，强调"自主CPU"融入已有生态，通过开放市场换取国外企业的技术转移，从而提升国内的技术水平。而这条道路不仅没有让我们换来技术，反而将国内富饶的市场拱手让出；更为严重的是，我们在这个过程中丧失了宝贵的技术能力和自主创新的信心。所以现在龙芯要走"市场带技术"的道路，基于体制优势和市场优势，通过体制内市场引导形成技术能力，带动技术进步，从而自主研发掌握CPU的关键核心技术并建立自主创新的生态体系，进而参与国际化的竞争。只有这样，我国的电子信息产业体系才可能在IT产业的多极世界中形成既开放又竞争的一极，而不是成为其他极的跟随者或参与者。

胡伟武多次在汇报或讲座中提道："走'市场带技术'的道路，通过自主研发掌握CPU的核心技术，建立自主创新的信息技术体系，我们失去的只有锁链，得到的将是整个世界。走'市场换技术'的道路，通过引进技术发展自主CPU产品，只是将一副锁链换成另外一副锁链！"

▶ 尾声

> 一腔热血一颗心，精忠报国龙芯人。
> 誓把强国当己任，敢用青春铸忠魂。
> 十年砺刃度清苦，一朝亮剑破敌阵。
> 待到中华腾飞日，且让世界听龙吟！
>
> ——《龙芯誓词》

生逢其时，使命在肩。如今的胡伟武，已经陪伴龙芯走过了二十多年的岁月，可以说，他把自己最美好、精力最旺盛的年华都献给了龙芯。如今的他已经两鬓斑白，但是目光依然坚定："没有什么比为人民做龙芯，为国家和民族建设自主创新的电子信息产业体系更艰苦和更有意义的事情了。"

与英特尔等国际巨头在技术性能、研发投入等方面仍然有巨大差距的龙芯能否以及如何实现创新逆袭？龙芯在实践中摸索出的"市场带技术"道路，能否带其走向真正的成功？面对即将到来的AIoT（AI技术和物联网在实际应用中的落地融合）时代，龙芯准备好了吗？我们拭目以待……

阅毕请思考：

1. 胡伟武等为什么选择了看起来最难的"市场带技术"道路，坚持开发自主CPU？这和"市场换技术"道路有什么根本区别？

2. 龙芯的关键核心技术突破经历了几个阶段？每个阶段的划分依据是什么？

3. 龙芯团队为什么要在2010年转型成立企业？胡伟武觉得"龙芯团队不能再在科学院待下去了"的原因有哪些？

4. 龙芯在资源非常有限并且外部充满不确定性的情况下实现CPU若干关键核心技术突破的主要经验是什么？

5. 在龙芯CPU主要技术指标已经逼近英特尔等国际巨头、基本完成性能补课的情况下，龙芯怎样才能真正实现创新逆袭？

INNOVATORS' COUNTERATTACK

第 3 堂课

阿里巴巴平头哥,能否在 AIoT 时代"换道超车"?

摘 要：
ABSTRACT

阿里巴巴2018年宣布成立独立芯片企业——平头哥半导体有限公司。在成立的几年时间里，平头哥在物联网处理器、AI（人工智能）芯片设计平台、高端AI推理芯片布局等方面，实现了应用的闭环和覆盖。本案例聚焦关键核心技术突破领域，基于企业实际情况，详细介绍了作为互联网巨头的阿里巴巴为什么跨界造芯，如何进行底层核心技术的突破和创新，实现自主的芯片设计，同时如何通过在阿里巴巴生态内部打造商业应用闭环取得较快发展。这为我国企业在变革时代突破关键核心技术、打造自主可控的创新生态、摆脱对国外行业巨头核心技术的依赖和有效降低"卡脖子"风险提供了一种可参考借鉴的模式。[1]

关键词

平头哥　应用闭环　核心技术突破　颠覆性创新　开源生态

---

① 本案例由浙江大学管理学院的周飞、郑刚撰写，入选浙江大学管理学院案例库和清华大学经济管理学院中国工商管理案例库。作者写作期间曾与平头哥产品团队等访谈交流，本案例根据部分一手资料及各种公开渠道获得的二手资料与数据整理完成。

> 阿里巴巴开发芯片并非为了竞争,而是普惠,让所有人在任何时候、任何地方都能利用和分享这些技术。
>
> ——马云

2018年9月19日,一年一度的云栖大会在云栖小镇如期举行。此次大会的主题为"驱动数字中国",聚焦于通过数字科技的力量来促进未来中国的发展。接近4小时的主论坛亮点不断,星光璀璨。在论坛中,当阿里巴巴达摩院院长张建锋宣布成立阿里巴巴的芯片设计全资子公司——平头哥半导体有限公司(以下简称"平头哥")时,在场所有人的眼神中或充斥着错愕和惊讶,或充斥着疑惑和不解。大家心里都有一个疑问:阿里巴巴要开始造芯片?伴随着质疑声,平头哥在成立后的2年多时间里,先后发布了"玄铁910"处理器、AI芯片设计平台"无剑",以及自主研发的AI推理芯片"含光800"。

2018年美国商务部挥舞贸易战大棒制裁中兴通讯后,阿里巴巴即宣布入局芯片产业。平头哥的芯片之路采取与其他企业不同的策略:先是进行自主研发,由于阿里巴巴达摩院提前布局基础层的AI芯片研发,因此这部分工作已经进入攻坚阶段。之后阿里巴巴通过投资有实力的AI初创企业,在AI芯片垂直领域广泛布局。通过这两种方式双管齐下,准确把握AI、大数据、物联网的发展趋势,同时深度参与其中。

经过2年多的成长和发展,平头哥端云一体的芯片系列初具雏形。

首先是物联网底层处理器芯片,如C-SKY系列、"玄铁"系列,其主要的应用场景在于AIoT终端。此系列产品为AIoT的终端客户提供了高性价比的架构和芯片。

其次是全栈集成的芯片设计平台——"无剑"SoC(System-on-a-Chip,系统级芯片),该平台集成了众多的物联网基础模块和基本单元,如GPU(圆形处理器)、NPU(神经网络处理器)等单元,这将缩短整个AIoT芯片设计的周期,为设计者提供便利。

最后是高端AI推理芯片"含光800",它通过云计算平台以及AI云服务向各AI应用场景输出高性价比且高性能的算力。

基于这三大产品的问世,平头哥基本完成了在芯片设计链路上的整体布局,实现了全覆盖。

阿里巴巴的芯片梦

马云曾经提到过,阿里巴巴研发芯片并不是为了在整个芯片领域竞争,其真正的目的在于普惠,让更多的人能够随时随地享受到由芯片的发展带来的成果。在平头哥成立之前,芯片的研发已经是达摩院进行基础研究的重要方向之一。为了让芯片的产业化与实际应用得到迅速推广,阿里巴巴还专门组建了强大的市场团队。因为芯片作为产品,其最终的价值体现在应用端,而不在研发端。量产化、市场推广及应用是其中的重要组成部分。

在 2018 年的云栖大会上,马云说道:"芯片是关键核心技术。从整个产业链上讲,我们国家目前的实力还比较薄弱,很多技术还是依靠国外引进。但是在 AIoT 的时代,我们在物联网芯片领域有可能实现并跑,甚至赶超。"[1] 究其原因,其实不难理解,中国当前互联网的用户规模是全球最大的,物联网的应用场景也是最丰富的。在这样的市场和商业背景下,中国有机会研发出自己的芯片。就如同中国高铁,依靠国内巨大需求的带动实现了较高程度的自主可控。而在未来,大数据和云计算将驱动整个数字经济时代,这里的大数据就好比生产资料,而云计算是生产力,互联网则更像是一种生产关系。将生产资料、生产力和生产关系结合在一起,是未来物联网发展的必然趋势。

但是这里需要提到"算力"(计算能力的简称)这一概念。随着云计算的兴起和普及,底层的算力将成为整个物联网的基础设施,就如公路、铁路、码头一样。基础设施越好,发展越快。哪家企业能率先设计出算力强劲的 AI 芯片,那么这家企业必将在与其他企业的竞争过程中占得先机,取得先发优势。因此高端 AI 芯片的设计和研发,已经成为半导体领域较为重要的发展方向之一。从目前的竞争格局看,美国的苹果、亚马逊、谷歌,我国的腾讯、华为、百度等企业,皆在这一赛道重点布局,投入了巨量的人力和财力。从时间上看,阿里巴巴是国内最早开始布局的企业之一。

目前国内 AI 芯片市场掀起了一股热潮,许多国内企业纷纷入局。这股热

---

[1] 《云栖大会马云演讲:"电子商务"消失,五大"新"引领未来》,https://developer.aliyun.com/article/85006,2024 年 3 月 26 日读取。

潮的出现，主要有两方面的原因：一方面，AI 的兴起和大数据的发展，让智能化应用快速成为现实，而这些智能化应用为 AI 芯片提供了发展的土壤和机会；另一方面，"美国制裁中兴通讯事件"与"美国制裁华为事件"让国人清晰地认识到，芯片作为现代工业"粮食"的角色不容小觑，它是关乎科技发展、信息安全以及国民经济发展的战略性产业，具有极其重要的作用。

基于这两方面的原因，国内许多企业开始积极布局半导体行业领域。在这些企业中，既有传统的制造业企业，如格力；也有跨界的互联网企业，如腾讯。近年来，国家对于关键核心技术突破有了战略性的部署和指导。与此同时，政府设立国家集成电路产业投资基金，对有实力的企业进行投资，希望通过政府的引领作用推动集成电路产业的发展。在这样的大背景下，很多国内企业都跃跃欲试，积极入局。平头哥就在这样的情境下应运而生。张建锋表示，平头哥在起步阶段的芯片策略主要是自主研发 AI 芯片与应用于 IoT（物联网）的 CPU 芯片，其整体策略是端云一体，依靠自主研发并与阿里巴巴生态相结合的技术路径。[1]

平头哥主要进行三方面的布局：一是进行知识产权的授权许可。通过授权，赋能其他企业基于平头哥的芯片架构进行系统设计；二是依靠自身的知识产权的系统性积累为物联网企业提供定制化的处理器解决方案，例如，平头哥可以为智能家居、工业智能制造提供专用定制化的处理器；三是针对阿里巴巴自己的需求，为阿里云设计芯片。此外，对于其他企业客户，由于不同的企业有不同的数据运算负荷，也有种类各异的业务需求，传统的芯片企业很难做到针对客户的实际应用需求进行定制化芯片设计，从而无法优化整体性能。但是平头哥的机会也在于此，通过将其自身优势与企业实际应用需求相结合，为众多企业客户创造更多、更深远的价值。

张建锋是阿里巴巴的元老，也是平头哥的领军人物之一。他于 2004 年加入淘宝，在企业内部积淀十余年。对于阿里巴巴电商体系的业务，他几乎全程参与；对于技术层面如何选择、框架如何构建、代码如何运行、运营如何实施、产品如何设计等专业问题，他几乎都精通。在平头哥内部，有着许多像他这样的骨干专家，有些专注于基础研究，有些专注于芯片应用，有些聚焦于芯

---

[1] 参考平头哥官网，https://www.t-head.cn/。

片市场化。

从企业层面讲,阿里巴巴从传统电商转向技术型企业,是张勇(花名"逍遥子")在出任首席执行官后的重大举措。马云曾经在企业发给员工的内部信中提到,张勇对集团的贡献就是将阿里巴巴升级,从单纯的商业企业升级成为智能化、由技术驱动的科技型企业。企业内部员工也一致认为,张勇为阿里巴巴带来了根本性的改变。他也被认为是在数字经济高速公路上为企业更换引擎的人,而且是将"拖拉机的引擎"换成了"波音747的引擎"。现在看来,阿里巴巴已经基本实现了技术引擎的全面更新。

平头哥的诞生

取名平头哥

"哥不是在打架,就是在去打架的路上,并且有仇必报",这就是非洲大草原上"平头哥"蜜獾的真实写照,也是它的座右铭。因为不管对方有多强大,只要它认为对方对自己产生了威胁,它就会不顾一切死磕到底。为新企业取名"平头哥",可谓寓意深远。单单从"平头哥"这个名字,其实就已经可以看出阿里巴巴自主研发芯片的期望和决心。取名"平头哥",主要是源于其三大特点:首先是充满激情,执着且顽强;其次是勇于追逐梦想,永不言弃;最后是睿智乐观,勇敢向上。

并购中天微系统

2018年4月,阿里巴巴宣布全资收购杭州中天微系统有限公司(以下简称"中天微系统")。中天微系统是中国大陆唯一的自主研发、拥有嵌入式CPU IP核的企业,其主要产品是应用于物联网领域的处理器芯片。

为什么要收购中天微系统?张建锋曾表示,此次收购并不是临时的决定,而是基于长期的战略规划,是在对技术层面、业务层面、生态层面等进行详细的规划后才作出的决策。"阿里巴巴从2016年就已经开始投资中天微系统,之后它一直与集团保持很好的合作关系。这一路走来,可谓是水到渠成。"张建锋说道。中天微系统成立于2001年,创始人中有我国著名的集成电路专家严晓浪教授。成立多年来，中天微系统已成为我国极少数拥有自主指令架构，同时自主研发嵌入式CPU，并实现大规模量产的CPU供应商。从产品列表来看，其产品主要应用于物联网、智能制造、企业数字化、工控安全、制造智能化以及智能汽车等众多领域。

在业务方面，AIoT是阿里巴巴除传统电商、金融科技、物流仓储、云计算之外的第五条赛道，被寄予厚望。考虑到企业的战略布局，再从业务层面的实际需求出发，阿里巴巴决定收购中天微系统。原中天微系统业务线的高层表示：在收购之前，阿里巴巴一直和中天微系统保持紧密合作，是相互信任的合作伙伴。希望通过此次收购，能够帮助阿里巴巴达成战略目标，同时在其丰富的应用场景下不断迭代创新。

"收购中天微系统是阿里巴巴芯片布局的重要一环。"张建锋表示。物联网处理器IP核是关键，它奠定了整体基础芯片的性能，是中国芯片进入AIoT领域的基石。此次收购将从更广阔的层面将基础科研力量和工程能力整合起来。如果能在物联网处理器芯片这一关键核心技术上实现进一步突破，无论是对达成国家要求"关键核心技术掌握在自己手中"的战略目标，还是对国内芯片产业的崛起，都将起到推动和促进的作用。从客观的角度讲，平头哥的技术积淀集合了中天微系统在嵌入式处理器方面多年的经验，以及达摩院团队在AI算法研究方面的积累。

从平头哥的员工组成看，他们均来自达摩院的芯片研发与设计团队，初始团队接近100人。这些工程师大多拥有专业技术的背景，很多都曾供职于苹果、三星、英伟达、英特尔等全球顶级芯片企业且具有多年的芯片研发经验。如果再加上中天微系统的整个团队，平头哥当时的员工规模已经超过600人。

阿里巴巴经济体的技术硬底座

从未来的战略定位讲，平头哥将全面打造面向如智能汽车、智能家居、智能制造等诸多行业和领域的智能化物联网芯片平台。张建锋兴奋地谈道："我们希望平头哥的芯片能大幅度提升物联网的算力。与此同时，其芯片产品还可以与阿里云适配，通过云平台，以更高的性价比惠及企业客户。"

打一个较为形象的比喻，如果说大数据是汽车的汽油，那么芯片的算力就是汽车的引擎，这两者共同构建了阿里巴巴未来在数字经济时代的底层核心能力。在阿里巴巴 20 周年年会上，张勇讲道："从阿里巴巴成立以来，我们一直践行'让天下没有难做的生意'这一信念。阿里巴巴经过了十多年电子商务的迅速发展，真正进入到由市场和消费作为驱动的新时期。阿里人努力创造新的供给，同时带来新的需求，不断对产品和软件进行创新，最终构建起了能够帮助企业完成数字化转型的阿里巴巴商业操作系统。"阿里巴巴商业操作系统正成为数字经济时代的基础设施。在浩瀚无边的数字经济世界中，社会中的各行各业都有对大数据与云计算的实际需求。与此同时，国家和政府层面也需要逐步完成数字化、智能化。因此，不管从宏观层面分析还是从微观层面分析，都存在着巨大机会。平头哥依托于阿里巴巴整个数字经济体的生态，而在阿里巴巴生态内部就存在着大量丰富的场景，包括其自有业务（传统电商、物流仓储、金融科技、云计算四大板块），阿里资本的投资生态和阿里云平台构筑的产业生态，具有极大的技术优势。平头哥 IoT 研究员孟建熠在访谈中比喻道："在数字经济时代的基础设施中，如果说阿里云是整个阿里巴巴经济体的底座，那么平头哥就是底座中的硬底座。从技术定位角度，如果说达摩院是阿里巴巴技术的皇冠，那么平头哥就是皇冠上的明珠。"从这个生动的比喻中可见平头哥对阿里巴巴的重要性。

▶ "端云一体" 布局 AIoT 芯片生态

"应用"是核心

孟建熠也提到，在 5G 和 AI 的推动下，全新的物联网应用场景将持续涌现，商业、技术、企业与组织的边界会因此被大幅度拓宽，尤其是 5G 带宽的扩展为整个物联网产业提供了新的机遇和发展空间。但是，纵观整个物联网市场在过去十年的发展历程，需要将"应用"放在更加重要的位置。换句话说，"应用"是核心。当前，物联网行业主要存在的问题有：应用场景不集中，碎片化严重；行业集中度低，产品虽然多但是分散；新产品的市场渗透率低。在集成电路领域，我国有相当一部分芯片企业依旧没有掌握核心技术，同时新产品的研发周期长、速度慢。这些因素叠加，导致当前 AIoT 芯片市场的动能还没有被完全释放。中国的芯片企业虽然进入物联网领域的时间较早，但仍面临骨感的现实：明星产品很少，且市场占有率低，同时同质化产品充斥、竞争激烈。孟建熠提到，万物互联带来的是巨大的市场空间和高额利润，但是当前 AIoT 芯片利润率越来越低的事实，也折射出我国集成电路产业链分散、技术创新实力弱、产品开发周期长以及无法满足实际应用需求等主要问题。

从技术驱动转变为应用驱动

若要扭转现状，迅速摆脱当前困境，则首先需要将芯片研发的思维模式从技术驱动转变为应用驱动。同时需要加快芯片从设计、制造，到测试、量产的步伐，提高芯片市场化的效率。按照一般的研发思维，按技术路径和脉络研发出来的产品最后总会有市场。但是事实并非如此，物联网市场本身的应用属性强，属于应用驱动型市场。与此同时，应用场景不断迭代、变化，市场机会稍纵即逝。AIoT 芯片属于专用型芯片，并不是传统意义上的通用型芯片。如果成熟的芯片产品上市的速度跟不上其应用场景发展的速度，那么等到芯片产品投放市场后，其可能面临的情况是应用场景已然明日黄花，不复存在。另外需要了解的是，只有应用驱动的芯片研发和技术创新才能凸显差异化，才有可能助力芯片企业走出同质化竞争的泥潭，谱写百花齐放的新乐章。

端云一体

另外，端侧和云侧的协同创新与发展是未来技术的发展方向。这也给了我国芯片行业与世界同行并跑的机会。AIoT 芯片的设计和研发需要统筹考虑端侧和云侧的协同与应用。随着物联网技术的普及，海量的终端设备会同时接入云端，而传统以云为中心的模式难以对海量的设备数据进行实时处理。在要求低延时和无网状态的情境中，端云协同将更好地满足企业的实际需求。以安全为例，信息安全是物联网应用的底线和核心，需要考虑两方面的影响：一是将信息安全模块以很高的性价比融合到 AIoT 芯片系统中；二是与云端的设备进行协同，在保证安全的前提下尽量使每个应用场景高速、高效。端芯片和云芯片的协同工作，可以使运行在端侧和云侧的软件与平台同时保持高效运转，从而提升整体运行效率。

定制化 AI 芯片

"当前平头哥还是聚焦于芯片设计这一环节，主要进行架构的搭建和芯片前端电路的设计，这是我们现在工作的重中之重。"平头哥研究员骄旸说道。有别于其他初创 AI 芯片企业的研发路径，平头哥首先侧重于将阿里巴巴现有业务需求、应用场景以及 AI 算法与芯片研发进行匹配，主要打造面向智能家居、汽车电子、智能制造等领域的智能化物联网芯片平台，优先为阿里云设计定制化的 AI 芯片。

除此之外，定制化 AI 芯片还可以用于公共建设。例如，浙江省政府提出"智治"的概念，希望构建智能化、实时化、生态化的治理体系。在这一整套体系中，大数据和云计算是软件，定制化的 AI 芯片是硬件，这三者共同组成了底层的核心技术。平头哥在技术上与国际 AI 巨头还有相当大的差距，但是凭借其丰富的应用场景，逐步掌握关键核心的技术，追平甚至赶超巨头们是有机会的。就像在小米生态链中的企业一样，自身需要借助生态去试错、迭代、成长。当然，企业只有掌握了核心技术、具有内生性的创新能力，才能最终实现赶超。

内部优势领域闭环

从对寒武纪、耐能等 AI 芯片初创企业的投资到全资收购中天微系统，再到成立平头哥，阿里巴巴在 AIoT 领域的战略布局，被认为是马云在退休之前最具有战略眼光的举措之一。因为只有自主研发芯片，从底层提升算力，才能让阿里巴巴的优势领域，即 AI 算法、大数据、专用领域知识以及阿里系生态，从根本上实现闭环，从而让庞大的阿里巴巴经济体持续成长。①

▶ 快速发展

"玄铁"重剑

2019 年 7 月，平头哥官方正式发布最新处理器芯片——"玄铁 910"。从

---

① 《阿里巴巴平头哥孟建熠：端云一体布局 IoT 芯片生态》，https://developer.aliyun.com/article/711322，2024 年 3 月 26 日读取。

其性能指标看，该芯片被认为是目前国产嵌入式 CPU 中性能最强的一款。"玄铁 910"基于 RISC-V 架构，既可以用于设计系统级端上芯片，又可以用于 5G、智能制造、智能汽车等领域。

缘何取名"玄铁"？"玄铁重剑"乃金庸所著武侠小说《神雕侠侣》中的兵刃至宝，首款芯片"玄铁"的名字正是出自此处。从功能端来看，"玄铁 910"是处理器的 IP 核，是系统级芯片核心所在。因此，"玄铁 910"蕴含的是对其能够成为芯片产品中的一把"利剑"的期望。

从实测的结果看，"玄铁 910"总体性能相较于此前公认最强的 RISC-V 处理器的性能高出 40% 以上。此次性能大幅度的提升源于平头哥的两项技术突破：第一，"玄铁 910"突破了传统 RISC-V 处理器访问内存的速度，使读写速率提高 100%；第二，"玄铁 910"在 RISC-V 架构下自主拓展了指令集，在架构上优化和提升了算力、存储能力与多核运行能力。RISC-V 架构的明显特点是开源开放、简洁灵活以及超低功耗等。基于上述原因，RISC-V 被认为是在物联网应用场景中最具潜力的芯片架构之一。

更多复杂的性能指标我们不需要了解，但是值得注意的是，由于技术的突破，如果用以"玄铁 910"为处理器的 IP 核来设计系统级芯片，其总体成本将降低 50% 以上。与此同时，如果将其应用于 5G、自动驾驶等场景中，可使系统整体性能提升 100%。

开源开放是时代潮流，也是技术趋势。"玄铁 910"从立项到实现，用时不到一年。为了进一步打造行业共建的芯片生态，平头哥邀请企业、高校、科研机构一起参与芯片设计与系统架构的搭建。平头哥内部表示还将开放"玄铁 910"的源代码，真正做到"普惠"。与传统芯片对比，在技术特性方面，"玄铁 910"就如同 ARM 处理器的芯片架构。目前手机终端用到的处理器芯片大多数基于 ARM 架构进行研发和设计，典型的企业如华为海思、美国高通等。"PC 时代的芯片巨头只有英特尔、AMD，移动时代的头部企业也不超过 10 家，但是在物联网时代可能会涌现大量有实力的 AI 芯片企业。"孟建熠说道。因为在 AIoT 时代，芯片的应用场景已经发生了颠覆性的改变，这也将导致芯片的设计思路和设计能力的根本性变化。

当谈到对于未来平头哥以及 RISC-V 处理器生态构建的建议时，孟建熠主要提了三个方面："首先是制定行业标准，使企业在行业标准下充分竞争，在竞争中又有协同创新的机会。其次是扎根于平头哥所在的细分领域，做精做深。AIoT芯片领域是高度定制化的，需要与行业内价值链上的伙伴深度合作。最后是以足够的耐心和信心去解决技术问题、市场问题。现在国内很多企业还在对RISC-V产业进行探索和尝试，产业需要沉下心来，打好基础，让每家企业能够找准自己的定位，形成合力，促进行业的健康发展。"

在满足阿里巴巴自身需求的同时，平头哥也在积极构建普惠的RISC-V生态。2020年7月，平头哥与全志科技（国内最大智能语音芯片厂商）达成战略合作，发挥各自的优势协力为普通用户提供高性价比的RISC-V产品。

2021年1月，平头哥将安卓10系统成功地移植到其内部RISC-V硬件中。目前运行安卓系统的智能设备使用的大多是基于ARM的处理器。而使用RISC-V架构无须支持像使用ARM所产生的昂贵的授权许可费用，这使得设计成本低且适配安卓系统的AIoT芯片成为可能。

"无剑"：系统级芯片设计平台

"无剑"是一个系统级芯片开发的基础共性技术平台，由SoC架构、处理器、各类IP、操作系统、软件驱动和开发工具等模块构成。根据官方介绍，这一平台能够承担AIoT芯片约80%的通用设计工作量，让芯片研发企业专注于剩余20%的专用设计工作。AIoT的强应用驱动和场景碎片化等特征，势必催生小批量、定制化的芯片设计需求。借助"无剑"平台，平头哥致力于成为AIoT时代的芯片基础设施提供者，具体包括以"无剑"平台为核心，面向应用领域全栈开放集成，实现处理器、算法、操作系统等软硬件核心技术的深度融合，为企业提供从芯片到应用的全栈技术能力，并对外开放。基于此，"无剑"降低了系统级芯片的研发门槛，提高了研发效率和质量，让定制化芯片成为可能。从官方了解到，目前"无剑"产品矩阵已经上线"无剑"超低功耗MCU（微控制器单元）平台、"无剑"视觉AI平台、"无剑"语音AI平台。

如今，很多企业已经开始采用"无剑"平台研发芯片，如清微智能、云天励飞、炬芯科技、奉加微电子、联盛德微电子、艾派克微电子、博雅鸿图等。

"含光"：AI推理芯片

2019年，平头哥自主研发的AI芯片在云栖大会上登台亮相。这款芯片被称为"含光800"。"含光"原是中国古代商朝天子的三大兵刃之一。平头哥之所以为芯片起名"含光800"是希望其具有强大的算力,"刀锋快如光"。

在实际应用测试中,单枚"含光800"的算力是普通GPU算力的10倍以上。"含光800"属于ASIC（Application Specific Integrated Circuit）,也就是通常所说的专用芯片。据内部了解,"含光800"由台积电代工、采用12nm的先进工艺制程,单枚芯片集成了多达170亿个晶体管,且未来不排除采用更先进的制程进一步提升算力。"含光800"是第一款由互联网企业自主研发且成功流片的大芯片。它是一款应用于云端的AI推理芯片,其目前已应用于阿里巴巴内部的核心业务。其中一个典型的例子就是,淘宝原来每天增加图片的数量是10亿张,用传统的GPU进行识别,所耗费的时间是1小时;但是应用了"含光800"之后,耗时从1小时减少到5分钟。另外一个应用是"含光800"通过云平台提供高性价比的算力服务,普惠大众。

"含光800"从项目立项到设计验证花了5个月时间;从设计验证到登台亮相,仅花了1年时间。相比于AI芯片大厂,如英伟达,其正常的芯片研发周期在2年以上。这一方面说明平头哥对自主研发芯片的急切需求,另一方面也标志着依托阿里巴巴平台的平头哥有足够的能力与传统AI芯片大厂并跑,甚至赶超。

"今天平头哥有足够的信心,有足够的能力,去做传统硬件企业能做到的,以及它们不能做到的。平头哥今后会成为一家真正软硬件一体化协同发展的科技企业。"张建锋讲道。

端云一体全栈产品系列初具雏形

仅半年时间,平头哥陆续发布了"玄铁910""'无剑'SoC平台""含光800"。从产品的分布看,平头哥最初端云一体的策略基本完成,同时也从芯片设计的链路上实现了全覆盖。对于复杂的技术细节,大众其实并不太关注更谈不上了解。国人最关心的是:芯片是国之重器,但是我国在芯片产业上一直处于落后的地位。如何在芯片产业的关键核心技术上有根本性突破,提高我国芯片产业的水准,是一个必须解决的难题。平头哥的"玄铁910""'无剑'SoC平台""含光800",能否成为改变目前我国缺"芯"少"魂"现状的契机?

困难与挑战

AI 芯片企业竞争格局

总的来看，目前 AI 芯片企业主要可分为五大阵营：第一，以阿里巴巴、百度、谷歌等为代表的云平台巨头；第二，以苹果、华为、三星等为代表的手机巨头；第三，以寒武纪、旷视科技、商汤科技等为代表的 AI 技术初创企业；第四，以比特大陆、嘉楠耘智为代表的挖矿巨头；第五，以英伟达、赛灵思为代表的传统芯片大厂。

从应用的角度看，在 AI 芯片领域只有极少数的企业能覆盖从云端到终端的市场，其中的典型代表为寒武纪、比特大陆等。其余绝大多数涉足 AI 芯片的企业都先主攻一个市场。此外，大多数跨界 AI 芯片的企业都和芯片商有合作，还不能完全担得起"自研"二字。比如华为 Mate 系列手机处理器芯片中的 AI 模块用到的就是寒武纪的 NPU 方案。

不过，在芯片领域，诸如高通、英特尔、三星等传统行业企业，它们拥有更为厚重的研发积累与在技术和工艺方面的深入探索。传统的行业巨头在行业内的技术积累、客户资源、技术资源和资本资源仍然比 AI 初创企业多得多。巨头们在芯片行业坚持不懈的探索以及对研发的持续投入，有可能使得它们在关键核心的技术方面获得更多的突破和积累。那么，反观 AI 初创企业，其虽然在行业资源与积累方面处于劣势，但是在如何强化芯片的 AI 能力方面具有明显优势。大多数 AI 初创企业脱胎于 AI 时代，基于 AI 技术的积累，它们在 AI 芯片的研发过程中更加懂得如何更好地让算力与算法匹配。加之诸如阿里巴巴、百度这样的互联网行业巨头的跨界加入，让 AI 芯片市场变得更加波诡云谲。具有与生俱来 AI 基因的 AI 芯片新势力的崛起，为 AI 芯片领域的创新与发展带来了更广阔的想象空间。

平头哥深耕芯片技术领域的前沿——AI 与智能物联等相关领域，其基本出发点是解决阿里巴巴底层算力的问题，这在其战略中占据着重要位置。但是，一旦相关技术与研发能够冲破瓶颈，就可能在由 AI 驱动的集成电路研发、集成电路设计和制造等芯片相关领域，起到积极的驱动作用，进而带动中国芯片厂商以及中国芯片产业的全方位自主发展。不过，面对日益激烈的科技竞争环境，达成这一目标的过程注定困难重重。

芯片产业链

芯片产业是 21 世纪信息技术革命的核心产业。半导体则被公认为这一科技领域中最为底层且最重要的部分。截至 2018 年 6 月，根据相关机构数据统计，在全世界范围内，芯片市场总值大约为 5 000 亿美元，如此庞大的市场有着纷繁的产业链以及数量众多的材料和设备。

张建锋对整个芯片产业链有一个形象的比喻：芯片生产的各个环节就像写书一样，其中设计过程就是有一个好的想法提出来，制造的过程就像印刷书一样，最后封装的过程就是把一本书装订起来。当然，中间也少不了写书的工具——笔、墨，这就是设计自动化工具。"一家企业从头到尾把这件事情做完是不现实的。这个行业是需要全球协同分工的。我们现在暂时也没有能力去'印书'或者'装订书'，但是我们着重在'写书'那部分，也就是芯片设计。"张建锋说道。将整个半导体产业链进行区分，大体可以分为晶圆制造、芯片设计、晶圆加工、封装测试，以及相关的半导体设备和材料这几部分。

首先，在芯片的制造材料方面突破难度就不小。太阳能级（光伏应用）高纯硅要求纯度 99.9999% 的晶圆，我国这种纯度的晶圆产能占全球的一半以上。达到这种纯度的硅，相关技术难度和实现成本并不高。但是，芯片所需的晶圆"非池中之物"，需要的是电子级别的高纯硅，这种极高纯度的硅要比千足金更纯，纯度需达到小数点后 9 位——99.999999999%。这样的晶圆几乎全部需要依靠国外进口。日本的信越化学工业株式会社（Shin-Etsu Chemical Co., Ltd）和三菱住友胜高（SUMCO）的市场份额之和居全世界之首。国内企业虽然在半导体大硅片项目中持续进行投入，但是研发是漫长的过程，需要时间积淀。同时，生产晶圆的过程涉及各种机械设备与耗材，其中大部分也是需要依靠进口的，换而言之，同样受制于人。

其次，在芯片设计领域，主要头部企业有博通、AMD、联发科技、高通、华为海思和展讯等。平头哥属于芯片设计企业，本身不制造芯片。以目前的市场格局而言，全球超过一半数量的手机使用的是美国高通芯片，而另一家龙头企业美国博通则是苹果手机的重要芯片供货商。在另一个核心市场——电脑芯片市场，AMD 与英特尔占据明显优势地位，基本垄断了这个领域的芯片市场。与此同时，在 EDA（电子设计自动化）等设计软件领域也存在严重垄断。就全球范围而言，专业的 EDA 厂商大约为 60—70 家。其中的典型代表为新思科技、Cadence、明导这三家企业。这一领域的市场集中度极高，这三家龙头企业占领了中国 95% 的 EDA 市场，形成了明显的垄断。在全球市场方面，这三家龙头企业占有 65% 的 EDA 市场份额。EDA 对芯片来说，就像画家绘画时的画笔。芯片设计师没有了 EDA 软件，就如画家失去了画笔，即使其具有丰富的创造力与技能，想要完成一幅画作，也无从下手。

最后，在晶圆的加工方面，我国依旧面临"卡脖子"的尴尬境地。将硅加工为芯片所需晶圆的过程，离不开光刻机、刻蚀机和离子注入机这类高精密、高科技设备。高端光刻机是所有设备中技术难度最大且最为关键的核心设备，全世界范围内仅有一家翘楚——荷兰阿斯麦（ASML），其生产的高端光刻机最新制程工艺可达到 5 nm。反观国内，我国目前所拥有的制程工艺水平在 28 nm 和 65 nm 之间，与以荷兰阿斯麦为代表的国际先进水平仍然有 15 年左右的技术差距。目前，中国的芯片生产企业领头羊——中芯国际，能够在 14 nm 工艺水平上实现量产，而这与台积电的 5 nm 工艺整整差了 3 代。在刻蚀机领域，我国所面临的局面相对令人欣慰。现在，我国自主研发的 16 nm 的刻蚀机已经进入量产阶段；7—10 nm 的刻蚀机正在努力研发中，如此看来，科技的卷闸门没有对中国完全落下，留有余地的局面为中国提供了学习追赶的机会。在离子注入机领域，美国依旧独占鳌头，美国应用材料公司（AMAT）仅给其他竞争对手留下 30% 的余地。

"晶圆厂"的主要职能是对电子级高纯硅片进行加工。从规模和技术角度来看，台积电是业界公认的全球霸主，多年占据晶圆代工的半壁江山。其企业市值已超过老牌芯片企业英特尔，成为全球第一半导体企业。中国大陆范围内，中芯国际和上海华虹宏力是该领域的代表，但其技术实力和规模都与台积电差距较大。

在芯片的封装和测试领域，中国大陆的华天科技、长电科技、通富微电呈三足鼎立局面，三者具备相当的竞争实力。中国台湾地区的日月光也是该领域的代表企业之一，占有重要的行业地位。就各环节的现状而言，芯片封装与芯片测试领域相较其他环节，是目前自主程度最高的。

经历了前述所有的"九九八十一难"，取得的"真经"——芯片，其产品的类别当然也纷繁复杂。从集成电路产业的角度，其主要分为数字芯片、模拟芯片和混合信号芯片。并且也不只有众所周知的CPU、GPU、NPU，上述的芯片也只是数字芯片"真经"中的冰山一角而已。平头哥所研发的"玄铁910""含光800"等AI芯片也只是数字芯片沧海中的一粟。

▶ 尾声

中国芯片产业目前所处的这个时代，苦难不可避免，但辉煌也并非遥不可及。在国家政策的积极支持下，在国内企业自力更生、攻坚克难的努力下，在接下来的一个阶段，AIoT有望成为这个时代科技变革的趋势，其可能产生的影响力将超出大众的认知范围，有可能深刻地影响我们生活的方方面面。最终，那些左手数据、右手芯片技术，并真正做到双手紧握，在不同应用场景中收放自如的企业，有可能在芯片领域大放异彩。

孟建熤在接受访谈时说道："我们现在是小米加步枪，慢慢寻找自己的位置。我们的优势是应用驱动和市场驱动，在创新的路上只有闭环才能持续创新。但是造船不如买船，买船不如租船，闭环也就是意味着造船，这会在一段时间内提高成本，增加风险。"

快速发展中的平头哥，正面临两难的选择：坚持自主研发为主，也就是自己造船，不仅需要投入更多的资金和时间，而且存在很多的不确定性和风险，但长远来看会增强平头哥的持续竞争力；通过并购等方式，也就是买船或租船，有助于更快地整合外部资源、见到效果和分散风险，但底层核心技术可能一时半会无法自己掌握，还是面临受制于人、"卡脖子"的风险。平头哥究竟该如何选择？孟建熤陷入了沉思……

阅毕请思考：

1. 原来做电商平台和以软件见长的阿里巴巴为什么要做芯片？平头哥在阿里巴巴经济体中的战略定位和作用是什么？

2. 平头哥选择做芯片的切入点是什么？为什么能够在比较短的时间里有较快的进展？

3. 平头哥在芯片领域的关键核心技术突破路径是什么样的？这对其他企业关键核心技术突破有哪些借鉴意义？

4. 未来平头哥可能面临哪些困难和挑战？你认为下一步应如何发展？

INNOVATORS' COUNTERATTACK

第 4 堂课

"全域自研"战略能否让零跑汽车"领跑"?

摘　要：
ABSTRACT

近年来，随着新能源政策的推动，中国智能电动汽车产业蓬勃发展，智能电动汽车赛道的竞争异常激烈。本案例描述了从安防产业跨界而生的零跑汽车，通过坚守自研之路突围智能电动汽车"决赛圈"的历程及其当前面临的机会和挑战。通过分析零跑汽车的发展历程，引导学生深刻认识到在高水平科技自立自强的总体目标下，企业掌握自主可控的关键核心技术的重要性；引导学生了解核心技术突破与互补性资产利用对形成竞争优势的重要作用，并结合颠覆性创新理论制定零跑汽车创新逆袭的未来发展策略。[①]

关键词
智能电动汽车　关键核心技术　自主创新　互补性资产　颠覆性创新

[①] 本案例由浙江大学管理学院的郑刚、邓宛如撰写，入选2023年全国百篇优秀管理案例。

"你不懂车，造什么车？"这是2015年，浙江零跑科技股份有限公司（以下简称"零跑"）刚成立时，时年48岁的零跑创始人、董事长朱江明听到最多的质疑。

7年之后的2022年，朱江明带着火力十足的零跑强势回应——3月，单月汽车交付量破万；4月，发布全球首款无电池包CTC动力电池技术，问鼎单月造车新势力交付榜首；5月，推出主打"全域自研"的车型"零跑C01"，交付量实现连续14个月同比增长超200%；6月，迎来第十万台量产车下线，成为第五家达成"10万辆"交付里程碑的造车新势力；9月，登陆香港交易所上市……

"不被看好，是因为不被了解；不被看好，让我们有了更多时间做自己的事情。我们在走一条和别人不一样的路，虽然你走得有点慢，但是目标很清晰"。[①] 坚守自研之路，零跑加速入围了智能电动汽车的"决赛圈"，朱江明也从一个"门外汉"变成了深耕全域自研的"内行人"。

但与此同时，智能电动汽车赛道已愈发拥挤。除了眼前的劲敌特斯拉，零跑还面临着并驾齐驱的老对手和更多弯道超车的新玩家。"全域自研"的加速后劲有多足？自研成本的燃油还能烧多久？品牌桎梏又将如何打破？加速向前的零跑，前路并不坦荡，朱江明也丝毫不敢懈怠，唯感身上的担子更重了……

▶ 从安防巨头到造车新势力

2015年，在进入新能源领域之前，朱江明被大家熟知的身份还是安防巨头大华技术股份有限公司（以下简称"大华"）的副董事长兼CTO（首席技术官）。这个把大华做到安防产业全球第二，管理超18 000名员工，把产品卖到超180个国家和地区的企业家，却毅然决然地在2021年12月申请辞去了大华的所有职务。

"1993年，我和傅利泉先生一起创办大华，我们从通信产品开始做，几年时间已经做到通信调度领域的第一名。但是这块蛋糕非常小，于是我们决定转

---

① 《零跑朱江明：致每一个不被看好的你》，零跑汽车微信公众号，2021年9月30日，2024年3月26日读取。

型，1999年逐步进入安防产业，当时整个市场几乎被德国、日本和韩国的企业瓜分，我们后来居上，一直延续到现在。"① 在讲述大华这一力作时，朱江明是如此骄傲，却又似乎表露出一丝遗憾和不甘。

自2014年以来，大华在全球安防产业的排名逐年上升，2017年首次跃居全球安防产业第二名，成了名副其实的全球安防巨头。但即便如此，大华2021年的净利润也不到34亿元——落差就此产生了。"大华有一个千亿市值的梦想，而现在安防产业全球市场也就一千多亿元，不可能由一家独占，而汽车产业的蛋糕足够大"。② 这一次，朱江明选择了一条真正需要赛车的足够大的赛道。

"2015年，我在西班牙一个富人小镇上看到满大街的雷诺电动汽车，萌生出再次创业的想法"。为何这一景象触动了朱江明的神经？身为连续创业者的他，敏锐察觉了其中的玄机："我觉得汽车是为数不多中国比较薄弱的，还有机会进入的产业。截至2020年，中国品牌的汽车产销量是700万，而全球产销量是9 500万。中国汽车品牌在全球汽车品牌中的占比不到10%。但中国既是消费大国，又是制造业大国，我认为完全有可能在汽车赛道上做蛋糕；再加上新能源汽车慢慢进入大家视野，电动化、智能化、无人驾驶的兴起给了我们这些身处电子产业的人进入的最好机会。"③ 2009年，《汽车产业调整和振兴规划》文件正式出台，国家节能和新能源汽车示范工程也正式启动，在补贴政策的推动下，国内市场焕发出巨大活力。

2015年12月，经内部孵化，原大华团队中包括硬件、软件及系统设计在内的部分员工加入零跑，零跑依靠着大华9 000万元的天使轮融资和多方面支持横空出世。

跌跌撞撞驶入赛道

生产资质引发的"乌龙"

判断是一回事，执行起来似乎又是另一回事。汽车不同于摄像头，承载着

---

① 《企业家进课堂 | 零跑汽车创始人朱江明：智能电动汽车赛道，全域自研是领跑关键》，https://m.thepaper.cn/baijiahao_16037422，2024年3月26日读取。
② 同上。
③ 同上。

更大蛋糕的同时，也意味着更大的代价。

"2015年我刚想做汽车的时候，真不知道汽车涉及哪些专业，我去招人时，要招哪些人，都是一抹黑"。① 在团队组建初期，零跑核心团队中甚至没有任何有汽车产业从业经历的成员，利用自有资金试错期间，还闹出了"乌龙"。

对于首款量产车的选择，零跑团队曾讨论了两天两夜，最终在本田S660的启发下，朱江明决定先发布一款别具一格的轿跑型新能源汽车"零跑S01"——当时市场上的电动轿跑汽车还比较少见，可以以此吸引关注，随后逐步切入细分市场。2017年11月，"零跑S01"华丽发布，可在此之后朱江明才意识到，它根本不可能实现量产。

根据国家发展和改革委员会以及工业和信息化部共同发布的《新建纯电动乘用车企业管理规定》，车辆生产企业必须具备"产品资质"和"生产资质"才可以生产纯电动汽车。"刚开始对汽车产业的认知确实是非常少的，很多事情是没有考虑到的。因为我们是安防产业起家，以为最多就是像公安部门检测安防设备一样，到中汽（检测技术有限公司）检测完了，合格后就可以售卖了。没想到还存在工厂都不能建的问题，还需要许可，这是我们原来考虑不周的"。②

为了解决生产资质问题，零跑在积极申请新能源汽车生产许可的同时，首先与长江乘用车第三方合作共同完成整车生产，后续花费了3年时间，成功收购福建新福达汽车工业有限公司，才解决了生产资质问题。

向"老头乐"低头

2019年，"零跑S01"终于正式上市，朱江明满怀期待地表示："我们对这款汽车的销量很有信心，目标是2019年交付1万辆，到2022年交付20万辆。"但惨淡的销量给朱江明上了深刻的一课：截至2020年5月，该款汽车共售出约1 000辆，这与他的预期相差甚远。显然，中国消费者们对这一造型奇特的轿

---

① 《朱江明：零跑四年一共花了20多亿》，https：//www.inabr.com/news/8133，2024年3月26日读取。

② 同上。

跑不太买账,尽管搭载着自主研发的一体式电驱总成,其动力表现强劲,但是续航能力处于行业中端水平,品质、品牌、营销似乎也没有太大亮点。

此时,中国造车浪潮已经度过了第一轮进入期,与零跑同一时期成立的"蔚小理"(蔚来、小鹏、理想)都已有所行动,其中蔚来上市了两款车,理想、小鹏均下线了量产车。如何与对手形成差异化竞争,已成为零跑面临的关键问题。而问题的解法,还要追溯到朱江明在创业之初的"西班牙之旅"。

原来,朱江明此前在西班牙看到的雷诺电动汽车,实际上是一种微型车,该车型介于摩托车与燃油车之间,外形酷似老年人的出行法宝"老头乐"。这种车的优势在于技术门槛低、价格便宜、普惠大众,"当前A00级市场上的热门车型屈指可数,而且绝大部分的做工、动力、职能配置等都比较粗糙,市场缺少一款精品小车"。

为此,朱江明决定进行一次大胆的尝试,推出一款微型车——"零跑T03"。即使是低端微型车,零跑也对其进行了精心打磨:与国内市面上的产品相比,它的做工、配置、空间存在明显优势,也是同价位唯一一款配备L2级智能驾驶辅助系统,实现了越级的400公里续航的车型,是一款真正的精品智能微型车。一经上市,"零跑T03"便引爆市场,2021年交付量达3.9万台,占零跑全年销量的80%以上。

凭借"老头乐"的爆红,零跑在2021年造车新势力汽车销量榜上排在了第五位,仅次于"蔚小理"和威马,终于算是驶入了智能电动汽车赛道的正轨。图1为零跑前后推出的两款车型对比。

图1 "零跑S01"(左)与"零跑T03"(右)

资料来源:零跑招股说明书。

损失一点初速度，获得长期加速度

全域自研积蓄原动力

尽管在市场方面零跑表现得有些跌跌撞撞，进程也稍显缓慢；但是在技术方面，零跑却始终如一，从没停止过脚步。

以"蔚小理"为代表的造车新势力，主要遵循"全栈自研"的研发路线，即强调自动驾驶软件方面的自主研发。这些企业每年将巨额资金投入智能驾驶、智能座舱等方面，企图在应用算法、系统软件等板块集中突破，取得先机。但对于核心部件的研发以及整车的生产制造，则主要依赖于供应链，而一旦供应链出现问题，就可能对其造成很深远的影响。为此零跑提出了"全域自研"的路线，即要做到智能电动汽车软件与硬件核心技术全方位的自研自造，除智能驾驶、智能座舱以外，包括电驱、电池、电控三电技术，以及车上的所有控制器，都进行自研。

"我虽然不懂传统的造车方式，但是我知道如何打造一家科技企业"。一路走来，朱江明坚定地认为这便是成功之道，"我们背后站着的大华，是中国头部智慧物联解决方案提供商。大华的技术本来就是从底层开始做起的"。[①] 2002年，朱江明带领大华团队通过研发构建核心壁垒，率先推出了 8 路全实时嵌入式 DVR（硬盘录像机），成功从外国人手中拿到价值 100 万美元的订单；2014年，他再次通过技术创新与专利布局，使得 HDCVI（高清复合视频接口）技术成为全球安防监控摄像机的行业标准。也正是对技术的坚守，帮助大华从零开始做到了安防产业全球第二。相比安防，汽车产业更是一个技术密集型行业，仅凭市场上的"小打小闹"并不够，脚踏实地的强研发实力和专精产品的工程师精神才是制胜之道。

全域自研的想法虽好，但是一辆汽车由 2 万多个零部件组装而成，想要实现基础硬件机械架构和软件逻辑驱动的全面自研，难度极大。朱江明坦言，全

---

① 《企业家进课堂｜零跑汽车创始人朱江明：智能电动汽车赛道，全域自研是领跑关键》，https：//m.thepaper.cn/baijiahao_16037422，2024 年 3 月 26 日读取。

域自研这种高度集成的模式存在诸多短板：首先，这意味着初期投入多、见效慢；其次，规模效应也影响着成本控制；最后，走重资产模式路径，投入巨大。2019年，制造业企业被资本市场极度看空，朱江明和核心管理层一度打算自掏腰包给员工发工资，但是他们仍然没有放弃全域自研之路。"虽然自研自造投入很大，也非常辛苦，但造车是项长跑运动，自研核心技术是零跑坚持奔跑的原动力，可以帮助我们不依赖外部供应商。只有自身掌握硬件、软件，产品才能拥有绝对的竞争力"。①

2015年零跑成立时，其技术开发人员占比一度达到80%，研发投入强度高达50%。截至2022年，零跑已自主研发了整车平台，以及自动驾驶系统、智能网联系统、三电系统三大核心技术板块，向外界证明了：零跑是继特斯拉之后，全球第二家拥有智能电动汽车完整自主研发能力的厂商。图2展示了零跑汽车的全套技术板块。

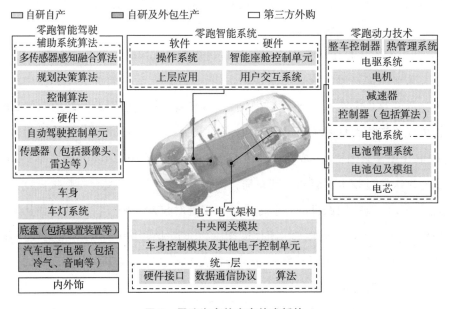

图 2 零跑汽车的全套技术板块

资料来源：零跑招股说明书。

---

① 《企业家进课堂丨零跑汽车创始人朱江明：智能电动汽车赛道，全域自研是领跑关键》，https://m.thepaper.cn/baijiahao_16037422，2024年3月26日读取。

成果爆发释放加速度

如果说微型车"零跑T03"的推出只是权宜之计，2021—2022年接连发布的中型SUV（运动型多用途汽车）——"零跑C11"和中大型轿车"零跑C01"（见图3）则是真正展现零跑技术实力的诚心之作，它们不仅搭载零跑自研芯片"凌芯01"，而且在三电系统、智能驾驶系统等方面都展现出了强大的自研实力。

图3 "零跑C11"（左）与"零跑C01"（右）

资料来源：零跑招股说明书与零跑官网。

携手大华打造智能驾驶芯片

2020年10月，零跑发布了国内首款具有完全自主知识产权的车规级智能驾驶AI芯片"凌芯01"，成为国内第一家、全球第二家自研自动驾驶计算芯片的车企，时间上仅晚于特斯拉。

在传统汽车链条中，多数车企由于无法掌握关键核心技术，因而被锁定于产业链条的中下游，沦落为零部件的"组装厂"。智能时代，汽车产品开始逐步向电子行业靠拢，朱江明意识到只有从芯片级的底层电子技术开始逐个突破，才有可能摆脱传统车企遭遇的困境。特斯拉便是最好的例证，它不仅掌握了三电系统和自动驾驶技术，也在摆脱芯片供应商Mobileye之后，减少了对英伟达和英特尔的依赖。

不想在技术上被"卡脖子"，零跑唯有采取与特斯拉类似的逻辑，朱江明曾公开表示："我们不需要Mobileye这样的芯片供应商，因为我们就是做这个起家的，对所有的底层玩法非常清楚。"[①] 他的底气在于老东家大华自2006年

---

① 《对话零跑：自研芯片、不需要Mobileye，过去的34个月发生了什么事？》，https：//www.sohu.com/a/229204747_115035，2024年3月26日读取。

起便开始了芯片自研，40%的芯片都由自己内部研发，供内部使用。

2018年，零跑宣布与大华联手研制芯片，并全面采用国产化解决方案。"凌芯01"由零跑提主要需求、主体框架，由浙江芯昇电子（脱胎自大华芯片研究院的企业）设计。芯片内部由CPU、神经网络处理器、视频图像处理器组成。其中，CPU选自阿里巴巴达摩院平头哥的首批芯片产品C860，这款CPU单从硬件参数上看并不算突出，但拥有完全自主的国产知识产权；NN神经网络处理器选自零跑自研的AI芯片标配，可以按需任意组合核心数量；视频图像处理器则来源于大华在视觉识别硬件领域的积累。

"凌芯01"成了零跑与其他造车"新势力"的根本区别。在汽车芯片供应短缺的全球背景下，零跑实现了中国自主知识产权智能驾驶芯片从无到有的突破。

CTC动力电池技术领跑动力电池赛道

除了自主研发芯片，2022年4月，零跑还在国内首发了自主研发的智能驱动CTC电池底盘一体化技术，再度成为继特斯拉之后全球第二家发布CTC动力电池技术的车企。

何为CTC？简单来说就是"Cell-to-Chassis"，将电池电芯直接集成到车身底盘上，减少零件数量，以便在有限的空间里组装更多的电池。目前，续航和成本已经成为影响新能源汽车普及的两个重要因素。由于锂电池的密度原因，动力电池所提供的续航已经接近极限，难以通过电化学体系的革新来提升续航里程。所以，在工艺以及结构上下功夫的CTC动力电池技术无疑是目前提升续航能力的最优解。"CTC动力电池技术将使新能源汽车成本能直接和燃油汽车竞争。"谈及CTC动力电池技术，宁德时代掌门人曾毓群毫不吝啬溢美之词。

在探索CTC动力电池技术的赛道中，绝不缺少等闲之辈。2020年，特斯拉就首次公开了CTC动力电池技术；除此之外，LG、宁德时代、沃尔沃及大众等电池和车企巨头们也对其垂涎欲滴。谁能想到，零跑却将这一新能源汽车关键命脉抢装上车。

零跑能够实现CTC动力电池技术的量产，绝非一蹴而就。可以说，零跑团队是第一批"吃螃蟹的人"。早在2016年，朱江明就从手机电池由分离式变成机身一体化中获得灵感，提出了电池底盘一体化概念，彼时还未有CTC动力电池技术的信息和定义。朱江明成立了跨部门项目组，把精英强将全部召集起来，亲自监督项目推进。研发过程中，他们也面临着许多"拦路虎"，每一个结构的优化都"牵一发而动全身",但是朱江明从没有放弃。

经过不断地研发投入,2018年,零跑成为行业内较早完成CTP大模组方案的厂家之一。随后两年,零跑先后两次改版了CTC动力电池技术的工程实践方案,完成了CTC方案的设想。而在不断试验论证及改进完善后,零跑才最终成为全产业内最早实现CTC动力电池技术落地的企业。图4呈现了零跑CTC动力电池技术的演进过程。

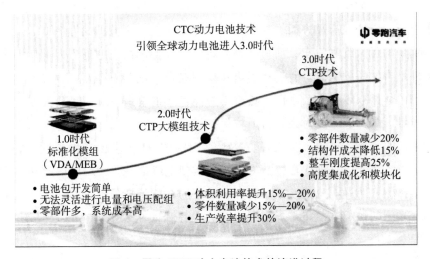

图4　零跑CTC动力电池技术的演进过程

资料来源:根据零跑官网相关信息整理。

零跑坚守全域自研战略,对于每一款汽车的电池包都坚持自己研发,不仅掌握了基于电芯制造整个模组、电池包和电池管理系统的技术能力,而且在车身、底盘等架构设计方面苦下功夫,最终实现了一体化设计。零跑CTC动力电池技术的应用能够增加14.5%的电池布置空间以及10%的综合工况续航,减少20%的零部件数量,提高25%的整车刚度。

后续零跑的所有产品都会采用CTC方案,除此之外,零跑还主动将该技术共享开放。零跑车身开发总监陈智家表示,"第一,对外开放可以广泛提升CTC动力电池技术的应用,让更多车企以及消费者了解CTC动力电池技术;第二,有助于CTC动力电池技术的研发,参考特斯拉或丰田,在原有的基础上开放会产生更多价值,促进更多创新"。这不禁让人联想到大华对全球HDCVI技术标准确立的贡献。

三年内超越特斯拉？

一向低调的零跑，在 2021 年 7 月 2.0 战略发布会上高调宣布："三年内超过特斯拉。"此话一出，便掀起了轩然大波。面对质疑，朱江明却表现淡定，第一，所谓的超越特斯拉，指的是智能化领域的超越；第二，在中国市场上，智能汽车的弯道超车完全有可能。

在朱江明的定位中，未来的汽车将与传统汽车有很大的区别，不仅仅是在技术方面，更是在产品方面。未来的汽车将采用两种不同的商业模式，一种是完全代步的无人驾驶汽车；而另一种，将成为人们的第三空间，是除家和办公地点外最常使用的场景。我们将不再需要转向盘、油门、刹车，而是在这个第三空间内休闲娱乐、办公生活，这将是智能汽车的终极目标。也正是基于智能底层技术，朱江明才会对超越特斯拉保持乐观。

朱江明预判：第一，从大环境来看，中国的 AI 技术已经世界领先，有非常多的技术人才，也理应在智能驾驶领域做到全球第一。2012 年，当朱江明还在大华担任 CTO 时，就已经开始了 AI 的布局，比特斯拉还要早。第二，背靠大华，零跑间接拥有了超 1 700 人的算法工程师团队和上万名技术研发人员。无人驾驶实际上最重要的是感知，大华的核心理念围绕着全感知、全智能、全计算、全连接、全生态。特斯拉主要以摄像系统为主，但大华还有毫米波雷达、激光雷达等产品；而在智慧城市的车路系统中，大华也具有雄厚基础，特别是在车路系统和外部感知方面，这种先天优势是其他车企无法比拟的。第三，经过数年积累，零跑已经具备全域 ADAS（Advanced Driving Assistance System，高级驾驶辅助系统）的自研能力，并在 2021 年谷歌 Waymo 智能驾驶算法 2D 实测中取得了第一名的佳绩，很有机会成为破局者。

截至 2022 年 1 月，零跑已获得及在申报中的专利共 1 474 项；已授权专利 939 项；发明专利占比超过 40%，是专利技术领域覆盖最广，算法、电驱专利总数比第一的造车新势力。

2022 年上半年，零跑克服了供应链"芯片荒""电池荒"的困难，销售数据方面呈现出快速增长趋势，同比交付量增长超 265%，成为当年增速最快的造车新势力。6 月 28 日，零跑迎来第十万台量产车的下线，成了第五家达成"10 万辆"交付里程碑的造车新势力。从 5 万台到 10 万台，零跑仅历时半年（2022 年上半年新势力品牌交付榜见附件 1）。

零跑之路，驶向何方？

2022 年 9 月，零跑在香港交易所上市，成为继"蔚小理"之后第四家在香港上市的造车新势力车企。然而，这并不意味着前路坦荡，零跑的加速之路依旧荆棘密布，对手如林。

全域自研，是不是无底洞？

零跑 IPO（首次公开募股）募集资金总净额中约 40% 用于研发；约 25% 用于提升生产能力；约 25% 用于扩张业务及提升品牌知名度；约 10% 用于运营资金及一般企业用途。从比例上不难看出，零跑在全域自研的道路上，还需要更多的资金作为加速度的燃料。

根据零跑招股书，2019—2021 年，零跑的研发开支分别占总收入的 306.4%、45.8% 及 23.6%，普遍高于第一梯队的"蔚小理"。然而，全域自研却还未能直接体现在市场竞争力上，这让零跑独自承受了巨大的成本和风险。在报告期内，零跑净亏损分别为 8.1 亿元、9.35 亿元、26.29 亿元，共计亏损 43.74 亿元。全域自研的代价是，每卖出一辆车，净亏损就达到了 6.5 万元，在外人看来，这无疑是一件赔本赚吆喝的买卖（零跑年度综合经营业绩见附件 2，零跑年度经调整净亏损与年内净亏损见附件 3）。

另外，"蔚小理"的全栈自研，可以帮助它们暂时节省研发核心部件的开支，有利于把一个个细分技术吃透，再拓展到更多技术领域。而零跑的全域自研，则需要把自研的范围覆盖得足够广，然后再逐个深入。"这也是一个风险，比如一个学生，门门考试都是 75 分；另一个学生，数学每次都是满分，但其他科目只有 60 分，甚至还有不及格的。那显然是后者这样的特长生，会更容易让人记住"。[①] 虽然零跑 Pre-A 轮和 C2 轮融资共募集资金 118.66 亿元，仍有"挥霍"的空间，但是能否坚持到门门考试都拿高分的那一天？

现在看来，至少在智能化体验方面，零跑还并不出彩。比如"蔚小理"都已经推出了自研的导航辅助驾驶功能，而目前零跑尚未实现。

---

① 《卖一辆亏 6.5 万，没人造得出廉价特斯拉》，https://www.huxiu.com/article/511327.html，2024 年 3 月 26 日读取。

性价比，是不是品牌桎梏？

"为国人造豪车"是朱江明在零跑第四款车型"零跑C01"发布会上喊出的口号。

18万—27万元，这个价格哪怕是买到一辆燃油中大型汽车，也足以称得上高性价比，更不必说是一辆车身超过5米、具备500公里以上续航里程的纯电动汽车了，而这就是零跑首款中大型纯电动轿车的定价，性价比一目了然。

实际上，零跑一直主打高性价比的产品战略。两年前，零跑微型车T03便以超高性价比惊艳全场，时至今日仍承担着销量担当的角色，一度助力零跑跻身造车新势力销售榜榜首。

然而，仅靠一台"老头乐"来支撑营业收入，无疑使零跑后期的品牌发展空间和利润空间受到挤压。一方面，与T03同为微型车的五菱宏光、奇瑞、宝骏等不断蚕食低端市场份额；另一方面，"蔚小理"已经在消费者中建立了较强的品牌认知，"第二梯队"的其他玩家也步步紧逼，20万元左右的中高端新能源汽车市场，已经是一片"厮杀"的红海。"零跑C01"正企图接过T03的接力棒，再续加速度。

在零跑的规划蓝图中，还将有8款定价区间为15万元至30万元的全新产品进一步冲击中国中高端新能源汽车市场。但显然，现阶段零跑的品牌储备，还缺乏"豪华"的气质。

赛道拥挤，留给零跑的时间还剩多少？

特斯拉的一骑绝尘，带领智能电动汽车走上了康庄大道。经过一轮角逐，与零跑同一时间成立的"蔚小理"都已成功在香港上市，登顶中国造车新势力第一梯队，引得后来者蠢蠢欲动。中国的新能源汽车市场已进入第二轮角逐，更多的互联网企业和实体经济企业纷纷入局。

除了老对手"蔚小理"的强大攻势，上汽、吉利、广汽等传统车企通过自建团队或共建品牌加入赛道；百度、小米、滴滴等平台企业通过筹建团队或联合外援发力汽车业务；创维、中兴通讯等实体企业也像大华一般垂涎于智能汽车赛道寻求第二曲线的突破……尽管零跑如今已经提速，但留给零跑的时间也不多了。

未来无限美好，但终局席位有限。当前中国新能源汽车市场的基盘虽还在快速膨胀，但伴随着市场的壮大，用户们的品位和需求也被培养得更为挑剔。多方混战之下，格局变得愈发扑朔迷离，没有谁能够轻易拿到"决赛"的入场券。零跑准备好了吗？

"核心竞争力本就非一朝一夕可以形成，零跑有这个心理准备，也相信当核心竞争力积累到一定程度后，就可以厚积而薄发，拥有更多发展空间，慢，也就变成了快。"① 朱江明如是说。

扫描查看本案例附件

阅毕请思考：

1. 零跑成立的背景和契机是什么？哪些因素促使零跑选择全域自研之路？

2. 零跑在2015—2020年为何相对其他造车新势力发展缓慢？如何理解损失一点"初速度"，获得长期"加速度"？其背后的底层逻辑是什么？

3. 零跑宣布"三年超越特斯拉"的底气何在？

4. 面对特斯拉及国内新能源造车新势力的激烈竞争，零跑如何异军突起，创新逆袭？请结合颠覆性创新理论，谈谈你的看法和建议。

---

① 《企业家进课堂｜零跑汽车创始人朱江明：智能电动汽车赛道，全域自研是领跑关键》，https://m.thepaper.cn/baijiahao_16037422，2024年3月26日读取。

INNOVATORS'
COUNTERATTACK

第 5 堂课

专精特新企业如何快速突破工艺类关键核心技术,打造冠军产品?中集圣达因产学研合作突破"应变强化"技术之路

摘 要：
ABSTRACT

"应变强化"作为典型的工艺类关键核心技术，能大幅节省制造低温压力容器的材料和降低能耗，对产业高质量发展至关重要。然而，少数国际厂商长期把控该技术，并对外实施数据封锁。为突破这一困境，在全国锅炉压力容器标准化技术委员会（以下简称"锅容标委"）和中国国际海运集装箱（集团）股份有限公司（以下简称"中集"）的推动下，中集下属专精特新（专业化、精细化、特色化、新颖化）中小企业圣达因与浙江大学能源学院郑津洋院士团队建立产学研合作，共同开展"应变强化"技术攻关。通过艰苦卓绝的努力，联合团队快速突破了基础材料性能与关键工艺流程，并共同制定了"应变强化"国家技术标准。依托"应变强化"技术，中集圣达因制造的低温槽车、低温储罐等产品取得了极大成本优势，并快速发展为冠军产品。如今，"应变强化"技术被全行业广泛应用，不仅为国家节省了大量材料，降低了能耗与碳排放，而且创造了极大的产业与社会价值。[①]

关键词

工艺类关键核心技术　专精特新　产学研合作　冠军产品

---

① 本案例由浙江大学管理学院的郑刚、朱国浩、莫康、邬爱其撰写，入选2024年全国百篇优秀管理案例（重点案例）。

"应变强化"关键核心技术源于瑞典,是利用奥氏体不锈钢在低温下的材料特性,通过对奥氏体不锈钢进行独特的工艺技术处理,在提升钢材性能的同时降低钢材容器的壁厚,可节省35%以上的材料,大幅度削减了低温压力容器的制作成本并提高了可存储低温工业气体的容量。然而,国外少数企业掌握了这一技术,并对中国实施技术封锁。近年来,随着中国工业气体行业的快速发展,低温压力容器的市场需求量越来越大。液氮、液氧、液氩、液氦、液化天然气等低温液化气体的应用日趋广泛,深冷储运容器的需求量不断增长,低温储罐、低温汽车罐车和低温罐式集装箱被大量使用。中国作为深冷储运容器需求量最大的国家,在全球市场中占据约40%的份额。但是,由于迟迟未能突破该项技术,2007年以前国内对于各类奥氏体不锈钢低温压力容器的设计制造一般依据陈旧的GB/T 150《压力容器》标准,因而与国际同类先进产品相比,我国产品的材料厚度与自重大、成本高,缺乏国际竞争力,低温压力容器的降本和轻型化需求愈发突出,成为限制这一产业高质量发展的桎梏。

2006年,时任锅容标委移动式压力容器分技术委员会秘书长的周伟明向中集总裁麦伯良书面建议,"以实现低温容器罐体减薄、减重、降低成本并引领行业进步为目标,由中集牵头实施'应变强化'项目攻关"。该建议得到麦伯良的高度重视,并批示集团技术管理部总经理刘春峰组织开展项目的论证研究和立项实施。最终,在中集下属企业圣达因和浙江大学的通力合作下,"应变强化"关键核心技术取得快速突破,这使得中集圣达因在低温储罐、低温槽车等领域快速实现了产品技术和市场份额的领先,并荣获2017年度国家科学技术进步奖二等奖等殊荣。

如今,"应变强化"技术已被全产业广泛应用,经过"应变强化"技术处理的奥氏体不锈钢深冷容器已逐渐取代传统深冷容器,覆盖率达到80%以上。而中集圣达因和浙江大学作为"应变强化"技术突破方,也将被载入中国"应变强化"技术领域的里程碑。作为一家传统制造型专精特新中小企业,中集圣达因为什么要选择承担改变产业发展的关键核心技术突破的重任?在"应变强化"技术攻坚过程中,其又面临哪些挑战?又是如何快速实现技术突破的?这些故事,还要从多年前说起……

战略洞察，迅速确认关键技术机会

中集圣达因"揭榜"

时隔多年，刘春峰对确定开展"应变强化"技术攻关的经历仍然记忆犹新。"圣达因总经理施才兴是懂得"应变强化"技术价值的，当时我把项目信息发给了集团下属几家相关企业，只有他立马联系我"。中集圣达因长期专业从事液氧、液氮、液氩、液态二氧化碳及液化天然气等低温液体储罐、槽车、罐式集装箱、低温绝热气瓶等危险化学品储运装备的设计、制造、销售和相关技术服务，在低温压力容器领域拥有丰富的产业化经验。刘春峰和时任中集圣达因总经理施才兴动作非常迅速，推动了"奥氏体不锈钢强化低温容器"项目在集团快速立项，并作为集团重点研发项目启动实施，他们二人则共同担任项目负责人。

浙江大学"挂帅"

2007年春节后的第一个工作日，中集圣达因"应变强化"项目团队便兴致勃勃地探讨起项目实施问题。然而，当进行完技术研发可行性判断后，团队氛围却突然凝重起来。由于"应变强化"技术攻关需要开展低温环境下诸多与材料性能相关的试验，中集圣达因工厂虽然拥有丰富的生产制造工艺经验，却没有这一领域的试验能力和装备。一位项目成员在会上直接提出，"开展奥氏体不锈钢材料试验的试验装置和条件我们都没有，自己从头开始研发不知要到什么时候了"。想要快速取得进展，寻找外援势在必行。说干就干，刘春峰和施才兴火速奔赴上海拜访周伟明秘书长，商讨合作团队选择的细节。

正所谓英雄所见略同。在低温压力容器领域深耕多年，郑津洋院士愈发意识到，传统的常规压力容器技术范式将很难适应我国工业科技的快速发展，未来极端低温情境下的压力容器会逐渐成为产业主流。正因如此，郑津洋院士团队很早就选择聚焦于低温压力容器这一看似冷门但更具前瞻性的学科。然而，直到2007年，尽管该学科对产业应用的价值愈发凸显，也仅有浙江大学等少数高校开展了深冷压力容器学科建设，作为学科带头人，郑津洋院士面临着学科的长期发展这一难题。此外，郑津洋院士团队以破解重大工程问题为导向进行科研活动，而非侧重学术论文成果的发表。彼时郑津洋院士团队已经积累了一定的"应变强化"相关材料试验数据，但由于缺少敢为人先的产业合作伙伴，其团队付诸心血的研究始终无法落地。一想到无法将"应变强化"基础研究落地为国家标准和工程产品，郑津洋院士的眉头愈发紧锁。

在周伟明秘书长的引荐下，中集圣达因和浙江大学双方代表终于见面。推进产业发展的热情让彼此都激动不已，双方迅速确定了合作意向。2007年1月，双方正式签署合作协议。合同刚签订完，"应变强化"技术攻关联合项目小组随即成立，由郑津洋院士担任组长，负责理论研究和相关试验；刘春峰与施才兴担任副组长，负责中集圣达因工厂方的协调配合和集团资源调配。

▶ 回归应用基础研究，突破材料性能

联合项目小组刚窥见希望的曙光，挑战的阴影随即降临，考验着他们前行的勇气与智慧。虽说欧洲很早就提出了"应变强化"的技术概念，但涉及的关键数据却未对中国开放。不充分掌握奥氏体不锈钢材料在不同的深冷环境下的化学、力学以及疲劳性能，就无法有针对性地设计压力容器的壁厚等相关的工艺参数。联合项目小组深知，这是一场创新的考验，必须在逆境中寻求突破，必须回到材料层面重新开展基础试验。

中集圣达因与浙江大学的产学研合作虽建立在一定的成果基础上，但试验过程仍面临大量知识盲区，这让项目攻关变得异常困难。从联合项目小组内部来看，擅长制造及工艺处理的中集圣达因工程团队不具备基础研究能力。而郑津洋院士团队虽在2003年便启动低温材料性能研究，积累了部分经验和数据，但无论是试验装备还是试验手段都无法满足当前项目需要。国际上只有极少数国家拥有能够模拟极端低温环境的专用试验室，这些试验室掌握着数据却筑起高墙，不让窥视。国内也缺乏可提供相关试验条件的研究机构。为此，联合项目小组经过多轮反复论证后，决心先"小步快跑"，选择难度相对较低的轻型压力容器产品作为载体，率先突破材料层面的基础原理，然后"快速迭代"，逐步将"应变强化"技术应用到其他产品形态上。

清除材料选型"拦路虎"

事实上,在"应变强化"技术攻关过程中,中集圣达因和浙江大学的配合相当紧密。郑津洋院士一直强调,"科研要走出试验室到企业中解决技术问题"。郑津洋院士让团队几位研究人员驻守在中集圣达因工厂,和工厂合作人员随时沟通,解决试验突发问题。而剩余的团队成员则留在浙江大学负责相关材料的试验和部分代码工作。为了顺利推进项目,郑津洋院士每周都会赶赴中集圣达因工厂,与联合项目小组讨论技术难题目,把握项目进度。每月,三方都会在中集深圳总部碰头,及时沟通需要的资源支持,确保项目进度。

由于国内没有相应的国家技术标准,各个厂家生产的奥氏体不锈钢材料结构差异很大。况且,针对材料的基础试验不仅耗时长,而且成本高昂,往往一种材料的试验就需要数百万元的经费投入。因此,若想要快速获取材料数据,对材料的选择就变得格外重要。虽然郑津洋院士团队早先积累了部分材料的数据,但以科学研究为主的学术团队毕竟与产业实践存在距离,团队在材料的选择上一时犯了难。而中集圣达长期深耕低温压力容器领域,对各类奥氏体不锈钢材料的性能拥有丰富的处理经验,从而在选材上为郑津洋院士团队提供了精准的知识供给。在通力合作下,联合项目小组共同分析研究了国外有关强化材料的规定,迅速将最为合适的几家国内不同厂家生产的不同牌号、不同规格的奥氏体不锈钢材料纳入试验范围,为快速完成后续试验奠定了基础。

首创专用试验设备及试验方法

解决了材料的选型难题后,联合项目小组还没来得及喘口气,新的挑战便接踵而至。在跑遍国内几个主要的试验室后,联合项目小组沮丧地发现,国内竟然没有可以提供极端低温试验环境的专用试验装备。这让项目小组犯了难,中集圣达因工厂虽在生产工艺装备方面经验丰富,但在试验装置搭建方面经验匮乏。"如果国内没有,我们就自己做"。郑津洋院士坚定的表态为联合项目小组重拾了信心。由于郑津洋院士一直是以产业实践问题为导向进行科学研究的,因此其团队具备学科交叉属性,拥有材料、自动化控制、机械等领域的交叉人才储备,也拥有附着在团队成员及设备中,由基础研究到工程实现的交叉知识基础。基于此,联合项目小组在逐一清晰界定了需要进行的试验功能模块后,迅速设计出了试验装置结构。

而在解决了设备设计问题后,资金来源迅速成为下一座"大山"。为解决资金问题,中集圣达因投入200多万元,中集总部配资100万元,郑津洋院士也积极申请国家"863"计划科研经费,并将其他项目经费的结余投入该项目。资金需求得以保障后,联合项目小组快速将交叉知识基础汇聚为工程化装备,搭建起国内首台可提供$-196\ ℃$深冷环境的试验装备。

试验装备问题解决后,联合项目小组开始着手探索相应的试验方法,作为试验的主要执行方,浙江大学团队却缺乏试验过程中对材料处理的工艺经验。借助中集圣达因在材料热处理等工艺方面的丰富经验,联合项目小组共同复盘,基于材料的力学、化学及疲劳性能试验所积累的零散经验,通过持续的知识交互创建出了流程化的试验手段和方法。有了试验方法支持,联合项目小组快速对不同牌号、规格的奥氏体不锈钢材料进行化学成分分析及各项力学性能试验,验证了母材及焊接接头在"应变强化"前后均有足够的强度、塑性和韧性,并有针对性地挑战材料的化学结构和镜像组织,掌握了基于材料的性能原理。2007年5月一个平凡的午后,一份关于"应变强化"材料的研究报告从浙江大学传来,让通宵达旦的中集圣达因团队一扫疲惫,喜不自胜。这一阶段性的胜利从材料上保证了"应变强化"容器的安全,给联合项目小组带来了极大的鼓舞。趁着士气正旺,团队乘胜追击,利用翔实的材料数据迅速调整材料化学成分结构,计算出"应变强化"处理后的许用应力,形成了低温"应变强化"新产品设计,并开始制作试验用样罐。

协同创新,突破关键工艺流程

材料原理风波已平,制造工艺风波又起。探索压力容器"应变强化"工艺流程,并在生产工艺流程上创新,以形成安全可靠的新低温压力容器制造工艺成为横跨在项目小组面前的又一鸿沟。虽然中集圣达因在奥氏体不锈钢压力容器制造上拥有丰富的经验,但要将新材料应用到常规储罐上,仍需精确的工艺参数指导，并确保强化工艺安全可靠，最终重组原先的工艺流程，形成低温"应变强化"压力容器的制造工艺核心技术。

突破关键工艺参数计算局限

一开始，中集圣达因在计算压力容器许用应力时主要采用线性分析，用物理方程来描述变量之间的关系。但随着项目进展，联合项目小组无奈地发现，奥氏体不锈钢低温容器在"应变强化"过程中结构受力复杂，随着内压载荷的升高，容器结构不连续区域与连续区域产生屈服的时间不一致，这导致线性分析方法不能准确揭示"应变强化"后容器各部件的应力分布和结构过渡区域的应力集中度。迫于计算方法的局限，中集圣达因只能根据工程师的经验判断，制作多个样品容器进行试验，耗时耗力且成功率不足一半。联合项目小组意识到，若是无法创造新的计算方法，就无法及时得出准确的强化工艺参数，更别谈形成稳定可靠的"应变强化"关键工艺了。然而，由于专业知识储备有限，中集圣达因很难运用新的知识破解这一难题。不过，在联合项目小组的不懈努力与通宵达旦地奋斗下，这道难题终于迎刃而解。联合项目小组创新性地将数字孪生技术运用到关键工艺参数的计算中，通过对中集圣达因工厂团队积累的经验知识与工艺数据进行数字化处理，建立数字孪生模型，用以分析容器在强化中关键区域应变的变化规律，进而揭示材料强化特性、大变形，以及加强圈、开孔、垫板、防波板等结构附件对"应变强化"的影响规律，由此计算的工艺参数让试验成功率超过70%。

实现关键工艺流程自动化跨越

"应变强化"的一大关键工艺流程是对压力容器进行拉伸产生塑性变形，以达到预设的壁厚。联合项目小组最早通过人工注水的方式给储罐加压，该过程最难控制的地方在于压力容器有很多阀门加强筋，导致容器变形后的壁厚厚度并不完全均匀，因而需要高度依赖技工的经验，手动控制注水过程，并对不同厚度的容器壁进行打磨。然而，手动操作不但难以保证其准确度，而且工作量大，结果不可靠，难以实现批量生产。"以市场为导向进行技术创新是中集的特色。"刘春峰曾这样总结中集的商业化基因，也正因为如此，面对仅试验期间的失误便给中集圣达因造成的数百万元损失，刘春峰和施才兴忧心忡忡，他们意识到，若是不能将"应变强化"关键工艺流程自动化，就算做出来样品也无济于事。

天无绝人之路，好在郑津洋院士团队拥有自动化方面的人才和工程实践经验。联合项目小组在夜以继日地攻关下，成功将摸索出来的"应变强化"工艺参数进行了标准化处理，并研发出一套专用智能控制系统，将"应变强化"工艺环节上的诸多经验知识通过自动化系统进行了标准化。这套自动化系统附加自动提醒功能、自动进水功能、自动泄压功能、自动测量功能、自动报警功能，可同时控制多台设备，提高了强化打压的可靠性和效率。事后，在总结技术攻关经验时，刘春峰不禁感叹："好在有浙江大学的参与，如果是工厂自己做，不知道需要多久。"

解决关键工艺流程难点之后，中集圣达因很快便依托工艺参数设计，制造试验用强化奥氏体不锈钢低温容器，一方面对非线性分析方法和强化压力的确定方法进行验证，另一方面对强化后的容器进行全面的性能研究和评价。在这一过程中，联合项目小组在中集圣达因工厂对强化后的容器关键部位——封头与筒体进行取样，开展综合性能测试，并进行强化后的爆破试验。爆破后的容器则同步运输到浙江大学实验室，由郑津洋院士团队成员进行检验分析。经过细致的数据对比后，联合项目小组终于用翔实的数据证明了强化后的奥氏体不锈钢容器的安全性不低于按常规设计制造的压力容器。

重组工艺流程，首创低温"应变强化"压力容器制造工艺

样罐通过检验后，中集圣达因团队开始探索工程化量产制造工艺。在解决了"应变强化"关键工艺参数的精准计算，并实现了关键工艺流程的自动化后，联合项目小组将强化试验和射线检测拍片两个"应变强化"工艺步骤重组进压力容器的制造流程中，实现了低温"应变强化"新工艺流程与原压力容器生产工艺流程的整合重构，最终形成了创新的结构设计、制造工艺要求和质量控制点。在"应变强化"制造过程中，可通过增加许用应力的取值，得到较小的筒体壁厚值，从而实现储罐轻型化设计及制造。通过对 5—50 立方米的 5 种常用规格储罐进行对比分析，结果发现：采用此项技术后，内容器材料厚度比按常规 GB/T 150 设计所需的厚度的减薄量超过 35%，大大节省了材料，减轻了产品自重，大幅度削减了制作成本，实现了深冷容器轻量化，显著提升了中国深冷容器产品的国际竞争力（详见表1）。

表1 执行原标准（GB/T 150）与进行"应变强化"技术处理后的容器厚度对比

单位：mm

容器型号		VZF1016	VZF2016	VZF1516	VZF0516	VNF5016
材料		1.4301	1.4301	1.4301	1.4301	1.4301
按 GB/T 150 设计	筒体厚度	11	14	14	11	17
	封头厚度	11	15	14	11	18
采用"应变强化"技术	筒体厚度	7	9	9	7	11
	封头厚度	7	9	9	7	11
厚度减薄百分比（%）		36.4	35.7	35.7	36.4	35.3

关键技术应用泛化，打造系列冠军产品

以难度较低的轻型固定容器起步，联合项目小组终于实现了"应变强化"关键工艺原理和关键工艺流程的突破。但毕竟轻型固定容器只是压力容器的一种场景，刘春峰和施才兴意识到，只有将低温"应变强化"技术泛化到更多场景，实现各类产品创新，方能在更大范围内促进技术的商业化，放大商业价值及产业价值。因此，针对移动容器和重型容器等不同产品形态的"应变强化"应用研究也被迅速提上日程。

一方面，技术在新场景的应用需要对技术进行部分改进。另一方面，产业链上各厂家的奥氏体不锈钢材料也在更新，需要联合项目小组动态更新材料试验。因此，技术泛化不是简单的技术迁移，还需要联合项目小组进行部分新知识的创造以支持系统性的工艺重构。实现更广的技术应用泛化还需要在技术标准层面取得突破，从而将技术从企业的内部小生态中溢出到产业大生态中。然而，中集圣达因只是一家中小企业，其专业知识储备有限，难以拥有系统性的知识重组的能力，这使技术应用泛化仍然面临着挑战。

批判质疑精神推动原始创新

"郑津洋院士不迷信理论,推动我们做出了原始创新"。在刘春峰的印象里,郑津洋院士一直有很强的批判质疑的精神,不会盲目跟从已有文献的理论研究,而是通过试验数据判断事情的可行性。在是否研究移动式容器的"应变强化"技术上,联合项目小组一度踌躇,因为当时移动式容器的"应变强化"一直被主流的学术文献认为是不可能实现的。这背后的原因在于容器经"应变强化"处理以后,材料的屈强比变小,一旦发生裂纹会带来严重的安全隐患;而移动式容器容易产生疲劳裂纹,因此被认为安全性不能得到保障。"我们不能盲目迷信文献,还要在实践中进行理论验证"。郑津洋院士帮大家坚定了信心,联合项目小组通过进行大量的运行试验,以及对试验用罐进行重新拆解化验,最终用数据证明"应变强化"技术能够在移动式容器上使用。"移动式容器我们先做到,国际上都没有人做过,我们最后一起突破了法规的限制,并以翔实的试验数据获得特别许可,通过欧洲标准认证。"刘春峰自豪地说道。

材料更新及工艺流程重构

一方面,中集圣达因由于更贴近产业链上游,能及时了解市场上最新奥氏体不锈钢材料的更新情况。另一方面,中集圣达因也整合了液氧、液氮、液氩、液氢等更多储运的低温介质的市场需求,持续拓展低温"应变强化"可发挥的储运功能。中集圣达因还积极与中集海洋工程有限公司等集团其他业务板块交流碰撞,为"应变强化"技术寻找更多落地场景。在整合了技术应用泛化方向的基础上,联合项目小组迅速根据新材料、新介质、新场景特性,拓展试验装备,获取关键数据,形成关键工艺参数。基于此,中集圣达因快速推进新产品工艺流程设计,在成熟的"应变强化"工艺流程基础上,及时调整并重构工艺流程,迅速组织新品生产。

制定国家技术标准,扩大产业应用

为了进一步推动"应变强化"技术的产业应用,联合项目小组与锅容标委紧密配合,最终制定了多项相关技术标准。2017 年,奥氏体不锈钢深冷容器全国标准《固定式真空绝热深冷压力容器》正式发布,其第 7 部分:内容器应变强化技术规定，在材料、设计、制造、试验等方面提出统一要求，规范和促进了该技术的发展。事实上，仅中集圣达因一家企业就参与了 20 项国家标准的制定，扩大了其参与国家标准制定的能力和影响力。行业标准的落地，也终于达成了郑津洋院士当初的目标，将论文真真切切地"写"在了祖国大地上。

凭借"应变强化"技术打造冠军产品

技术革新为中集圣达因的客户带来了显著的实际价值。王浩铭作为当时中集圣达因"应变强化"项目的管理负责人，回忆起这段经历时依然满怀激情："这项技术对低温行业产生了革命性的影响。考虑到当时不锈钢原材料的价格高达每吨 3 万余元，节约 35% 的成本意味着每个储罐能节省大量资金。在竞标过程中，我们的竞争对手看到我们的报价后，几乎直接放弃了竞争。""应变强化"技术的应用不仅限于储罐，还扩展到了移动槽车领域，其重要性在这一领域尤为突出。由于槽车的总质量有限制，通过减少不锈钢材料的使用，槽车的自重得以减轻，从而显著提高了其载货能力。值得注意的是，在 2008 年经济危机期间，国内制造业普遍低迷，而中集却依靠"应变强化"技术实现了利润的逆势增长。近年来，随着"应变强化"项目的持续推进，中集圣达因已成功将该技术应用于小型储罐、移动槽车和大容积储罐等多个领域。"应变强化"产品从最初的个别案例，已经发展成为系列化和规模化的产品线。

对中集来说，这项技术的应用不仅使其在低温储罐和槽车领域走在了行业前列，还带来了大量的市场份额和经济效益。自 2008 年采用"应变强化"技术起至 2018 年，中集累计节约材料 120 520 吨，节约成本高达 212 752.9 万元。近年来，中集的"应变强化"罐箱产品年销售额平均超过 5 亿元，净利润达到 9 000 万元。对于整个行业和社会来说，"应变强化"技术的实施带来了深远的影响。自该技术应用以来，我国低温储罐和低温运输车的制造累计节约了约 20 万吨材料，节省了约 30 亿元的材料成本，并减少了大约 10 万吨的二氧化碳排放。此外，在深冷储运容器的制造过程中，随着容器壁厚的显著减少，焊接和成型过程中的能量消耗也大幅度降低。"应变强化"技术不仅为中集带来了可观的经济效益，还对整个低温储运行业的可持续发展和环境保护做出了重要贡献。

▶ "应变强化"技术升级，探索氢能第二曲线

再度联手，勇闯"无人区"

氢能作为新兴清洁能源，近年来广受国内外和社会各界关注，是全球科研创新和产业发展竞争的焦点之一，是我国实现"双碳"目标的重要组成部分。2022年，国家发展和改革委员会、国家能源局联合印发《氢能产业发展中长期规划（2021—2035年）》，氢能产业发展正式成为国家战略。氢能储存作为产业链的重要一环，也逐渐成为政策推动的重点，《"十四五"新型储能发展实施方案》《"十四五"现代能源体系规划》等国家顶层规划均将氢储能列为可再生能源发电消纳的主要方向。

虽说中集圣达因已经实现-196 ℃的液氧、液氮、液氩和液化天然气储罐，以及-269 ℃的液氦储罐压力容器奥氏体不锈钢的设计及制造。但气态、液态、固态氢作为当前储存的形式，不仅温度低（-253 ℃），而且具有较高的危险性，基于储氢材料的"应变强化"仍然充满挑战。在刘春峰和郑津洋院士的主导下，中集圣达因与浙江大学开启了第二代"应变强化"技术研发，剑锋直指潜力巨大的氢能市场。随后中集其他下属企业如南通中集罐箱（现安瑞环科）、荆门宏图等也先后加入与浙江大学的产学研合作。2022年10月，中集与浙江大学正式成立氢能技术联合研发中心，定位于发展成为全球领先的氢能研发中心，面向氢能产业市场需求，开展对极端环境下临氢材料性能和应用研究，以及氢能装备相关标准的研制，全面推动氢能装备和氢安全等领域的科技创新、人才培养和成果转化。

渐入佳境，反向封锁

中集在低温容器的"应变强化"领域已经进入技术无人区，拥有在"应变强化"技术领域反向输出到欧美技术策源地的能力。"欧美企业想在低温'应变强化'压力容器上超越我们，需要花费数年。"刘春峰不无自豪地谈道。有趣的是，由于郑津洋院士团队积累的相关材料的试验数据大幅领先，国际学术界同行也开始纷纷向郑津洋院士团队请教学习。

尾声

虽然中集与浙江大学第一阶段的合作成果给彼此创造了巨大的价值,但伴随"应变强化"技术成果成为国家技术标准以及氢能时代的到来,挑战与机遇接踵而至。大量企业纷纷掌握"应变强化"基本工艺,市场竞争日趋激烈。此外,氢能储罐"应变强化"技术难度极高。中集与浙江大学开启的第二轮低温"应变强化"研究能否应对挑战,持续助力中集打造冠军产品?让我们拭目以待。

扫描查看本案例附件

> **阅毕请思考:**
>
> 1. 是什么原因促使中集圣达因选择承担"应变强化"关键核心技术攻关?为什么中集圣达因选择与浙江大学合作?
>
> 2. "应变强化"关键核心技术突破经历了哪几个阶段?每个阶段中集圣达因面临的挑战是什么?
>
> 3. 中集圣达因如何通过产学研合作,加速"应变强化"关键核心技术突破?
>
> 4. 中集圣达因与浙江大学共同开启了面向氢能产业的第二代"应变强化"技术研发,其战略意图是什么?
>
> 5. 对于中集圣达因快速突破"应变强化"关键核心技术的创新实践,传统制造型专精特新企业从中可以借鉴哪些经验?

INNOVATORS' COUNTERATTACK

第 6 堂课

谁说国产不如进口？联影医疗高端医疗装备"高举高打"之路

摘 要：
ABSTRACT

高端医疗影像装备涉及多门学科，属于资本、人才及创新密集产业，是医疗器械产业中技术壁垒最高的细分领域。数十年来，该领域被外资垄断的窘境，不仅加重了民众的医疗负担，也导致"国产不如进口"的认知根深蒂固。相较于本土企业普遍采取的"农村包围城市"的战略路径，联影医疗一反常规地以"高举高打"战略率先切入高端市场，直面外资巨头竞争。通过独特的技术策略设计，以及对本土市场机会的高效捕捉，联影医疗在短短十余年间便突破了诸多关键核心技术，打破了外资垄断，改变了国内市场格局，发展为高端医疗影像装备领域龙头企业。此外，凭借优质的产品服务，以及技术引领优势，联影医疗快速向海外市场扩张，让中国"智"造反向输入影像技术策源地，使我国高端医疗影像装备产业跻身世界领先行列。①

关键词
高端医疗影像装备　"高举高打"　关键核心技术突破　国产替代

---

① 本案例由浙江大学管理学院的郑刚、朱国浩、沈睿撰写，入选2024年全国百篇优秀管理案例（重点案例）。

第 6 堂课
谁说国产不如进口？联影医疗高端医疗装备"高举高打"之路

> 必须全线覆盖自主研发，必须掌握全部核心技术，必须对标国际顶尖水准。
>
> ——联影集团董事长　薛敏

我国医疗器械产业起步较晚，本土企业缺乏核心技术创新和品牌建设意识，这导致国产设备集中于中低端领域，国内医疗机构逐渐形成"国产不如进口"的固有认知。与此同时，业内以通用电气（GE）、飞利浦（Philips）、西门子（Siemens）（并称为"GPS"）为代表的跨国巨头则乘机垄断了我国高端医疗影像装备市场，使本土企业丧失产业话语权。高端医疗影像装备是高端医疗装备中技术壁垒最高的细分领域，而我国在该领域的空白迫使我国医疗机构向跨国企业支付高昂的设备和服务采购费用，这进一步加重了我国民众的医疗负担。面临如此严峻的产业"卡脖子"窘境，社会各界对国产装备产业的崛起寄予了极高的期望，但彼时却没有本土企业敢与"GPS"正面竞争。

"约 90% 以上的设备依赖进口，行业发展水平整体落后西方国家十年以上。"回忆起行业十余年前的市场格局，联影集团董事长薛敏唏嘘不已。彼时，已在磁共振领域钻研数十年的薛敏一直梦想能研发出属于国人自己的高端医疗影像装备，打破"GPS"神话。2011 年，在民族自主品牌崛起的灿烂"中国梦"的指引下，面对产业被外资巨头牢牢扼住喉咙的残酷现实，联影医疗创立。薛敏坚定地表示："在外资品牌一统天下的高端医疗装备市场，联影医疗的目标不是求生，而是求胜，不是以低质低价产品在中低端市场分一杯羹，而是心怀与国际一流试比肩的信仰和勇气。"2014 年 5 月，习近平总书记调研联影医疗，称赞他们为国争了光，并要求有关方面做好政策引导、组织协调、行业管理等工作，加快现代医疗设备国产化步伐，使我们自己的先进产品能推得开、用得上、有效益，让我们的民族品牌大放光彩。

磁共振成像系统（MR）和电子计算机断层扫描系统（CT）等高端医疗影像装备涉及多门学科，其资本、人才及创新高度密集，技术突破难度不亚于航空航天领域。即便是"GPS"这样的跨国巨头，也历经了一个多世纪的发展才取得如今的领先优势。彼时，联影医疗创造性地采取"高举高打"的战略姿态进入行业。"高举高打"即技术上全线覆盖高端医疗影像装备，坚持关键核心技术自主研发；市场上则从顶级三甲医院切入，以高性能产品在高端用户圈层建立品牌口碑。这一反常识的举动立即招致了行业的强烈质疑，同行普遍认为"不可实现"，甚至认为"联影医疗简直疯了"。然而几乎让所有人意想不到的是，仅短短十余年内，联影医疗就推出了世界首款全景动态 PET/CT "uEXPLORER"、"时空一体"超清 TOF PET/MR "uPMR 790"、世界首台 75 cm 超大孔径 3.0T 磁共振 "uMR Omega"、世界首款 5.0T 人体全身磁共振系统 "uMR Jupiter 5T"、一体化 CT 直线加速器 "uRT-Linac 506C" 等一系列中国首创乃至世界首创产品，实现了关键核心技术自主研发，并以领先的市场份额、极高的用户口碑，与外资巨头形成"GPSU"四足鼎立局面，彻底改变了行业格局。2022 年 8 月 22 日，联影医疗在上海证券交易所科创板上市，开盘当日市值超 1 500 亿元。

究竟是什么原因，让联影医疗选择看似无法实现的"高举高打"战略？联影医疗的关键核心技术突破又为何如此之快？联影医疗又是如何改变"进口优于国产"的固有认知的？其中的故事，还得从多年前说起……

砥砺前行，能力积累与市场初"败"

寻梦缘起：磨炼内功

1895 年，德国物理学家威廉·伦琴（Wilhelm Röntgen）发现 X 射线，揭开了现代医学的序章，欧洲进入引领世界医学影像创新的时代。1971 年，英国电子工程师高弗雷·豪斯费尔德（Godfrey Hounsfield）研制出世界上第一台 CT。1972 年，美国化学家保罗·劳特布尔（Paul Lauterbur）揭示了利用磁场叠加的方式精确激发不同的组织，并对相应的核磁共振信号进行精确的定位的过程。1977 年，英国物理学家彼得·曼斯菲尔德（Peter Mansfield）首次进行了活体核磁共振成像。1980 年，世界第一台用于临床的全身磁共振成像系统在美国福纳公司诞生。在医学影像产业历经百余年的发展历程中，欧美以重大技术突破逐渐占据先发优势，持续引领世界医疗影像装备产业。

1982 年，出生于湖北省麻城市的薛敏以优异的成绩毕业于复旦大学物理系，随后在中国科学院武汉物理与数学研究所攻读硕士学位，师从著名核磁共振专家吴钦义教授和叶朝辉院士。毕业后，薛敏留任研究所，负责磁共振成像课题研究，成为国内磁共振成像系统研究的先行者。在中国科学院的求学和工作经历，让薛敏深刻体会到国内医疗影像产业与欧美先发国家在技术积累上存在的巨大差距。彼时，中国还不具备 CT 和磁共振的自主研发能力，需要以相当高昂的价格引入外资非最新型号的产品，这不仅让国家本就不富余的医疗预算雪上加霜，也无法让民众享受和欧美民众对等的医疗服务。薛敏暗下决心改变这一令人痛心的现状，打造一家世界级创新引领的高端医疗影像装备企业的梦想逐渐在其心中萌芽。

为进一步提升技术能力，1988 年薛敏赴美国凯斯西储大学（Case Western Reserve University，CWRU）攻读生物医学工程学博士学位，而后在克利夫兰医学中心（Cleveland Clinic Foundation，CCF）医学影像研究中心担任高级研究员。CWRU 是美国顶尖的研究型大学，截至 2023 年已拥有 17 位诺贝尔奖得主。CCF 发展历史逾百年，是全球顶尖的医疗机构。在 CWRU 和 CCF 学习和工作的经历让薛敏得以接触到最前沿的医疗影像技术知识，极大提升了薛敏在医疗影像方面的专业能力，让其逐梦之旅多了几分把握。

初试折戟：迈迪特"沦陷"

在薛敏海外求学期间，跨国企业开始全面进入中国，并逐步主导了市场。1985 年，飞利浦在中国开设了第一家合资企业；1991 年，通用电气在北京设立航卫通用电气医疗系统有限公司；1992 年，西门子在上海建立德国以外首个 CT 生产基地。与此同时，国内医疗影像装备产业在政府的关注下逐渐发展：1992 年，民营企业安科成功推出中国首台 0.6T 超导磁共振成像系统；同年，我国从西门子引进第一台 1.5T 高场磁共振成像系统；1994 年，东北大学教授刘积仁及其团队成功研制出中国第一台全身 CT 科研样机；1998 年，东软医疗成立，国产 CT 首次实现产业化。彼时，远在大洋彼岸的薛敏觉察到时机成熟，于是创办了深圳迈迪特仪器有限公司（以下简称"迈迪特"）。凭借着一股不服输的精神，薛敏带领团队仅用了一年多的时间，便攻克诸多关键技术，研制出中国首台 1.5T 超导磁共振成像系统 Novus 1.5T，结束了我国高场磁共振系统全部依赖进口的历史。但正当团队为这一国产医疗装备发展里程碑事件的实现激动不已时，残酷的现实很快给迈迪特带来了沉重的打击。由于 Novus 1.5T

所采用的核心部件被外资"卡脖子",以及本土医疗机构对无品牌优势的国产磁共振产品缺乏认可,迈迪特的产品销售不及预期。在技术和市场的双掣肘下,痛苦挣扎2年的迈迪特被迫将75%的股权出售给西门子,迈迪特也改名为西门子迈迪特(深圳)磁共振有限公司。

寻梦启航,明确"高举高打"战略选择

于瞩目中诞生:"成为世界级医疗创新引领者"

2010年前后,"新医改"第一次拉开了大型国产医疗设备崛起的大幕,迈瑞医疗等民族医疗器械品牌先后上市,并通过大规模的国际收购迈开快速扩张的步伐。遗憾的是,在高端医疗影像装备领域,国内仍缺乏掌握核心技术的民族自主品牌,但这也带来了发展的大好时机。2011年3月,联影医疗成立,或许当时连创始团队都未意识到,这一举措将彻底改变高端医疗影像装备产业的格局。

联影医疗创立时,中国已成为全球第二大医疗器械市场。然而彼时国产医疗影像装备产业在技术、设计、服务等方面全方位落后,产品多集中在中低端市场,高端市场被"GPS"等外资垄断。本土产业发展与市场规模严重不符的残酷现实,让社会各界呼吁民族品牌的崛起。然而,历经一百多年的发展,"GPS"早已成为掌握核心技术、具备市场和品牌优势的跨国巨头,要打破"GPS"神话谈何容易。然而,联影医疗核心管理团队成员均是坚定的长期主义者,他们在联影医疗成立之初就确立了"三个必须":必须全线覆盖自主研发,必须掌握全部核心技术,必须对标国际顶尖水准,并以"成为世界级医疗创新引领者"为企业愿景。"从一开始,我们就致力于成为世界级的企业,为此,我们也走上了一条艰难但注定长远的路。"薛敏坚定地表示。

正面迎敌:"高举高打,全线覆盖"

创立后的战略路径选择,成为摆在联影医疗创始团队面前最紧迫的事项。按照产业技术追赶的规律,初创企业资源有限,品牌声誉不足,先在技术门槛相对较低、产品准入难度不大的中低端市场站稳脚跟,然后逐步往高端市场渗

透才是最为合理的选择。此外，彼时高端市场被"GPS"巨头牢牢把持，初创企业一开始就在高端市场和巨头竞争也很大程度上是以卵击石。虽然成为世界级的创新引领企业是联影医疗创始团队的共识，但在起步阶段是否应该先选择看似更为合理的折中发展道路，从中低端市场切入，以避开巨头的围堵成为创始团队争论的焦点。

2011年10月，一场关于联影医疗磁共振系统是否要自主研发、从高端市场切入的激烈辩论在江苏天目湖以闭门会议的形式展开，联影医疗磁共振事业部核心团队的成员们进行了激烈的"唇枪舌剑"。迈迪特陨落的教训历历在目，为了不让年轻的联影医疗重蹈覆辙，成为时代的流星，团队在这场会议上最终达成共识：采取"高举高打"战略，正面迎击巨头，打破国产企业"农村包围城市"的路径依赖，这也成为联影医疗发展的主旋律。"如果单点发力，根本不可能突破寡头强势的技术和品牌围剿。如果不进行自主研发，将来某一天势必被扼住喉咙。做高端医疗装备，短视是大忌"。薛敏及其团队坚信，长期来看，只有全线覆盖医疗影像装备，才能让"联影医疗"这一民族品牌拥有足够的生命力，改变"国产不如进口"的固有认知。而要避免重蹈关键核心技术被"卡脖子"的覆辙，就必须坚持所有核心部件自主研发，掌握全部关键核心技术。于是，联影医疗决定从一开始就采取"高举高打，全线覆盖"的战略，技术上坚持全线覆盖自主研发，坚持掌握全部核心技术，坚持对标国际顶尖水准，同时布局研发CT、磁共振、PET/CT等全线高端医疗装备产品。市场上则从北京和上海的顶级三甲医院切入，以高性能产品在高端用户圈层建立品牌口碑。

破冰行舟，破解"冷启动"困境

广聚英才："建立世界级水准的团队"

要进行"高举高打"就必须建立强有力的自主创新基础，而高阶人才梯队则是必要条件。"必须拥有一支具有世界级水准的核心研发团队，打造高端医疗设备行业的人才高地"。联影医疗核心管理团队中的每一位成员均在行业内拥有多年的研发或管理经验。譬如其初创核心技术及管理成员张强、谭国陆、包峻、黄翔宇、俞晔珩等，均有数十年高端医疗影像装备领域的研发、生产、销售、设计等全链条产品管理经验。彼时薛敏及其创业团队还敏锐地意识到，中国是后发国家，仅依靠国内的研发平台尚无法快速实现关键核心技术突破和世界领先。因此，联影医疗一开始便要建立国际化的研发团队。除了在国内搭建研发中心，联影医疗同步在影像技术世界领先的美国康科德和休斯敦建立了北美研发中心。联影医疗还迅速聚集了分子影像领域的知名专家李弘棣，磁共振影像技术领域的资深科学家陈群，以及半导体及闪烁体探测器领域大拿杜岩峰等。以这些领军人才为核心，联影医疗迅速建立起覆盖分子影像、CT、磁共振、X射线、放疗设备完整系统及核心部件研发能力的人才团队，形成了完整产品线研发布局。

借风使船：捕捉机会窗口

领军人才队伍的建设和完整的研发布局极大提高了联影医疗的自主创新能力，但新的挑战很快接踵而至。想要依托"高举高打"战略破解"冷启动"困境，联影医疗除依靠自主创新外，还需要持续吸收领先用户（顶级医疗机构）的临床需求及技术应用反馈，并与相关科研机构进行协同创新提升效能，拓宽临床应用知识基础，以反哺产品性能的持续提升。然而受"国产不如进口"固有认知的影响，顶尖医疗机构用户一般不愿使用年轻的本土企业的产品，这是初入市场的联影医疗所面临的一大挑战。如何加速突破原理性技术以及技术的市场化应用，成为联影医疗面临的重大难题。

第一批敢于信任初生国产装备的顶级医院，为联影医疗的"高举高打"战略的推行带来了破局的希望。与此同时，行业也正迎来政策的东风。2009年，《关于深化医药卫生体制改革的意见》《医药卫生体制改革近期重点实施方案（2009—2011年）》出台，明确"新医改"8 500亿元的投入。在国家财政支撑下的"新医改"政策持续创造并扩大内需的影响下，我国医疗器械产业平均增速达到25%左右，市场前景十分广阔。然而大中型医疗装备、中高端医疗器械仍以进口为主，价格昂贵，这给国家和患者带来了沉重的负担。为改变我国高端医疗装备依赖进口、可靠性差以及自主创新能力较弱的现状，突破高端装备及核心部件国产化的瓶颈，2012年1月，科学技术部发布《医疗器械科技产业"十二五"专项规划》，明确支持超导核磁共振、多排螺旋CT等高端影像装备整机，以及超导磁体、磁共振谱仪、PET 探测器、CT 球管等核心部件关键核心技术突破。2011 年，科学技术部、卫生部联合全国 10 个省（自治区、直辖市）政府启动国产创新医疗器械"十百千万工程"，在 10 个省（自治区、直辖市）的 100 个区（县）范围内选择试点 1 000 家医疗机构，应用 10 000 台以上的创新医疗器械产品。2014 年，原国家卫生和计划生育委员会（现卫生健康委员会）委托中国医学装备协会组织开展优秀国产设备的遴选工作，建立优秀国产医疗设备产品目录。2012 年年末，上海复旦大学附属中山医院、上海交通大学医学院附属瑞金医院等一批医院也敢为人先，陆续引入当时联影医疗的全套影像设备，为联影医疗早期产品的更新迭代提供了宝贵的临床应用反馈。

行业内首先实施特定战略的企业会获得"先发优势"，联影医疗作为国内首家定位高端、坚持全线自主研发的企业，正好契合了政府发展高端医疗装备产业的诉求，而联影医疗也很好地把握了政策机会，以深厚的自主创新基础承担起多项来自科学技术部、上海市科学技术委员会以及上海市经济和信息化委员会的重大科研项目，牵头对高端 CT 及磁共振整机以及探测器、晶体材料等诸多核心部件进行技术攻关。在此基础上，联影医疗以重大科研专项为牵引，链接起相关的互补研究机构的研发支持，以及顶级医疗机构作为领先用户的技术参与。

一鸣惊人：初次亮相，大放异彩

2014 年 8 月 15 日，在北京举行的第二十三届中国国际医用仪器设备展览会暨技术交流会（China-Hospeq）上，联影医疗携其自主掌握关键核心技术的 1.5T 超导磁共振、64 排以下 CT 等已取得国家食品药品监督管理总局（现国家市场监督管理总局）注册认证的首批 11 款产品和 5 款尚未推向市场的新品亮相，吸引了全场的目光，标志着联影医疗在高端医疗影像装备的技术层面取得突破，并正式进入市场。而早在 2014 年 6 月，原国家卫生和计划生育委员会就提出要引导医疗机构逐步提高国产医用设备配置水平。适逢各级政府对国产高端设备的政策支持，凭借过硬的产品和优质的服务，联影医疗快速进入复旦大学附属华山医院（北院）、上海交通大学医学院附属仁济医院（南院）、上海市第六人民医院（东院）、首都医科大学宣武医院等头部三甲医院，以及上海市胸科医院、台湾明基友达集团下属的高端民营医院等。此后，联影医疗终于突破了"冷启动"困境，也宣告着作为世界第二大高端医疗装备市场的中国开始逐步打破外资垄断。事实上，为应对联影医疗给外资垄断市场带来的冲击，"GPS"也被迫纷纷降价，从而节省了大量国民医疗开支。

乘风破浪，持续突破

架海擎天：产医融合，持续迭代

联影医疗产品虽进入顶级医院，破解了"冷启动"困境，但薛敏却非常清楚，虽说在1.5T磁共振成像系统、CT等产品上实现了追赶，但想要覆盖医疗机构更多的临床与科研需求，仍需攻克更高场的磁共振成像系统以及更高排的CT等高端产品的核心技术，以构筑持续的竞争优势。但是核心技术的提升又涉及多种学科知识，要短期内取得突破谈何容易。而高效利用好外部互补性资源，为联影医疗破局提供了新的可能。

通过不同方式，如与顶尖医院、科研机构开展技术共研，共建国家医学中心、研究院、试验室；以国家级、市级重大专项为牵引，共同承担科研项目；参与搭建国家级创新与转化平台——国家高性能医疗器械创新中心等，联影医疗得以联合更多医院、高校、科研院所资源，协同创新。以国家级重大专项为例，联影医疗作为国产高端医疗影像装备领域的标杆企业，获取了牵头十项"十三五"国家级重大科研专项的机会，针对高场3.0T超导磁共振、320排CT、一体化PET-CT等高端医疗影像产品，以及相关的核心部件及技术组织攻坚。此外，重大专项产生的技术成果同步在合作的医疗机构进行临床验证，这加速了联影医疗跨组织边界将临床需求与经验融入技术创新体系。

以磁共振成像系统为例，其研发涉及的学科门类繁多，技术体系精密复杂，研发难度极大，高场磁共振研发壁垒尤其高筑。此外，扫描时间长，成像速度慢，也是国际公认的磁共振成像研发难题。要想在磁共振上实现快速高质量成像，如同在"在刀尖上起舞"。为快速攻克3.0T高场磁共振产品关键核心技术，破解"磁共振影像分辨率越高，扫描速度越慢"的悖论，联影医疗以"十三五"国家重点研发计划"数字诊疗装备研发"专项为牵引，牵头与中国科学院深圳先进技术研究院、复旦大学附属中山医院、中国人民解放军总医院组建联合团队进行技术攻关。临床医院也是医疗科技创新的重要组成部分，复旦大学附属中山医院和中国人民解放军总医院在临床应用过程中不断对产品进行反馈、提出建议，与联影医疗一起不断调整和打磨设备，优化磁共振的序列、参数以及系统的整体性能，让设备更加贴合医院的临床需求。通过短短几年的联合攻关，联合团队便突破了谱仪、射频功放、梯度功放、梯度线圈、射频发射线圈、超导磁体等一系列关键技术，构建了影像数据"稀疏采集、快速扫描、精准重建"创新的技术路径，并引领了大功率高精度梯度与射频功放等信号激发与快速扫描等关键技术，实现了 3.0T 磁共振系统全部核心部件的自主研制，建立了高场强磁共振整机自主制造体系，填补了国内空白，让中国成为继美国、德国后第三个实现高场磁共振系统全部核心部件自主研发的国家。

依托自主创新以及撬动产学研医外部互补性技术资源，联影医疗不断迭代产品体系，推出了一系列世界首创高端产品，填补了行业空白。

2014 年开始，政府为支持本土医疗器械创新发展，设置了创新设备绿色审批通道，并进行优秀国产医疗设备产品遴选。政府分级诊疗、医联体、配置证审批调整等重点政策频出，创造了医疗机构对影像装备的采购需求。联影医疗凭借领先的产品，依托政策的东风，加速拓展市场份额，2018 全年营业收入超过 20 亿元。

另辟蹊径：设计赋能设备

"过去数十年，高端医疗装备产品价值由硬核技术强势驱动，导致设计创新的价值被忽视和低估。此外，由于医疗行业以安全、求稳为第一要任，与汽车、消费品相比，设计创新的勇气、与时俱进的敏锐度往往有所欠缺。"联影医疗高级副总裁、设计创新中心总裁俞晔珩说道，"设计创新与技术创新双轮驱动，成为联影医疗驱动市场和产业变革的重要举措。"

高端医疗装备行业多学科交叉的行业属性，对设计提出了更为复杂的要求。俞晔珩介绍，联影医疗一方面通过让设计团队参与源头产品设计，以设计思维团结起各个团队，有机连接与整合工程、技术、材料、临床等学科，牵引创新；另一方面按照设计要求协同产业链生态合作伙伴，持续提升设计与工艺标准，提升供应商能力，以设计创新驱动产业链升级。此外，联影医疗积极从跨界领域汲取创新养分，将最新的设计理念、材料工艺、交互标准等引入高端医疗装备领域，推动本土产业设计理念、品牌意识和工艺标准的全方位升级。在这一过程中，产品的功能性、安全性、人机友好性形成系统最优解，逐步实现了大型医疗装备的小型化、情感化、智能化、低碳化。例如，联影医疗在磁共振孔径内设计了星空光环境，让患者在磁共振扫描过程中获得沉浸式的"瞻星"体验，有利于缓解部分患者的幽闭恐惧症，让原本煎熬的医疗检查变得更舒适轻松。又如一般医疗设备的按键，没过几年就变得"字迹模糊"，联影医疗引入 IML（模内镶件注塑）工艺技术，让按键具备白瓷质感且经久耐磨；又引入消费电子技术，为产品配备"智感"触摸屏，方便医生操作。

拨云见日，以平台造生态

自由演化：搭建产品公共平台

为了加快研发速度，联影医疗将研发模式平台化。一方面，将影像链控制、人机交互、运动控制模块、精密机械及设备散热制冷等硬件模块进行产品线通用设计，形成标准化的硬件平台，以实现各产品线共研、共用相同硬件部件。另一方面，将操作系统、工作站、用户交互界面等软件模块进行通用设计，形成通用软件平台，统一各产品线的成像工作站和工作流。通用软件及通用硬件平台的搭建，让联影医疗以跨产品线的平台化研发模式，为技术的借鉴与交流、产品的融合与迭代提供了基础。研发层面，通用的底层架构为开发多模态产品提供了创新便利；项目层面，共享的软件和硬件设计可提升研发效率、加速产品迭代；产品层面，统一的系统配合统一的工业设计和界面设计，使企业不同产品线在品牌形象和使用体验上保持了高度的一致性，有助于品牌影响力的增强和产品的持续推广。

为了让最新推出的设备集合最新的技术，联影医疗开始尝试将核心技术以平台化的方式进行封装。如在磁共振领域，其通过将 15 项核心技术进行融合，形成了全球首个磁共振"类脑"技术平台"uAIFI Technology"。该平台的嵌入使磁共振系统解决了噪声大、成像慢、伪影三大临床挑战。如智能扫描功能可以实现全时段、全序列、全部位"静音"成像，降低了97%的噪声声压；智能成像技术则能实现无缝融合AI、压缩感知、并行成像和半傅里叶四大类加速技术，弥补了"静音"带来的扫描时间延长问题，实现了全身覆盖百秒级成像，节省了80%的扫描时间；天眼技术和后处理技术则能让磁共振技师在扫描时仅凭一个手势就完成升床、摆位等以往需通过6次按键完成的工作任务，并将传统烦琐低效的人工手动操作化繁为简，实现智能裁剪、智能斑块分析、智能脑分析等，从而提升了诊断效率；智能自检技术则能实现各子系统全生命周期的实时智能自检，保障了设备的高效稳定运行。又如联影医疗在分子影像领域推出的"uExcel Technology"无极技术平台，以芯片级集成的探测器、领先的精密晶体制造工艺、智能传感器、AI重建引擎等核心技术，给PET/CT和PET/MR产品带来了卓越性能，使用户获得了按需自由拓展的机会。

通过将提高设备性能的关键核心技术抽离出来，使之融合形成技术平台，联影医疗得以让最新产品汇集企业最新技术，显著地提升了设备的性能，让用户在不更换设备的前提下自由拓展，满足了用户多层次的需求。

生态引领：打造创新生态

如今，伴随在AI、半导体技术、新型材料等领域的不断突破，联影集团判断下一代产品研发朝着"精准化、智能化、小型化、低碳化、诊疗一体化"等方向不断展开，未来不再依赖人工操作的全智能化诊疗机器人大型医疗装备将成为主流。为捕捉新技术机会，提前布局联影集团第二曲线，联影集团不再局限于影像类高端医疗装备的研发制造，而是拓展其创新生态至涵盖"预防、诊断、治疗、康复、消费者健康以及AI、芯片、元宇宙"的大健康产业布局，打造产业前所未有的全智能化医疗大健康生态。

具体而言，联影医疗专注影像产品、放疗、信息化解决方案，以及生命科学领域；联影智融专注医疗机器人、可穿戴设备、3D打印；联影智能专注AI医疗解决方案，为设备以及商业生态内的用户群体进行AI赋能，提升设备性能及诊断水平；联影微电子研发高端医疗设备芯片、AI医疗芯片、可穿戴设备芯片，以及基于芯片的解决方案，为生态提供强大的计算支撑，构成商业生态的赋能组件，同时自主研发医疗级助听器，进入C端（消费者端）医疗消费品赛道；联影智慧医疗搭建第三方精准医疗诊断中心、健康管理中心、互联网医院，持续为生态扩容；联影研究院则承担着前瞻性技术探索与转化以及产学研医科研合作生态的任务，构成商业生态的接口组件；联影智元聚焦医疗"元宇宙"，打造全新健康管理与医疗服务模式，围绕扩展现实服务、数据融合共享、装备数字孪生，建设"泛在可及、虚实联动"新一代智慧孪生医院。另外，陆续打造的底座基础设施不断完善着联影集团的商业生态：2016 年，常州生产基地设立；2021 年，投资 50 亿元建设的联影集团武汉总部基地完工；2021 年，投资打造的上海联影智慧医疗产业园落成；2022 年，投资 31.26 亿元的联影医疗产业化示范基地二期项目启动建设。

前路漫漫，如何迎接新挑战与新机遇？

风云际会：机遇与挑战并存如何应对？

进入无人区，没有了追赶标杆，联影集团将如何以技术创新保持持续领先优势？一方面，联影集团通过多年布局形成各业务板块子公司专有的研发系统，以及由国内上海、北京、武汉、深圳等本土研究院和美国研究院构成的联影研究院体系，并与生态合作伙伴携手致力于行业前瞻性技术研究，以"高精度、低剂量、多模态、小型化、智能化、芯片化"来定义下一代产品技术创新路径。另一方面，联影集团也在持续强化"产学研医"融合创新生态，以临床和科研需求为牵引，带动整个产业上下游生态合作伙伴一起参与原始创新工作，以支持产品和技术形态上的持续创新。如今，"医疗新基建""国家医学中心""千县工程"等国家级规划相继出台，政策引导下产业发展的一大核心在于以县级医院为代表的基层医疗机构服务能力提升，这也意味着基层市场将成为重要的市场增长点。相对头部医疗机构而言，基层医疗机构除对部分高端医疗装备有购买需求外，对非高端诊疗产品的需求更大，联影集团是否还应该坚持"高举高打"战略，能否适应基层市场的崛起，捕捉巨量市场机会？

此外，随着高端医疗装备产业基础逐步趋于完善，国产替代的大趋势已经形成，但来自跨国巨头的压力却愈演愈烈。"GPS"通过整合分散的创新资源、构建中国制造体系、实现大部分产品的中国生产与供货、将全线先进产品引进中国等方式推动全产品线国产化。例如，通用电气全面启动"本土化2.0"战略，将全线先进产品引进中国；飞利浦则加速整合分散的创新资源，在中国增设创新中心，从本土需求出发构建中国制造体系；西门子医疗发布"国智创新"本土化战略，推动全产品线国产化，并基于中国市场需求深入创新研发、推进本土业务模式升级，深度参与"健康中国"建设。面对国际巨头加入国产替代的行列，联影集团现行的"高举高打"战略，能否应对"GPS"的战略更新？

乘时乘势：从"国产替代"到"国际替代"如何破局？

毫无疑问，联影医疗能取得高端医疗装备的创新逆袭，离不开中国本土市场的培育。然而进入新的发展阶段，在国内市场已经具备核心优势的前提下，国际市场将成为联影医疗至关重要的新增长点，也必然是联影医疗成为一家世界级领先企业的必由之路。

欧美国家的高端医疗装备市场，一直是"兵家必争之地"。近年来，凭借极具竞争力的技术与产品，联影医疗一系列高端设备陆续入驻美国加利福尼亚大学戴维斯分校、耶鲁大学、华盛顿大学以及意大利博洛尼亚大学附属IRCCS医院等全球顶尖医疗科研机构，并在超过65个国家与地区装机。此外，"一带一路"倡议也给联影医疗高端医疗装备领域的国际拓展带来了重大机遇，百年以来固若金汤的全球高端医疗装备市场，即将迎来以联影医疗为代表的中国智造的强有力的挑战。虽然联影医疗近些年的海外收入占比逐年提升[①]，但从绝对比例来看，相较于同为本土龙头企业的迈瑞医疗（近一半的市场份额来自海外），联影医疗海外销售规模和占比还有很大的提升空间，从"国产替代"到"国际替代"的前路依然漫漫。面临海外与国内市场发展的不对称，联影医疗能否继续依托"高举高打"战略实现破局？

---

① 2018年，其海外收入占比仅为2.11%；但到2023年，其海外收入达16.78亿元，占比提升至14.70%。

扫描查看本案例附件

阅毕请思考：

1. 如何理解"高举高打"与"农村包围城市"的战略内涵？对企业而言，采用这两类战略的优劣势为何？联影医疗为何最终选择"高举高打"战略？

2. 联影医疗的"高举高打"战略的具体实施经历了哪几个阶段，每个阶段又面临着怎样的挑战？在这一过程中，联影医疗高端医疗装备关键核心技术以及市场化经历了怎样的阶段性发展？

3. 联影医疗破解挑战，依托"高举高打"战略快速突破关键核心技术并取得市场竞争优势的独特经验有哪些？

4. 面对"GPS"国际巨头的步步紧逼，以及国内国际发展不对称的情况，联影医疗是否还能依托"高举高打"战略持续取得突破？请谈谈你的看法。

第二篇
INNOVATORS' COUNTERATTACK

颠覆性商业模式创新

INNOVATORS' COUNTERATTACK

第 7 堂课

从"来往"到钉钉：

"无招"如何"向死而生"？

摘 要：
ABSTRACT

阿里巴巴旗下的钉钉是中国近年来大企业内部创业的典型案例，其开发了办公即时通信（IM）产品"钉钉"、系列协同办公服务和智能办公硬件以及开放平台，是全球最大的软硬件一体智能移动工作平台。然而钉钉的内部创业不易，其团队源于陈航执掌的"来往"，一个马云亲自站台、汇集大量资源用于阻击微信，却铩羽而归的项目。再出发的钉钉团队在陈航的带领下，决定转向企业服务市场的即时通信，发展至今已拥有超过 2 亿个人用户，1 000 万企业组织用户，成为数字时代组织智能协同的基础设施。本案例介绍了在"来往"项目失败后，陈航是如何重新识别新的创业机会，吸取失败教训再次创业，并带领钉钉迅速发展的。钉钉的内部创业模式为其他企业依靠内部创业助力企业发展提供了模板。[①]

关键词
钉钉　即时通信　企业服务　内部创业　精益创业

[①] 本案例由浙江大学管理学院的邬爱其、郑刚，中山大学岭南学院的林文丰撰写，入选 2020 年全国百篇优秀管理案例。作者写作期间曾与钉钉产品团队、飞书产品运营团队等访谈交流，本案例根据部分一手资料及各种公开渠道获得的二手资料与数据整理完成。

> 向死而生，钉钉是自己的事业。
>
> ——钉钉创始人　陈航

2020年2月3日春节假期结束后的第一个办公日，由于受新型冠状病毒肺炎疫情（以下简称"新冠肺炎疫情"）影响，不少企业都选择让员工居家办公，以钉钉或者企业微信作为沟通方式。截至2020年2月12日，钉钉已连续在苹果应用商店霸榜7天。

此前，面对新冠肺炎疫情，钉钉宣布对1 000万家企业组织发布支持"居家办公"的全套免费解决方案，包括远程视频会议、群直播、DING（特殊的消息提醒方式）、任务协同、远程打卡、智能人事、钉邮、公告等网上办公基础功能。钉钉数据显示，全国上千万家企业、近2亿人开启居家办公模式，全国各地的学校也纷纷通过钉钉直播在线开学。截至2020年2月2日，广东、河南、山西、山东、湖北等20多个省份的220多个教育局加入钉钉"在家上课"计划，该计划共覆盖超过2万所中小学、1 200万名学生。

因为准备充分，钉钉的用户数在此期间迎来了爆发性增长，创始人陈航（花名"无招"），这个阿里巴巴创业老兵百感交集。

自2014年5月内部立项、开始研发，至2015年1月正式上线，阿里巴巴旗下的钉钉取得了意料之外的成功。根据钉钉官方披露的信息，截至2019年6月底，已经有超过1 000万家企业组织成为钉钉的用户：2015年年末这个数字还是100万；2016年年末这个数字是300万；2017年9月底，企业用户超过500万；2018年3月底，企业用户达到700万；2019年6月底，企业用户突破1 000万。钉钉飞速发展，建立了软硬件协同优势，已成为数字时代组织智能协同的基础设施。

回想2013年，陈航主导阿里巴巴旗下的移动即时通信"来往"项目，高开低走，折戟沉沙。再到2014年，陈航负重前行，带着七八个开发人员入驻"阿里巴巴圣地"湖畔花园，开发钉钉。① 钉钉的翻身之仗，对陈航，对阿里巴巴而言都极其重要。它不仅意味着阿里巴巴在即时通信市场一雪前耻，还意味

---

① 《阿里钉钉创业记：疯子"无招"向死而生》，https://www.jiemian.com/article/1217079.html，2024年3月28日读取。

着阿里巴巴在企业服务市场有更强的业务开展能力和更高的话语权。

"来往"的失败和钉钉的成功之间的强烈对比不禁让人好奇：同样是陈航，同样是阿里巴巴内部创业，"来往"项目为何失败？陈航又是如何识别企业即时通信市场的新创业机会的？钉钉是如何以低成本实现快速试错迭代的？其转型成功的主要内外因素有哪些？钉钉的内部创业模式对其他企业改革创新有何借鉴意义？

"来往"："山穷水尽" 疑无路？

来势汹汹的微信

微信由在腾讯负责"手机邮件"的张小龙团队于 2011 年 1 月 21 日推出，起初的功能仅有快速消息、照片分享、头像设置等。"微信最初就是一个邮箱，它其实是邮件，是一种快速的短邮件，只是它快到让你以为不是邮件。"腾讯创始人马化腾谈及微信时提道，"有这个班底在，我们在设计和开发上的速度很快，所以（微信）很快就被研发出来了，张小龙带领这个团队，包括他本人对这个产品的把握度都非常到位，是非常好的。"①

微信的用户数和产品功能发展之快，让马云、雷军等艳羡不已。2011 年 3 月，其推出支持多人会话的群聊功能；4 月，推出发表情功能，在月底已获得了四五百万注册用户；5 月，推出语音对讲功能，使得用户可以录音发给对方；7 月，推出寻找手机通讯录好友功能，以及推荐 QQ 好友和手机通讯录好友功能；8 月，推出"查看附近的人"的陌生人交友功能，用户数达到 1 500 万。到 2011 年年末，微信用户数已超过 5 000 万。2013 年 1 月 15 日深夜，腾讯微信团队在腾讯微博上宣布微信用户数突破 3 亿，成为全球下载量和用户量最多的通信软件；7 月 25 日，微信的国内用户数超过 4 亿；8 月 15 日，微信的海外用户数超过 1 亿。微信的商业化也在这一年突飞猛进，此时的微信已经具备微信公众号、微信支付、小游戏等功能。

微信发展之初，马化腾也曾有用户增长方面的担忧，"最主要的问题是，刚推出时用户数据起不来，大家觉得这就是一个简单版的 QQ。（让微信）真正

---

① 《张小龙的阅读情结》，http：//www.woshipm.com/it/1770823.html，2024 年 3 月 28 日读取。

启动的是语音功能，按住屏幕上的按键就可以讲话，录音就发出去了。这是国外同类产品没有的功能，包括WhatsApp也没有这个功能或者功能藏得很深。我们开发出这个功能之后，微信就迅速爆火了。它把很多不习惯用手机打字的高管变成了微信用户。还有就是与手机通讯录的整合，QQ用户数据的导入，你一看通讯录好友下载了微信，就赶紧也下载了，这就是社交链的能量"。[1]

当微信已经发展起来后，日夜担心的人就变成了马云，"微信发展起来的时候，我每天都急得挠头"。[2]

折戟沉沙的"来往"

在"急得挠头"的马云的任命下，陈航开始主导阿里巴巴旗下的移动即时通信项目。经过紧锣密鼓的开发，阿里巴巴于2013年9月23日正式发布产品"来往"。"来往"似乎"迟到"了太久：此时微信的国内用户数已超过4亿，其产品功能也在用户的反馈中日臻完善。

没有轻敌的阿里巴巴将腾讯微信作为最直接的竞争对手，计划以十亿元发展资金来支持"来往"。相较于马化腾让张小龙开发微信的放权，马云在"来往"项目上亲力亲为：不仅亲自上阵吆喝，拉来李连杰、史玉柱等铁杆好友来推广"来往"[3]，还拉上陆兆禧等阿里巴巴高管，晒出二维码，为"来往"聚集人气和流量。在如此卖力的推广下，仅2013年10月21日一天时间内，"来往"就新增了524万名用户。上线一个月，其下载量增长率达到了154.55%。为了推广"来往"，马云当年在企业内部邮件中表示，每个阿里巴巴员工当年11月底前都必须有100个以上的外部"来往"好友，否则不发年底红包。

"来往"在和微信的竞争中，主打"扎堆"和"私密"两个差异化功能。"扎堆"功能是请明星、名人、音乐人入驻发布内容。"私密"功能是具有电商基因的阿里巴巴的自然选择：用户不仅不能像微信一样低门槛地添加好友甚

---

[1]《马化腾对话钱颖一：首次揭秘 原来微信竟是这样诞生的》，https://www.diankeji.com/renwu/28539.html，2024年3月28日读取。

[2]《马云谈社交业务：微信起来的时候，我每天都急得挠头发》，https://www.dsb.cn/55004.html，2024年3月28日读取。

[3]《阿里钉钉创业记：疯子"无招"向死而生》，https://www.jiemian.com/article/1217079.html，2024年3月26日读取。

至实现陌生人社交,也不能从淘宝、支付宝导入好友。① 更糟糕的是,用户发现"来往"的产品设计保留了PC端大而多的特点,相较于微信的"聊天、发现、通讯录"三个主要页面,"来往"有"来往、通讯录、扎堆、探索、我的"五个页面。

未解决痛点的"扎堆"功能、影响用户拉新的"私密"功能和复杂不简洁的界面设计,让本已落后于微信的"来往",失去了用户的高速增长。

2014年年初,"来往"的用户数据依然很难看,丝毫未能撼动微信的地位,反而在和微信竞争的近半年里,倒逼微信陆续推出绑定银行卡、微信支付、微信红包、滴滴打车、买电影票等功能。马云曾在内部如此评价"来往","原本想你们造出机枪去跟腾讯打仗,打一枪至少见点血。没想到最后拿出去的是甘蔗棒,敲一下把他们打醒了,回头还一口咬掉你们一块肉"。②

谈到对"来往"最深刻的印象,陈航的回答是"辛苦",几乎没有在晚上12点前离开过企业。然而这些辛苦并没有换来喝彩声,反而只听到一声声的叹息。

🔊 "无招"无招?

"只要没死透,就有希望"

在陈航看来,"来往"不是失败的,它是团队成长的一个过程,带来了宝贵的经验。他甚至认为,没有"来往"就没有钉钉,"第一是让我们懂得社交通信产品到底该怎么做,第二是锻炼了队伍。实际上钉钉原始队伍的大半部分全来自'来往'团队,他们非常优秀,敢打硬仗,这个团队是敢于坚持的,否则早就跑掉了"。③

但对于陈航本人而言,处境却不太乐观。陈航在开启"来往"之前负责的

---

① 《"来往":强硬推广的背后是产品特性与用户体验》,https://tech.huanqiu.com/article/9CaKrnJCPFM,2024年3月28日读取。
② 《钉钉为什么痴迷于造硬件?》,http://www.sohu.com/a/207596207_313170,2024年3月28日读取。
③ 《了不起的创变者|钉钉斩棘,陈航求异》,https://www.sohu.com/a/367635679_114778,2024年3月28日读取。

一个项目是阿里巴巴的明星项目"一淘"（阿里巴巴旗下官方促销导购平台），但其发展也不尽如人意。陈航接连在阿里巴巴负责的两个明星项目都没成功，一时间灰头土脸。

在 2018 年年末钉钉举办的"2018 年秋冬发布会"上，陈航回忆起了当年"无路可走"的境地和向死而生的决心，"有两条路深深印在我的脑海里，一条路是从加拿大抵达北极圈（的必经之路），人类史上最北端的高速公路丹普斯特（Dempster Highway），路的尽头有这样一句话：到这里，路已经没有了，而你的故事才刚刚开始。钉钉诞生于'来往'，'来往'的尽头连接着钉钉的涅槃，向死而生，只要没死透，就有希望。我们的故事也才刚刚开始。还有一条路，印在《全球概览》杂志的封底上，这本深深影响乔布斯的杂志在 20 世纪 70 年代停刊时，最后一期的封底是一张清晨乡村公路的照片，上面写着：Stay hungry, Stay foolish。我们钉钉的口号是'Stay hungry, Stay foolish, But be crazy'"。①

"为中小企业开发即时通信软件"

时间回到 2014 年，中国互联网已经诞生了阿里巴巴、腾讯、百度等世界级的企业，这些企业基本服务于个人用户。美国同时期企业服务赛道已经有 Dropbox、SAP、Salesforce 等知名企业，后来发展成为估值超过 100 亿美元的企业通信软件 Slack 也在 2013 年 3 月份开发完毕，其被内部团队广泛使用。而中国没有体量相当的知名企业服务企业。

2014 年 1 月，陈航带头反思"来往"为何没有成功，结论是"来往"一直在模仿微信，用户体验未超越微信，却在发布时间上晚于微信。项目核心成员一岱（本名钟兴德）提出：在社会活动中除朋友关系以外，还有一个很强的关系是工作关系，团队由此开始讨论是不是可以在工作关系中寻找方向。

2014 年 3 月的一天，一直关注"来往"发展的张瑛找到陈航，提议其在工作和商务领域进行一些产品突破。陈航回忆那段经历时表示，"刚开始说工作和商务领域，大家都是很排斥的，我一开始也不是很支持。因为大家普遍认为

---

① 《来往死了，钉钉活了》，http://news.eeworld.com.cn/mp/leiphone/a57382.jspx，2024 年 3 月 28 日读取。

这是一个个人用户的时代，做企业用户端的事情似乎很落伍，想象空间似乎也不大，与此同时，市场上也并没有一些强势的企业社交产品存在，此前的很多类似尝试也都以失败告终"。"来往"团队此时正在全力做"扎堆"功能，并且小有起色，不愿意在"来往"中加入被命名为"工作圈"的工作社交功能。

2014年4月，陈航召集了包括钟兴德在内的6名团队成员去走访企业，了解它们在企业社交方面的需求，却越谈越没有底气。陈航在回忆这段经历时表示，"那天下午，我们拜访完一个客户，心情非常沮丧，感觉没有什么市场机会，在和企业的访谈中，它们也提不出什么好的需求，都是靠我们自己在畅想。要是我们再找不到切入点，项目在月底就要被叫停了"。

穷途末路时，钟兴德突然想起他同学创立的企业就在附近，便问陈航要不要去聊聊。这家名为康帕斯的企业是一家"卖了十年电脑"的贸易企业，只有80多名员工，而当时"工作圈"假设的服务对象是"200—300人的企业"，因此这家企业最初就被陈航的团队排除在"受访企业"之外。

陈航和这家电脑贸易企业老板史楠的相遇对彼此而言都是极其幸运的。当时史楠非常苦恼工作信息的繁杂，"企业有七八十名员工，沟通起来非常痛苦，有人用QQ发消息，有人用短信，有人用邮件，还有人用微信，工作消息和生活消息混杂在一起，分拣起来非常痛苦"。为此，他正寻找一款线上管理软件，将工作上的资源统一到一个平台上。最后，他花了几周时间找到了一家厂商，但不仅需要花费40万元，还要全体员工集体脱岗学习两周。

史楠的痛点像锐利的匕首一下刺中了陈航。"我就是要做一个让你用到爽的产品"，陈航及其团队承诺。这份承诺打动了史楠，他执掌的康帕斯成为阿里巴巴钉钉首家共创企业。

中国的企业通信软件就这样在陈航的带领下悄悄生长起来。2014年5月，陈航带着七八个开发人员入驻杭州市西湖区文一西路176号的湖畔花园小区，在这个阿里巴巴的圣地——"十八罗汉"创建阿里巴巴的地方，闷头从个人用户端社交产品"来往"转向企业端即时通信产品"钉钉"。此时的钉钉属于阿里巴巴创新业务事业群的钉钉事业部，属于内部创新中的"新事业部"形式。

合作期间，双方代表在湖畔花园的别墅内，在康帕斯的办公室内多次交流，史楠回忆起当时的情景时说，"钉钉团队的人驻扎在我们企业，和各个岗位的人沟通，大概磨合了几个月的时间"。

最终在几个月后——2014年9月，第一版安卓版钉钉在康帕斯内部开启灰度测试。陈航在回忆这段经历时，非常感慨地说道："在康帕斯的调研，才让我们真正了解到中小企业是如何运转的，员工每天是怎样工作的，我们才知道什么样的功能是他们需要的，很可惜的是，在此之前我们一直都是团队内部在想象'伪需求'。"

2014年12月1日，陈航团队发布钉钉测试版。钉钉的意思是"言之凿凿、板上钉钉"，颇有破釜沉舟的决心。①

谈及钉钉如何抓住企业端即时通信市场机会时，陈航很低调，"我们运气好，踩中了一个风口。这个风口就是，中国传统中小企业正从传统的纸质办公时代，进入云和移动时代。今天它们有机会跨越一个时代，跨越IT时代"。②

然而不能否认的是，"运气"背后是陈航的洞察，"中国以前做企业端软件的企业只关注大企业，服务的企业总数只有10万家，剩下99.9%的企业是没有人关注的。大家都以为中小企业只是在拼命赚钱活下来，不会关注效率提升。事实上，中小企业存在很多管理诉求，当了解到优秀企业和普通企业之间的差距后，也能产生强大的爆发力"。③ 就这样，陈航抓住了"中国中小企业进入云和移动时代"的风口，"钉钉要做的，就是让众多的中小企业能享受到同阿里巴巴一样的管理方式"。

陈航认为和企业端即时通信市场机会同等重要的是，马云和阿里巴巴没放弃他的团队，而是再次选择鼎力支持。马云不但没有辞退失败两次的陈航，反而为其团队提供了办公地点，鼓励他们再次创业。这份支持的背后，也与陈航想做成的事以及阿里巴巴的使命紧密相关，即服务中小企业，"让天下没有难做的生意"。

更重要的是，身为阿里巴巴内部著名的"失败者"，陈航没有放弃自己和

---

① 《阿里钉钉创业记：疯子"无招"向死而生》，https://www.jiemian.com/article/1217079.html，2024年3月28日读取。

② 《钉钉"升格"全球最大企业服务平台 称踩中智能移动办公风口》，http://www.chinatimes.net.cn/article/72447.html，2024年3月28日读取。

③ 《阿里钉钉创业记：疯子"无招"向死而生》，https://www.jiemian.com/article/1217079.html，2024年3月28日读取。

团队，跌跌撞撞地站了起来，搬离阿里巴巴总部，在湖畔花园这个福地，隔绝阿里巴巴电商基因文化的影响。他不去想复杂的"招数"，而是靠近了企业用户，"共创"钉钉。

钉钉：柳暗花明又一村

与种子用户"共创"

看见企业端即时通信软件机会的陈航开始尝试研究企业工作场景的社交。然而企业的痛点是什么？它们会接受钉钉吗？

史楠及其企业是钉钉的第一个共创伙伴。共创时，陈航表现得极度谦逊，他常常问史楠："为什么要这样？你给我讲讲，我不懂，你教教我。"陈航的这一策略使他和史楠建立起了很深的信任，"按理说阿里巴巴有很多先进的工作方式、思考方式、工作机制，但他从头到尾没有说这件事在阿里巴巴应该这么干，一句都没说过。最后共创到什么地步？钉钉的小伙伴可以接替企业的行政职位、人事职位、财务职位。陈航他们一来就会说，'史楠，这个月你们企业的考勤我来给你算，你们企业这个月的财务报表我来给你做'"。①

在后来谈及共创伙伴时，陈航很感激这些种子用户，"进入一个新领域，这些领域内的人都不把我们当回事，都觉得我们不懂软件，不懂企业，（但我们）碰到了几个好的客户，能够跟我们一起，朝一个正确的方向前进。刚好碰到机会了，因为平常调研的深度都不够，我们碰到一些共创企业，能够比较深刻地真实感知到这些中小企业的痛点，并且一把手有意愿改变工作方式"。②

陈航多次对团队成员强调："所有的互联网产品，无论是企业端还是个人用户端，都必须本着'用户第一'的原则去发现用户需求。"言行合一的陈航带领团队调研了至少1 200家企业，得出两个结论：一是企业的需求是问不出来的，但是可以从观察中感受出来；二是具有观察能力、能够观察出产品需求的人凤毛麟角，钉钉就要培养这种观察能力。

---

① 《了不起的创变者丨钉钉斩棘，陈航求异》，https：//www.sohu.com/a/367835679_114778，2024年3月28日读取。

② 同上。

陈航要求钉钉团队所有人员必须坚持拜访中小企业，每周上百名员工都要深入到最基层获取用户体验，通过调研、访谈、观察企业去发现它们的真实需求，这在钉钉已经形成了一种团队文化。

在做着"慢生意"的企业服务领域，陈航不仅通过共创发现真实的需求，获得种子用户的信赖，还通过借鉴互联网式的"小步快跑，快速迭代"打法，加速产品迭代。钉钉副总裁白惠源表示，"钉钉能够做到每三周迭代一次，这在移动互联网领域是非常惊人的速度了。而且我们每一次的产品升级都坚持与客户共创，这是钉钉的核心价值"。

在陈航的带领下，钉钉团队关注着"在这件事中到底解决了用户什么问题，让用户的什么场景变得更好了"，快速开发"日志""极速打卡"等基于企业实际运营场景的功能以满足用户需求。

沿着这样的产品逻辑，钉钉一路高歌猛进：2015年1月发布的1.0版以沟通为主，以DING一下、免费电话会议功能为亮点；2015年5月发布的2.0版以协同为主，以邮件、OA（办公自动化）、共享存储、员工考勤等功能为亮点；2016年9月发布的3.0版以平台为主，将企业内部的沟通、协同拓展到企业之间，着眼于企业内外部的联通，以外部联系人的企业通讯录、嵌入到即时通信界面的工作往来、智能化办公电话等功能为亮点。

发布智能前台等智能硬件

在2017年11月19日的"超级发布会"上，钉钉推出4.0版本，其中最重要的战略升级就是实现了软硬件的智能化融合。陈航在发布会上发布了智能前台（M2）、钉钉智能通讯中心（C1）等智能硬件产品。在被问及为何要进入硬件市场时，他非常自信地说道："我们解决的是客户痛点，不论是硬件还是软件，只要是'共创'过程中客户所需要的，就是我们愿意提供的。钉钉开发硬件和软件的目的是一样的，都是解决企业的痛点。而钉钉此次推出的硬件设备，所有功能设计也都来源于客户需求，而非臆想。"

在钉钉和企业微信的历史角逐中，钉钉的软硬件融合动作被国内OA三大服务商之一蓝凌软件的董事长杨健伟认为是两款软件拉开差距的分水岭，"智能硬件的背后一定有人的因素，所有的智能硬件厂商最后都无路可选，它需要一个超级入口，这个超级入口一定归那个有最大组织架构的人。而且他一做别人就没法做了，智能硬件的厂商就只能跟他对接"。①

智能前台的访客接待、员工考勤等功能，钉钉智能通信中心的路由器功能等都与钉钉有一定的协同关系，强化了钉钉与企业的深度绑定关系。钉钉的智能硬件实现了办公空间的数字化，与其协同办公软件一起实现了企业数字化的闭环，比企业微信明显领先一步，并为后来的追随者所模仿。

通过自研和生态合作两种方式，陈航带领钉钉逐步完善智能办公硬件产品线，涵盖门禁人脸识别、访客接待、无线上网、会议投屏、远程视频会议、云打印等工作场景，为企业组织提供软件、硬件一体化的全面数字化协同解决方案。②

建设钉钉生态，并入阿里云智能事业群

早在 2015 年 8 月，陈航就在杭州举办了一场声势浩大的发布会，宣布启动"C++战略暨开放平台"。谈及为何要走向开放平台时，他说道："我们每天都会收到 6 000 多位客户的反馈和需求，数据太多，根本做不完，必须采用 C++战略。"

陈航继续解释道，C 指的是钉钉自身的统一通信和工作商务关系等基础服务；第一个"+"指的是合作伙伴接入钉钉后实现云和移动互联网时代能力提升、服务提升和渠道提升；第二个"+"指的是钉钉与独立软件开发商（Independent Software Vendors，ISV）一起为中小企业用户带来工作商务沟通协同效率提升。ISV 可以为平台上的企业提供丰富多样、无所不包的组织管理和业务管理应用，就像微信上的小程序、公众号满足个人消费者全方位的生活需要一样，钉钉平台上的海量应用也将全面满足企业等机构组织的管理、生产所需。

在宣布该战略后的不到 80 天内，在钉钉上注册的 ISV 超过 300 家，合作的 ISV 超过 50 家，钉钉开放平台负责人陶钧在媒体共创日上说道，"1 000 家企业测试名额 6 分钟就被抢完，这是我们都没想到的"。

然而，钉钉依旧如"门口的野蛮人"一样，会自研服务，让 ISV 一度设

---

① 《了不起的创变者 | 钉钉斩棘，陈航求异》，https://www.sohu.com/a/367635679_114778，2024 年 3 月 28 日读取。

② 《将"软硬一体"进行到底，阿里钉钉再发系列智能办公硬件》，https://36kr.com/p/5239950，2024 年 3 月 28 日读取。

防，担心离得太近会被钉钉取代。杨健伟直接表示，"我知道你是怎么成长的，但我这边在做什么，小团队不知道。我不愿意跟他靠得太近，把我的核心力量给他"。① 但与此同时，高昂的获客成本，钉钉平台上高速增长的企业用户，让 ISV 很容易做出杨健伟这样复杂而矛盾的选择：保持必要的合作，但又不得不保持一定的距离。

陈航当然清楚杨健伟的顾忌，于是开始了更多的沟通。2017 年超级发布会后，杨健伟对陈航说，"我们最好进行资本合作，要不然永远两条心"。② 一年后，蓝凌软件获得钉钉数亿元投资，联手共建钉钉企业服务大生态，从战略合作走向了战略投资。

2018 年 9 月，钉钉尝试性地推出开发者平台"E 应用"，入局小程序。2019 年 6 月，钉钉推出小程序开发者平台，原有的数万个"E 应用"会被全部替换为"小程序"。"E 应用是上一代的产品，未来小程序会成为钉钉开放平台里唯一的开发标准与技术标准，该项目现在在钉钉内部有着较高的优先级。过去开发钉钉小程序的周期需要 10 天，现在针对部分工作流、审批类场景的小程序，1 小时就可以完成开发。"阿里巴巴钉钉开放平台负责人郭振表示。

由于钉钉小程序与手机淘宝、支付宝在底层打通了后端统一标准和开发环境，开发者可以在平台之间一键迁移小程序。"在阿里巴巴小程序的后台开发一次，就相当于有了三种业务场景与流量入口。"郭振说。其中，手机淘宝小程序对应了电商，支付宝小程序瞄准了交易，此次推出的钉钉小程序则进一步切入企业级市场。③ 小程序开发者平台构建了钉钉的企业服务生态。截至 2019 年 6 月，在钉钉开放平台入驻的开发者数量已经超 20 万，企业级应用服务数量已超过 30 万。截至 2020 年 2 月，已经有超过 100 家企业服务领域标杆服务商入驻钉钉开放平台，为钉钉上超过 1 000 万家企业提供服务。

2019 年 1 月，在完成了菜鸟、蜂鸟配送、阿里妈妈、蚂蚁金服与阿里云的整合后，阿里云智能平台就具备了物流、数字营销和数据管理、支付和金融服

---

① 《了不起的创变者 | 钉钉斩棘，陈航求异》，https://www.sohu.com/a/367835679_114778，2024 年 3 月 28 日读取。

② 同上。

③ 《36 氪独家 | 钉钉推出企业级"小程序"，支付宝的盟友又多了一个》，https://36kr.com/p/5218086，2024 年 3 月 28 日读取。

务的一体化输出能力。2019年5月14日，阿里巴巴公布了2019财年第四季度财报。数据显示，阿里云计算业务的营业收入同比增长84%，这意味着阿里云已经告别了过去的三位数增长时代。与此同时，腾讯云、亚马逊云、百度云等对阿里云造成了一定的竞争威胁。面向企业端市场如何开拓新发展空间，不断提升竞争力，变成了阿里云的重要课题。

"最频繁地"与企业客户打交道的钉钉，正是解决阿里云难题的利器。陈航明确表示，"SaaS（软件即服务）涉及客户关系管理、OA、人力资源管理、财务管理、差旅管理、协同办公、云存储、会员管理、客服管理、进销存管理等多个领域"①，而在这方面行业领先的钉钉将"结合自己的核心能力和合作伙伴的产品，更好地满足用户需求"。

对于钉钉而言，阿里云及其背后的阿里巴巴不仅打通阿里生态，为其带来了企业客户，还在技术上全力支持；依托于阿里云打造的钉钉云，成为钉钉服务于其开发者的一站式解决方案的利器。

2019年6月，钉钉在阿里巴巴新一轮组织架构调整中由创新业务事业群进入云智能事业群。并入阿里云体系的钉钉，在陈航的带领下，持续发挥与阿里云旗下产品的协同效应，为企业客户提供更完整的解决方案，这意味着一个开放的、能够为企业系统性地解决问题的"数字大脑"闭环机构正式成型。

2020年2月，钉钉发布"春雷计划"。根据该计划，钉钉将从平台能力、技术能力、营销能力、获客能力、组织能力等5个维度，为合作伙伴赋能。与此同时，钉钉将优选100家集成商伙伴、100家服务商伙伴，提供流量、接口、能力支持。这标志着并入阿里云体系的钉钉在钉钉生态建设上的再一次升级。

⏵ 机遇和挑战

打造数字时代组织智能协同的基础设施

钉钉有效利用移动互联网、云计算、AI、智能硬件等技术，帮助企业将产业数据与管理数据打通，将过去企业使用的OA协同办公、企业邮箱、人力资

---

① 《钉钉"入云"，阿里云智能的那些事！》，https://xueqiu.com/1868164136/128428976，2024年3月28日读取。

源、财务系统等多个价格昂贵、培训费力的信息系统有效连接、产生协同效应，并依托于移动端的便捷性降低上手的难度。企业运用钉钉，可以实现"人、财、物、事"的互联互通，达成降本增效的目标。而钉钉上的 ISV 可以依托于钉钉的海量用户，用更低廉的成本拓展企业用户，并在同品类竞争中打磨自己的产品和服务。

在阿里巴巴于 2019 年 9 月举行的云栖大会上，时任阿里云智能总裁的张建锋透露，钉钉是重要的公共基础平台，将钉钉与淘宝类比，"淘宝上有一千多万卖家，相当于帮一千多万个品牌实现了数字化，而钉钉平台有一千多万家的企业组织，相当于帮一千多万家企业实现了组织的在线化和数字化。我认为这两件事情的意义是一样重要的，因为中国有这么多的中小企业，想要实现信息化、移动化，是非常有挑战的一件事情，需要公共的基础平台，而钉钉就是这样一个公共基础平台"。①

2019 年 12 月 3 日，在广州举行的阿里云峰会上，钉钉首次亮相。陈航自豪地在主题演讲中介绍了钉钉作为组织智能移动协同基础设施在组织数智化转型中所起到的重要作用，"随着数字经济规模的扩大，中国企业组织正式进入智能移动协同的数智化时代……钉钉的五个在线（组织、沟通、协同、业务、生态）通过软硬一体化的方式为企业组织提供了最底层的数智化能力，是数字时代组织智能协同的基础设施"。②

但钉钉并入阿里云体系也意味着更多制约。一方面，钉钉在中短期内不太可能独立运作；另一方面，钉钉的客户未来将更有可能被打包"阿里云"的服务，这可能会使得部分客户产生抵触情绪。

2020 年 2 月 25 日，钉钉 5.0 版本通过在线直播发布，新增在线办公室、钉钉"圈子"、健康打卡等功能。该版本最亮眼的功能就是"圈子"，其分为内部圈、在线教学圈、商业交流圈、社群运营圈四种模式，企业及其他组织可以免费试用这四种"圈子"进行私域社群管理。在陈航看来，"圈子"意味着钉钉组织智能协同服务的进一步升级，"群是社群的即时沟通场，社区是精华

---

① 《钉钉的意义》，http://www.sohu.com/a/344409272_116903，2024 年 3 月 28 日读取。
② 《阿里钉钉 CEO 无招：钉钉是数字时代组织智能协同的基础设施》，https://36kr.com/p/5271839，2024 年 3 月 28 日读取。

内容沉淀互动场。在钉钉'圈子'里,'圈子'和群聊统一融合在一起,社群更像一个整体,而不是各种零散工具的拼凑,这样的结合,让社群更有活力"。

直面企业微信、飞书等的竞争

2016年4月18日,腾讯正式发布企业微信1.0版本,提供邮件、公告、考勤、请假、报销,以及接收企业邮箱提醒、重要聊天记录直接邮件发送等功能。企业微信延续了微信的基础操作体验,围绕"将微信难以解决的需求放在企业微信中加以解决"的思路,2018年5月,企业微信新增了"连接微信"板块,提供"消息互通""小程序""企业支付"和"微工作台"等四项基础功能。

企业微信已得到众多企业用户的使用与认可。截至2020年1月,企业微信已被约250万家企业采用,覆盖50多个行业,80%的国内500强企业已开通了企业微信,月活跃用户达6 000万人次。张小龙曾如此表示过企业微信的发展远景,"当企业微信延伸到企业外部的时候,会产生更大的价值。企业微信后续新的变化将基于新的理念——让每个员工都成为企业服务的窗口"。①

国内另一家互联网巨头字节跳动也敏锐地注意到了新的机会点,并推出了自家的企业级服务产品飞书(Lark),以"高效愉悦"为产品理念,与钉钉、企业微信展开竞争。追评飞书的发展历程:2016年,飞书雏形诞生,2017年7月,飞书1.0版本上线;2017年11月,字节跳动全面使用飞书替代阿里巴巴钉钉,作为内部协同工具;2019年4月,字节跳动发布针对海外市场的企业办公套件产品Lark,首次开启商业化;2019年9月,经过在海外市场半年的试水与打磨,Lark以飞书的名字向国内市场开放,推出的功能包括即时通信、智能日历、在线文档等基础功能以及通过开放平台整合更多ISV开发的各种协作工具。②

在协同办公市场掀起波澜的,还有华为。2019年12月26日,华为云正式对外推出了协同办公平台WeLink,解决办公应用协同、安全、开放的需求,并

---

① 《企业微信回顾×2019微信公开课PRO》,http://m.sohu.com/a/289637462_293227,2024年3月28日读取。

② 《字节跳动TOB,飞书要和阿里钉钉、企业微信抢市场?》,http://www.sohu.com/a/339994703_118920,2024年3月28日读取。

发布数据：WeLink 全球用户数已达 19.5 万，日活率为 99.8%，日连接量超过 1 200 万次，连接团队 52 万个，典型客户案例包括华为、中软国际、国汽智联、人才安居等。①

盈利模式是否可行？

在商业化层面，钉钉软件产品基础服务面对用户永久免费，仅定制服务和对个别大客户服务收取一定费用，钉钉软件产品的商业化收入大多来自第三方开发者入驻的渠道分成。如今钉钉另外一个收入来源是其售卖的智能办公硬件产品。

对于钉钉的盈利模式，陈航完全不焦虑，"我们帮别人省钱、提升效率、降低成本，又怎么可能不赚钱呢？只是赚钱的方法变了。以前卖软件赚钱，能卖多贵就卖多贵，但没有想过要活十年、一百年。但如果中国所有企业完全实现数字化，这是不得了的事情。你想想看，如果所有的企业都被连接起来，生产制造全面多样性是怎么样的，这真的会带来一个全新的时代。（钉钉）怎么赚钱肯定是会考虑的，只是我们关注的角度不一样。比如是一年赚十个亿，还是一百亿，一千亿？你要赚一百亿、一千亿的概念是，你能为这个生态带来超过五千亿、一万亿的价值，你首先得创造价值。所以这个问题的本质是先赚钱还是先繁荣这个生态，不在阿里巴巴，刚刚说的都是空话"。② 从中我们可以看出背靠阿里巴巴的钉钉无须"杀鸡取卵"，为短期盈利发愁。

能够更关注长期价值的钉钉这几年对 ISV 越来越包容，愿意把做产品、做运营的很多经验分享给 ISV 伙伴，并引导它们一起为客户创造长期价值。

尾声

从"来往"到钉钉，陈航已经在即时通信赛道上内部创业了 10 余年。发展至今，钉钉已经取得较为显著的阶段性成果，占据了协同办公市场的第一把

---

① 《深度资讯 | 华为发布办公协作软件 WeLink，企业服务市场竞争加剧》，https://36kr.com/p/5279990，2024 年 3 月 28 日读取。

② 《了不起的创变者 | 钉钉斩棘，陈航求异》，https：//www.sohu.com/a/367835679_114778，2024 年 3 月 28 日读取。

交椅。时间来到 2020 年年初，因受新冠肺炎疫情影响，越来越多企业开启线上远程办公，在此背景下，钉钉、企业微信、飞书、华为云 Welink 都纷纷推出免费服务，点燃企业即时通信市场的战局，一时间硝烟滚滚。在这场商战中，钉钉攻城略地，大幅获客，凭借实力跃居苹果免费应用榜第一名，首次超越微信。

回顾钉钉过去的几年，陈航没有被成功冲昏头脑，依旧保持着清醒，"保持清醒，保持一种创业态度，就不要画这么大的饼，搞出个五年、十年战略规划，你没有这个体力就别做这件事，我们毕竟是一家小创业企业，脚踏实地，真真正正地帮助客户去解决问题。犯错我倒不担心，我担心团队能不能始终保持创业态度。你自以为有一些规模了，这是最可怕的，始终保持一种艰苦奋斗的精神挺难的，尤其是当你取得一定的规模，又是在大企业内部的时候"。[①]

我们不禁要问，阿里巴巴近年来重要的内部创业项目之一、目前在企业服务市场取得领先地位的钉钉，有哪些值得总结的经验与反思的教训？钉钉能否持续帮助阿里云乃至阿里巴巴成为更强大的商业帝国，一同实现"让天下没有难做的生意"的梦想？

> **阅毕请思考：**
>
> 1. 同样是创始人陈航、同样是阿里内部创业，为什么"来往"失败了？钉钉从"来往"的失败中学到了什么？
> 2. 陈航是如何识别企业即时通信市场的创业机会的？
> 3. 钉钉是如何与种子客户"共创"的？钉钉转型成功的主要内外部因素有哪些？
> 4. 陈航的内部连续创业经历对其他企业转型升级、内部创业有哪些启发借鉴？

---

① 《了不起的创变者丨钉钉斩棘，陈航求异》，https：//www.sohu.com/a/367835679_114778，2024 年 3 月 28 日读取。

INNOVATORS' COUNTERATTACK

第 8 堂课

"绝影"四足机器人：
"中国的波士顿动力"商业化之路走向何方？

摘　要：
ABSTRACT

国内外众多科技巨头都在竞相推出自己的智能四足机器人，企图抓住市场机遇，同时进行技术积累和促进社会发展。作为国内智能四足机器人领域的佼佼者，脱胎于浙江大学机器人实验室的杭州云深处科技有限公司（以下简称"云深处"）以技术研发为立足之本，利用绝影系列探索四足机器人应用场景和商业化之路，并在国内首次实现智能四足机器人的行业级应用。本案例以云深处的发展历程为线索，结合其旗下产品绝影四足机器人的诞生、迭代之路，探讨了云深处发展过程中的商业化实践和面临的挑战，并展望了云深处的未来。[①]

关键词

机器人　AI　自主创新　关键核心技术　商业化

[①] 本案例由浙江大学管理学院的应佳薇、郑刚、邓宛如撰写，入选中国工商管理国际案例库、浙江省优秀研究生教学案例。

第 8 堂课
"绝影"四足机器人:"中国的波士顿动力"商业化之路走向何方?

2022年年初,云南高原上的某处变电站迎来了一位特殊的客人——来自云深处的绝影X20四足机器人。落地第二天,绝影X20未经历任何改造,在陌生的变电站中完成了自主巡检任务。它凭借着自主导航系统,在变电站里行进自如,没有一点"怯场"或"迷路"。无论是较为平坦的水泥路,还是略有坡度的草坪,绝影X20都能及时检测到地形的起伏变化,并相应地调整步态和前进路径。能够在陌生的环境中自主导航,是其完成自主巡检的基础。作为巡检任务之一,绝影X20还需要用它的"眼睛"读取量表数据并做好记录。在这些技能的加持下,一台绝影X20即可安全高效地完成整个变电站的巡检任务,相较人工巡检更为安全、高效。除了变电站能让绝影X20大放异彩,展会、科技馆等也是其展示自我的舞台。不过,云深处主打行业级应用,以电力行业为切入口,辅以教育科研、企业合作等非行业级应用。目前,云深处在国内四足机器人的行业级应用方面已处于领先地位。虽然绝影X20已能够出色地完成自主巡检,各方面性能也已获得一定认可,但云深处仍需要大规模的商业化机遇来进一步验证其产品,创始人兼CEO(首席执行官)朱秋国也在为绝影X20的大规模商业化而积极探索。是什么因素导致其商业化之路困难重重?云深处又该如何应对?

▶ 云深处与绝影

名称来源

"云深处"和"绝影"这两个名字,既有诗意,又带有一丝侠客的韵味。回忆起这段起名的过往,朱秋国表示,他曾用了很长时间去搜索一个带有中国传统文化烙印的名字,直到有一天重温"远上寒山石径斜,白云生处有人家"这句古诗,才有一种豁然开朗的感觉——做四足机器人,要把它从想法变成一个试验品,再变成一个成熟的产品,这一定是个曲折的过程,但无论前路多么崎岖坎坷,都要相信有峰回路转的那一刻。于是,就有了"云深处"这么一个有意境、蕴含了东方美学的名字。而"绝影"则来自《三国演义》中一代枭雄曹操的坐骑——日行千里的良驹"绝影"。朱秋国以此命名云深处旗下的四足机器人,一方面是希望它能像名驹一般带动这个新兴行业的发展,为国家做出贡献；另一方面也想借此体现中国高科技产品的文化自信。

云深处成立于 2017 年 11 月，掌握四足机器人运动控制关键核心技术，拥有多项自主知识产权。其研发的四足机器人在国内首次实现了快速跑步运动、上下台阶、倒地爬起、跳跃、自主充电等功能，并于 2021 年 11 月做到了全球首次侧空翻。企业拥有研发、装配、销售和服务等全方位的业务活动，率先在国内结合行业级应用进行四足机器人在复杂环境中的移动作业，在业内被称为"中国的波士顿动力"，是国内智能四足机器人技术与应用引领者。2022 年 6 月，云深处从一众创业企业中脱颖而出，荣登由杭州市创业投资协会发布的"2022 杭州独角兽与准独角兽企业榜单"，朱秋国荣获"2021 杭州新锐创业之星"。

朱秋国：创业者、高校教师"双重身份"

云深处现有的团队以技术型人才为主。创始人、董事长兼 CEO 朱秋国，毕业于浙江大学控制科学与工程专业，是中国自动化学会会员，曾任第 28 届国际机器人竞赛 IDC Robocon 执行主席。企业核心技术人员主要由来自中国浙江大学、哈尔滨工业大学，美国密歇根大学和德国多特蒙德工业大学等国内外知名高校的博士和硕士组成，在智能机器人领域具有较强的竞争力。除了云深处的创始人、董事长兼 CEO，朱秋国还有一个身份，那就是高校教师。他现为浙江大学控制科学与工程学院、工程师学院副教授，博士生导师，研发绝影四足机器人属于他在浙江大学教学科研工作之外的"双肩挑"。作为博士生导师，朱秋国一方面要培养学生，做好教学工作，另一方面也要带领团队做好科研。在一次访谈中，朱秋国表示，自己的科研团队主要在研究人型机器人，它比四足机器人更难攻克。而作为云深处的 CEO，朱秋国主要负责管理工作，他表示云深处的团队成员既有能力也有责任心，工作氛围融洽，能帮助他分担很多工作，比如技术研发就由技术部门负责人主导，不用他直接参与。"要平衡两个角色，其实就是要做好时间管理，以及做出一些牺牲，比如与学生的交流时间会减少，自己的休息时间就更不用说，基本上没有。"朱秋国感慨道，"以前做学生的时候总觉得时间不够用，现在创立企业之后，发现时间挤一挤总还是有的。"

技术立企，以智能四足机器人行业级应用引领者为定位

正如朱秋国在一次分享中提道："云深处的基因就是搞研发，在技术层面上对标波士顿动力，（企业）从成立至今在研发方面进展较为顺利。在应用层面，我们的初心就是让它去帮助人在危险、恶劣、复杂的环境中作业，它是帮助人解决问题的，而不是代替人。"云深处以成为全球智能机器人领域的领导者为发展目标，以智能四足机器人行业级应用引领者为定位，致力于通过运动与智能的极致结合，为复杂、恶劣、危险环境中的全方位智能灵巧移动和智能操作提供机器人解决方案，为客户创造价值，实现更高效、智能的未来。

绝影初印象

云深处曾发布了一段关于功夫版绝影 Mini Lite 的宣传视频（相关链接见附件 1）。该视频以致敬李小龙为开头，随后出现了借鉴其黄色连体服配色的绝影 Lite，它灵巧自如地穿梭于草丛和步道，从行走到快跑、跑跳，再到爬坡、上下台阶乃至连续后空翻，都可以流畅地完成。除此之外，作为一个合格的四足机器人，它还会利用视觉和超声波进行导航避障，并具备人体跟随、语音控制等功能。

除绝影 Lite 之外，绝影 Mini、绝影 X10 和绝影 X20 也是绝影系列的重要成员。在技术层面，绝影由核心零部件（驱动器、编码器、关节模组等），感知模块，控制模块，高度实时系统，运动控制，机器人系统以及软件平台构成。它采用先进控制方法实现全身协调和柔顺控制，有较强的适应自然环境的能力；具有多种步态，可实现快速行走、跑跳、爬坡、上下台阶、倒地起立、跳跃等运动功能；可构建复杂环境的 3D 地图，具有自主定位、导航、人体识别和跟随等功能。有了技术层面的保障，绝影可以兼顾运动灵活性和稳定性，能够在不平整地面、不连续地形上作业，跨越或翻越障碍，弥补轮式与轨道式机器人的不足。

绝影的诞生与迭代之路

于摸爬滚打中诞生

朱秋国在浙江大学就读研究生期间就已着手研究四足机器人相关的技术，后来和团队的博士研究生李超（现任云深处 CTO）等一起创立企业之后，将绝影开发了出来。朱秋国表示研发四足机器人的初衷也比较简单，他是在看到美国波士顿动力研发出四足机器人之后，也萌生出开发一台四足机器人的想法，"美国已经研发出来的技术，做出来的产品，我们要不要有？要有的话就去研究，把它做出来"。于是，云深处的创始团队选择了四足机器人这个方向，一路摸爬滚打，不断探索，将绝影从一个不稳定的试验品，发展到现在逐渐可以在变电站、隧道等真实场景实现商业化落地应用。

迭代之路

绝影家族经历了从初代绝影 Pro 到二代绝影再到三代绝影 Mini 和绝影 Lite 的迭代。大型和中型的绝影，适合工业级场景应用；而灵巧的小型绝影，更适用于通用型场景。由绝影 Pro 到绝影 Lite 的迭代，其背后是云深处在场景应用层面的不断探索。

第一是产品类型的新增。云深处一开始将"绝影"进行商业化，走的就是行业级应用和服务科研教学的道路。对于企业客户而言，四足机器人可以弥补轮式和轨道式机器人的不足，完善机器人应用场景。因此，初代绝影 Pro 在体型和功能上都更符合行业级应用的需求。在同行们积极拓展非行业级应用场景的情况下，主打行业级应用的云深处也开发了小型绝影，其在功能设计上更强调趣味性和人机交互，应用场景也更为丰富。

第二是产品功能的迭代升级，大中小三种体型的绝影都经历了功能的升级与完善。以绝影 X20 为例，这是云深处 2021 年发布的绝影 X10 的升级版，主要增加了防水的性能，使其更适应雨天以及潮湿甚至有积水的环境，拓展了机器人在室外雨雪天气或者极端环境下的应用场景。除了这一关键性能的增加，绝影 X20 相较于过去的版本，负载、适配和续航能力都有所提高：其极限作业负载达 85 千克，是自重的 1.7 倍；支持二次开发，可搭载双光云台、机械臂、

5G 通信、北斗/GPS/RTK 定位等多个模块；充足的供电接口和自主充电能力，使续航能力大大提升。核心功能的升级，使绝影 X20 能够全场景、全地形作业，深入复杂环境，有效降低了工作人员现场工作的危险性，减少了重复机械劳动，提升了工作效率与质量。

绝影的商业化探索

目前云深处对自己的定位是四足机器人行业级应用领导者，主攻行业级应用，同时在非行业级应用上保持较强的竞争力。目前，其商业化探索以电力行业为切入点，并分成变电站、电力企业、电缆隧道三个细分市场。同时，云深处注重企业合作，已和华为、中控集团结成战略伙伴，正同国家电网、南方电网、中电海康、中国电子科技集团等行业巨头展开长期深度合作。

第一桶金

云深处在 2017 年成立时，由于缺乏资金，团队找到了第一位客户——一家科技馆，对方同意预付 50% 的资金；至 2018 年交付绝影产品时，由于产品无法完全满足客户需求，最终未能顺利交付。幸运的是，2018 年 7 月云深处完成天使轮融资，暂时解决了生存的资金问题。

云深处真正实现第一次商业化，是在 2018 年将一台绝影交付给了腾讯。不过腾讯也并未将其直接应用于大规模商业化场景，而是利用它助力实验室（Tencent Robotics X）进行技术积累，并实施二次开发。尽管只交付了一台成品，但无论如何，上百万元的销售收入使得云深处有了可以继续迭代改进的资金和信心。

智能电力巡检市场

云深处早期选择了电力行业作为切入点，探索四足机器人的行业级应用场景。提及为何会选择从电力行业入手，朱秋国在一次访谈中表示："我选择电力行业，说实话，是靠直觉的。整个行业都很新，大家都在探索，从 2019 年开始我们就在尝试给绝影下定义，它要用在哪里。那个时候，我没有实地考察过电力行业的场景，比如变电站，也没有去研究过这个领域的市场容量和行业痛点，靠想象这个场景和多年的机器人研究经验，直觉告诉我做电力比较容易。现在看来，这条路是正确的。诸如变电站之类的场景，不算特别复杂，环境也比较稳定，且有较多场景是无法应用轮式和轨道式机器人的。"

现实需求与云深处的实际发展状况印证了朱秋国基于直觉的选择是可行的。首先是行业需求客观存在，以行业级应用为突破口推动四足机器人的发展、应用与推广是较为可行的，也获得了国家政策的支持，《"十四五"机器人产业发展规划》明确指出，要拓展在矿山、石油、化工、电力、建筑、航空、航天、核工业、公共安全、应急救援等特殊行业的机器人应用，不断催化开发机器人产品与解决方案满足新兴行业的潜在需求，四足机器人面对复杂地形的灵活机动性使其在这些领域有极大的应用潜力。

其次，从绝影产品在变电站的应用情况来看，其完成了在变电站复杂地形下的例行巡视、表计抄录并自动存储、对比分析、红外精确测温、后台自动存档分析等作业，仅一台绝影即可覆盖2.5万平方米变电站的巡检，解决了人工巡检强度大、质量不均衡以及轮式机器人无法适应变电站复杂地形等问题，提高了电力巡检效率，助力电力系统智能化、数字化发展。

再次，从市场规模来看，据艾瑞咨询的行研报告，在整体经济形势相对低迷的背景下，智能机器人行业仍然表现出较为强势的增长力，2021年市场规模突破250亿元，2025年中国智能机器人市场规模有望接近千亿元。若是单看电力巡检市场的规模，据观研报告网预测，2022—2026年巡检机器人市场规模将达到245亿—421亿元，有极大的发展空间。

最后，云深处深耕这条千亿级赛道，也获得了资本支持。2022年10月，云深处宣布完成B轮融资，并计划将本轮融资用于强化团队、产品研发等业务方面。

教育科研市场

腾讯实验室的科研采购给了朱秋国启发：教育科研市场或许也可以进行探索。面向教育科研市场，云深处提供了运动控制和智能感知两个开发接口，便于用户快速便捷地进行算法开发，可应用于机器人领域的多学科实践教学、科学研究以及专业竞赛，目前已在华为、腾讯、清华大学、浙江大学、英国爱丁堡大学等高新科技企业和高校投入使用。

同时，绝影在展览演示领域也有广泛应用，以中国科学技术馆科普展示项目为例，中国科学技术馆为进一步满足公众不断提升的科普需求，启动了"机器人与人工智能"展览项目，以展示当前最先进的机器人技术，并于2020年年末首次对外公开展示。2021年年末，绝影亮相中国科学技术馆"智能"常设展厅，吸引了不少游客驻足观看。

其他巡检市场

在探索了电力巡检市场与教育科研市场后，云深处也在探索其他行业级应用可能，并不断实现落地。2022年7月，云深处发布了最新的"绝影X20——消防侦察四足机器狗"解决方案，探索了除电力巡检之外的又一行业级应用场景。基于绝影在废墟、石堆、台阶等非结构化路面的灵活行动能力，它可以代替人类深入灾后的室内外高危区域，在易坍塌建筑内以及化学污染、浓烟缺氧等恶劣环境中开展无人侦查与搜救工作。消防巡检方案的成功落地为绝影的行业级应用提供了新的赛道。

新场景探索

云深处一边推进绝影在电力行业的应用，一边探索新的应用场景。首先是面向个人用户端的四足机器人，主要设想场景有家庭陪护、住宅巡逻等。但是由于目前的人机互动尚未给消费者带来较好的体验，且四足机器人目前的成本使其售价难以在个人用户端市场上受到青睐。目前，无人机的核心是四个电机、四个螺旋桨和一个中控，售价在四位数左右，而绝影的构成更为复杂，且电机的功率要求和处理器的要求也更高，因此成本相对也会高一些。此外，目前关于人脸识别、表情分析和意图理解的技术还较为浅显，难以支撑良好的人机互动。也正是个人用户端市场存在这些客观的推广难题，使云深处选择了先专注于行业级应用，同时跟进非行业级应用，为未来的突破奠定基础。除了非行业级应用的发展可能，行业级应用也存在着极大的探索空间，例如协助公安搜查和抓捕罪犯等，也是云深处未来发展方向之一。

产业链合作

云深处正在与华为、宝钢等企业进行合作，积极拓展应用场景，通过建立联合实验室等方式进行技术积累与创新。以2020年9月于华为全联接大会上现场演示的"四足机器人工业场景巡检"项目为例,云深处基于华为 AI 开发平台 ModelArts 为绝影构建起"感知+认知+决策"的能力,致力于提高绝影的工厂园区智能巡检落地的可行性。另外,云深处与宝钢一起推动针对皮带机恶劣工业环境下的四足机器人巡检研发,发挥四足机器人越障、跨平台、高适应性优势,开发狭窄复杂空间建模、导航、避障、走行等功能应用,搭建视觉/听觉/温感/力觉等多维度感知体系,可实现四足机器人快走、匍匐、站立多姿态多视角的灵活自主巡检。

生产线与销售渠道

目前云深处机器人的年产量基本能满足客户需求,云深处主要自行承担组装的任务,尚未形成大规模的流水线生产作业。对于日后是否会完善生产线,朱秋国表示,后续可以通过建立生产基地、代工、专业生产商合作等多种途径来提升企业的智能化制造水平和能力。同时,云深处目前产出比较多的是基础款的绝影,但不同的应用场景会对绝影的功能有特殊需求,例如增加传感器、机械手、摄像头等,而客户自身往往不具备相关的能力去研发这一特殊功能或者无法解决搭载设备与绝影之间的兼容、互联。这些特殊需求的研发重任落到了云深处肩上,给员工带来了较大的工作量。为此,云深处现在也和上下游的一些合作伙伴(如系统集成商)合作,通过专业化分工提高生产效率。在销售渠道上,云深处目前主要有直销、代理商销售和系统集成商销售三条渠道。其中,直销方面主要是客户自身有相关需求,主动找到云深处寻求商务合作;云深处也有专门的销售人员与客户对接,回复问题咨询、提供售后服务等。

绝影的挑战

自主技术与产品可靠性、稳定性挑战

波士顿动力历经三十余年的发展,名声在外,研发实力很强,但商业化、产业化落地一直不够理想。而云深处仅用了五年多时间,就已实现智能四足机器人的技术追赶和行业级初步商业化应用落地。看着如今蓬勃向上的云深处,不禁让人想起 2018 年云深处在浙江大学校友创业大赛上拿到总决赛冠军的场景,彼时的云深处面对评委提出的"多久才能追赶上美国的技术"等疑问时,给出的回复正是三年。如今三年之期已过，云深处也基本兑现了曾经的承诺，用朱秋国的话说，过去觉得追赶遥不可及，现在至少在四足机器人关键核心技术领域基本是处在并跑位置了。

发展至今，云深处还未遇到真正"卡脖子"这一级别的核心技术挑战。但未来，想要继续向"白云生处"迈进，将绝影做到像动物一般灵活生动，必然会遇到材料、能源等方面的技术挑战。同时，云深处一开始是受波士顿动力的刺激和影响，追随其步伐成长起来的，因此也被称为"中国的波士顿动力"，但若云深处未来想要做出一些不一样的东西，在原创性研发上也必然会遇到新的挑战。此外，从试验室样机到小批量产品，再到将来的大批量定制，还存在如何确保产品与工艺的可靠性、稳定性、一致性等问题。

同行竞争

云深处有明确的发展目标，就是成为四足机器人行业级应用的标杆，并在非行业级应用领域保持一定竞争力，不落后于同行的水平。目前云深处在国内的主要竞争对手有宇树科技、蔚蓝科技等知名的四足机器人研发企业，以及一些新涉足四足机器人领域的跨界科技巨头，如小米、小鹏汽车等；若是放眼全球，美国的波士顿动力甚至近几年崛起的特斯拉机器人等可谓是"亦师亦对手"的存在。波士顿动力成立于1992年，2013年被谷歌收购；2017年被软银收购；2020年被韩国现代汽车收购。在研发方面，作为最早开始研究四足机器人的企业，波士顿动力起源于麻省理工学院的实验室项目，现阶段其旗下有机器人军团：BigDog、Alpha Dog、LS3、Cheetah、WildCat、Spot、Atlas、Littledog等。在四足机器人的商业化方面，2020年2月，波士顿动力的四足机器人Spot正式"出海"，入职挪威石油钻井企业Aker BP，成为该企业第一台拥有员工编号的机器人；3月，波士顿动力与仓库自动物料搬运和运输技术开发商Otto Motors达成了合作，力推仓库自动化；6月，四足机器人Spot开售，售价为7.45万美元，相当于一辆特斯拉汽车Model S的价格。相较于云深处聚焦于四足机器人的研发应用，波士顿动力具有更深厚的技术积累，机器人品类也更为丰富，其人形机器人Atlas已可进行流畅的高难度动作，例如后空翻等。

宇树科技已推出Laikago、Aliengo、A1、Go1等多款产品，并在天猫、京东、微信小程序等开设官方旗舰店，面向个体消费者出售。比起波士顿动力动辄几十万元的四足机器人，宇树科技的部分产品售价在一万元左右。从销量上来看，截至2022年2月，宇树科技天猫旗舰店出售的Go1机器人仅19台。另外，宇树科技也在探索四足机器人的行业级应用，2022年4月，宇树科技完成数亿元B轮融资，获得经纬创投、深创投以及世界500强战略方海克斯康集团（Hexagon AB）等资本背书，并计划利用该轮融资加大量产产线建设，提升个人用户端与企业端产品的产能；加快产品迭代速度，计划每年至少推出一款创新性产品；进一步扩充团队，提升企业全方位的能力。

2021年8月10日，小米发售了1 000台四足机器狗CyberDog，其中有700台工程探索款，每台定价为9 999元（仅少数消费者以该价格购得，发售后有涨价），可在小米社区申请购买。同时，小米招募了首批400名体验官进行众测。另外，小米在发布四足机器狗CyberDog一年后，于2022年8月发布了其人形机器人CyberOne，小米等企业入局机器人赛道，加速了我国智能机器人产业的发展。

营销与推广难题

一方面，云深处通过新闻媒体和科研杂志进行产品报道与宣传，其曾被《人民日报》、新华社、美国NBC、英国BBC等官方权威媒体采访报道，并荣登2020年12月*Science*子刊*Science Robotics*封面；另一方面，云深处自己也开拓了对外宣传的渠道，例如通过微信公众号和视频号、知乎、微博等社交平台账号，以及抖音、Bilibili等视频平台进行推广。截至2024年6月，云深处自主运营的视频平台——抖音的账号粉丝超过9 000人，累计获赞8万余次；Bilibili的账号粉丝超1.5万人，累计获赞10万余次，并保持持续增长。对云深处而言，自媒体渠道的流量在不断增加，绝影的曝光度也在不断提升，但相较于同行宇树科技的自媒体流量，还是稍显逊色。除此之外，云深处也曾带着绝影出席天猫"双11"晚会等，借助事件营销拓展绝影的知名度。除了面向个体消费者的宣传渠道，云深处还带着绝影参加海内外的行业展会，与企业客户打交道，例如2022年1月在美国拉斯维加斯举行的国际消费类电子产品展览会（International Consumer Electronics Show，CES），以及同年11月在我国上海举行的中国国际进口博览会，等等。

除了已有营销渠道暂时无法充分触达潜在的企业客户，高居不下的成本、当下技术难以满足个性化需求等也是推广四足机器人的主要阻碍。这不仅是云深处面临的推广难题,也是整个行业面对的困境。应用于行业端的四足机器人的售价都在十几万元到几十万元不等,而在投入应用后,因产品的特性,需要配备专业的运维人员,从而推高了产品成本,压缩了利润空间,这也让不少企业客户持观望心态。此外,目前的机器人往往专精于某个领域,还无法完全满足企业用户的多样化、个性化需求,应用四足机器人可能存在成本增加但效率并未提升的情况。以波士顿动力的忠实客户挪威石油钻井企业 Aker BP 为例,该企业采购了 Spot Mini 来辅助海上钻井平台的巡检与维护,但由于平台维护的频率较低,机器人 24 小时无休止工作的优势无法发挥。同时就成本而言,海上钻井平台的维修工人采取轮班制度检查,可以达到与 Spot Mini 相同甚至更高的效率,而花费将近 8 万美元购买的 Spot Mini 还需要雇佣相关的人员对其进行维护,总成本远超人工巡检的费用。

变现难题

简言之,如何将现有实验室技术进行商业化变现,平衡科研与商业化是云深处乃至整个行业要思考的问题。虽然云深处目前在国内四足机器人领域已经算是技术引领者,但仍缺乏较大的订单量。不只是云深处面临变现的问题,即便是这个领域的国际标杆——波士顿动力也在持续亏损,其商业化也面临困局。技术与产品稳定性的不足使其暂时无法满足市场多元化的需求、成本高昂难以实现广泛应用、营销与销售渠道单一等都成为四足机器人商业化道路上的阻碍。而即使能够做到量产,四足机器人的商业化之路也并不一定一路畅通。可以说,目前全球的智能机器人都未达到强 AI(AGI)的程度,并没有真正地实现智能,其行动仍需要人为下达指令、进行操控,这也限制了其使用的场景,增加了额外的成本。而真正的强 AI,由于是与人类一样拥有知觉和自我意识的智能机器人,因而会给人带来天然的恐惧与排斥,这可能会阻碍其商业应用。人类在 AI 上还有很长的路要走,而四足机器人作为智能机器人的一种,其商业化也仍有很长的路要走。

踌躇满志

在云深处发布的绝影 X20 越障测试宣传视频中(相关链接见附件 2),我们可以看到它站在一堆随意倾倒的建筑垃圾之上,面对不同材质且无规则堆砌的废料，它一边小心翼翼地识别着眼前的障碍物，一边有条不紊地协调四肢向前迈进。脚下的废料随时有塌陷的风险，但它也依旧能够稳住全身，不因塌陷而扰乱前进的节奏。绝影走出的每一步，就像是云深处踏出的每一步。未来，智能四足机器人能否被更广泛地应用？哪个应用场景最有可能让云深处赚到真正批量级的"第一桶金"？2022年年末开始爆火的ChatGPT，被誉为是一次AI技术的重大突破性进展，这些AI技术的新突破，又会给包括四足智能机器人在内的相关行业带来什么新的发展机遇与挑战？

不满足于成为美国波士顿动力的追随者，云深处更希望在中国乃至世界机器人发展进程中留下深深的足迹。带着云深处对未来的美好畅想与期待，朱秋国一大早起来打车去机场，信心满满地踏上拜访外地新客户的旅程，开始了忙碌而充实的新一天。

扫描查看本案例附件

阅毕请思考：

1. 像云深处这样，以高校科技成果为基础、高校教师为主要创始人的高技术创业有哪些特殊性？

2. 绝影四足机器人的商业化探索经历了几个阶段？现在面临的最大挑战是什么？

3. 云深处现在的主要商业模式是什么？可能存在什么样的问题？

4. 你认为云深处现阶段最有可能成功的商业模式突破口是什么？如何实现产品—市场匹配？

5. 你对云深处下一步商业化探索有什么具体建议？

INNOVATORS' COUNTERATTACK

第 9 堂课

微医：

数字创新如何改变传统医疗健康行业？

摘 要：
ABSTRACT

患者看病难、排队慢，医疗资源分布不均，医院内部管理混乱等问题在传统医院中层出不穷，人们对传统医院转型的需求日益迫切。成立于2010年的微医，作为当前中国最大的数字医疗服务平台，一直致力于利用数字技术改变传统医疗健康行业，让百姓"健康有道，就医不难"。本案例以微医的发展历程为主线，详细阐述了其利用数字创新改变传统医疗健康行业的过程。针对百姓看病难、看病贵、医疗资源分布不均等就医问题，微医提供了线上挂号、互联网医院、药诊店、流动医院等数字解决方案。微医的数字创新之路对其他行业和企业探索适合自己的数字创新、商业模式创新、颠覆性创新道路具有参考性和探讨价值。[①]

关键词
微医　数字创新　颠覆性创新　商业模式创新　精益创业

[①] 本案例由浙江大学管理学院的郑刚、王晨宇撰写。

"连接了32家互联网医院,微医平台高峰时期一天的咨询和接诊量超过80万。"微医创始人廖杰远在一档访谈节目上分享的一组数字引发了行业对数字医疗平台角色担当的关注。成立于2010年的微医,作为数字医疗平台的领先者,针对传统医院挂号难、医疗资源分配不均、电子处方流转困难等一系列问题提供了创新性的预约挂号、在线问诊、诊疗车、互联网医院、数字健康共同体等解决方案,让百姓"健康有道,就医不难"。

据媒体报道,2022年7月,微医获得了一笔金额超10亿元的融资,该笔融资的领投方为山东省的国有产业投资基金。近年来,微医以数字健共体为核心的业务板块快速增长,已成为多地推动医疗体系数字化升级、落地"三医联动"改革的基础设施,此次获得国有产业大额投资,也说明其业务成效获得行业及投资机构的认可。

微医具体是如何利用数字技术改变医疗健康行业的?其提供了哪些产品与服务,其间遇到了哪些困难与挑战?其商业模式经历了几次迭代探索?

微医概况

2010年夏天,廖杰远仅两岁大的侄子腿上不幸长了一个肿块,随后家人带他辗转就医,前后10个月跑了7家医院,做了两次切除手术,依然没有彻底消除病症。历经多次波折,孩子腿上的肿块被确诊为由结核导致的并发症,而之前的两次手术完全是误诊。这时的廖杰远已经在IT技术领域取得了一定成就,经过此事后,他决定要借助自己所掌握的技术为解决民众看病难问题贡献一份力量。

作为一个全球领先的智能化数字健康平台,微医总部设立于杭州市,其创始人正是廖杰远及其团队。微医自成立初期就确立了"健康有道,就医不难"的责任和使命,十多年以来通过不断加大科技创新力度,引领我国医疗健康产业逐步朝智能化和数字化方向发展,为广大人民群众提供优质高效以及更具备可及性的医疗健康服务,力争成为亿万人民的健康守护者。

微医的核心业务覆盖广泛,除医疗和医药之外,还涉及医疗检查和健康保险等业务领域,是当前整个行业中唯一实现了互联网与医疗健康全面融合发展的全产业链数字健康平台。微医在高度开放的"微医云"平台的基础上,不断提高医疗服务水平,以更低的药品定价、更高的医保基金使用效率以及更先进的医疗器械,努力帮助各地方政府围绕以人民健康为中心这一目标为民众构建数字健康共同体,给广大居民用户提供线上线下高度融合的健康服务。

2015年,微医推出了乌镇互联网医院,这也是我国第一家互联网医院,为线上诊疗、医保支付以及处方流转开辟了新路径,同时也得到了习近平总书记的赞誉,还被第二届世界互联网大会主旨报告称为"中国互联网创新发展的缩影"。微医互联网医院能够与各级医疗机构和医生直接相连,让这一新业态逐渐在全国范围内落地并实现了规范化运营。截至2022年,微医连接了34家互联网医院,微医平台高峰时期一天的咨询和接诊量超过80万,已经成为中国最大的数字医疗服务平台。

借助数字技术改变医疗健康行业

挂号网

2010年,廖杰远带侄子看病的曲折经历,让他深刻感受到看病难的痛苦与残酷。当时已经在IT领域有所成就的他,便开始尝试借助自己的专业特长改变看病难的现状。这一年,他创立了挂号网,主要为患者提供各大医院的联系电话,以及线上实名预约挂号服务。

另一个促使廖杰远创立挂号网的原因便是关于预约诊疗服务文件的出台。2009年9月,原国家卫生部(现卫生健康委员会)颁布了《关于在公立医院施行预约诊疗服务工作的意见》,文件要求所有公立三级医院提供实名预约挂号服务,而在此之前,大多数医院采用的是电话预约方式,并未真正缓解挂号难的问题。

虽然有国家相关政策的支持和引导,但当时大多数人并不看好挂号网的做法,无论是医院、投资人还是主管部门都表示不理解,甚至对其产生怀疑,原因在于医院组织相对特殊,具有一定的封闭性,想要打破多年的"铜墙铁壁",其可能性非常小。但廖杰远再三权衡后认为,只有敢于突破,才有改变的希望。

他最初打算以一家医院为突破口，在样本医院有了一定成绩后，再向其他医院进行推广。在遭到了多次拒绝后，最终复旦大学附属华山医院同意让他尝试一下，于是他首先将挂号网应用在这家医院。该医院最初只给了挂号网5%的号源，但在尝试过程中，医院发现线上挂号显然具有更快的速度，并且操作便捷。此后，该医院逐渐为挂号网开放了更多号源，从最初的5%增加到50%，同时还把院内的所有专家号都投放到了线上。

在华山医院应用成功后，挂号网名声大噪。为了积极响应国家部委的政策要求，各大医院也开始采用网络实名挂号系统。由此，整个复旦大学医院下设的医疗机构都开始将号源转移到挂号网上。截至2011年年末，挂号网成功接入了上海所有三甲医院。廖杰远曾在采访中说道，2010—2012年整个团队只做了一件事，那就是为医院连接网上挂号。挂号网正是借助强大的互联网技术，将医院的稀缺资源放到互联网上，在很大程度上缓解了日益猖獗的黄牛及号源饥荒问题。

随着线上挂号业务的不断成熟，廖杰远开始思考如何将挂号网更深入地与医院相连。随后其团队在2013年又推出了挂号网应用程序，为医院开辟了分时预约服务，大大提高了预约时间的精准度。上海市儿童医院是首批应用挂号网应用程序的医院。以往挂号只能精准到上午或下午，导致患者通常赶早来排队，但在拿到化验单后很快就走光了。一小时后随着化验单结果的出现，患者再次集中性地返回。而随着分时预约服务的上线，患者的预约时间将被限定在相对精准的时间点上，大大缩减了候诊时间。

挂号网同时也在尝试更为精准的分时预约方法。由于医生面对不同患者所花费的看诊时间存在较大差异，有的可能只需要5分钟，有的可能需要20分钟，很难达成统一。而挂号网应用程序能够让医生和助理随时调整看诊时间，可结合自身的看诊习惯，灵活调整患者预约时间。

挂号网同时与医院支付系统相连，患者通过挂号网应用程序就可以完成线上结算。首先，患者需提前在挂号网上绑定银行卡或支付宝；其次，随着医院检查项目的推进，其应付款项会自动冻结；最后，患者在窗口统一结算时，医保支付款项会自动解冻，退回原支付账户。

此外，该应用程序也解决了不少患者就诊过程中的其他问题。比如，患者可在手机上查收检查结果，身在外地的患者和家属将无须在院等待检验结果。医生同样可以借助该应用程序直接与患者联系，远程监督和跟踪病情。患者在得知医生同样会利用应用程序查看病情变化后，也愿意上传各项病情数据，而这些数据资料能够为医学研究提供重要样本。

上海市儿童医院院长在一次采访中提道，"我们在应用了挂号网之后，大大提高了医生的工作效率，大大缩减了患者的无效等待时间，并且未来挂号网将汇聚更多的变化，这也给医院带来很大的导流作用"。

乌镇互联网医院

挂号网的问世和成功应用，虽然改变了传统低效的挂号模式，但并没有真正地缓解百姓看病难的问题。百姓看病难这一问题的根源在于基层医疗机构能力不足，百姓认为基层医疗机构无论是技术、设备，还是人才与服务，都无法与大医院相企及，于是大病小病纷纷涌向大医院，导致大医院和基层小医院之间出现了冰火两重天的现象，一个拥挤不堪，另一个无人问津。乌镇互联网医院充分发挥互联网技术的连接作用，在线上聚集了各类优质医疗资源，无论患者是来自偏远山区还是来自发达城市，都能享受同样优质的医疗服务，从而显著改善了医疗资源的配置结构，提高了优质医疗资源的可及性。

据统计，2019 年我国医疗资源与就诊需求已出现严重倒挂（见图 1）。2020 年年初，新冠肺炎疫情的暴发凸显出我国医疗资源分布不均的问题。面对扩散的新冠肺炎疫情，微医在 2020 年 1 月 22 日晚向平台上全国 2 000 多家重点医疗机构的 30 多万名专家发出号召；并由微医首席医疗官席立锁牵头，紧急成立了微医互联网总医院呼吸中心，为疫情防控重点区域以及其他各地的人们提供远程问诊。为此，微医专门搭建了一个线上平台，组织全国具备资质的专科医生，免费为患者提供三分钟响应快速问诊。该平台上线的第二天，在线咨询量就达到了 3.5 万，第四天更是逼近 30 万。这是平时微医日咨询量的 30 倍，累计浏览量更是超过 4 000 万。微医的互联网医院不仅降低了民众交叉感染的风险，也减轻了线下医院的负担。图 2 为互联网医院就诊流程图。

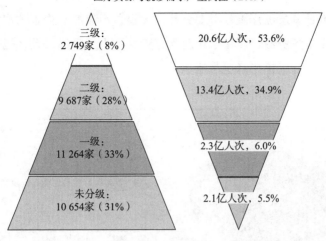

图 1　医疗资源分布结构

资料来源：微医招股说明书。

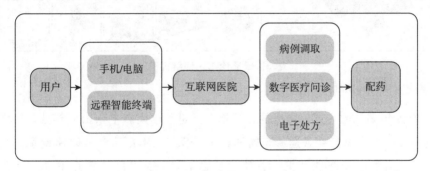

图 2　互联网医院就诊流程图

资料来源：微医招股说明书。

流动医院

在互联网技术的广泛应用下，乌镇互联网医院为更多乡镇老百姓带来了与城市同样优质的医疗服务，但由于基层医疗机构硬件设施不足，故不具备诊断所需的检查检验条件。微医以互联网医院为依托，打造了基于云巡诊车（见图3）的流动医院，在互联网、大数据、物联网、云计算以及AI技术的推动下，推出了创新性的诊疗服务组合；它集云巡诊车、云巡诊包、医卫工作站于一体，能够为广大病患提供诊疗、检验、开处方、开药以及结算等全面一体化的医疗健康服务，重塑基层医疗的服务生态。从积累的实践经验来看，流动医院不仅能够助推基层医疗服务水平提升，大幅提高家庭医生签约率，还能优化配置公共卫生服务资源，确保始终围绕健康这一中心目标的数字健康共同体保持高效运转，让分级诊疗真正落地。

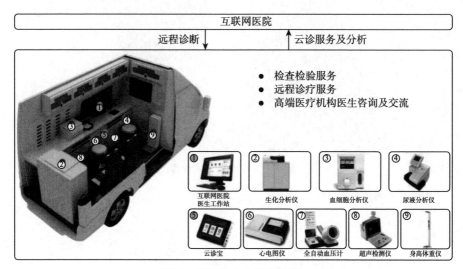

图3　云巡诊车内部结构图

资料来源：微医招股说明书。

2018年8月的一天，微医的云巡诊车开进了河南省平顶山市郏县。得知消息的村民，一大早就在云巡诊车前排起了长队。"不用跑到医院体检了，当天下午手机就能收到全部结果，方便也更放心。" 65岁的村民高玉仙说。截至2021年，郏县已为14个乡镇配备了12辆健康云巡诊车，重点服务65岁及以上的老人、孕产妇、慢病患者、贫困户、残障人士等群体，云巡诊车中配备的软件系统主要有云HIS（基于云计算的医疗卫生信息系统）、智能诊疗以及医疗协作等，同时配备了心电、超声等智能化设备，能够为村民提供7大项、49小项的基本公共卫生服务。

药诊店

在日常生活中，对于小病我们首先想到的是去药店咨询买药，而不是去医院挂号，由此可以看出我国的药店带有明显的医疗属性。但由于药店中普遍缺少专业医护人员，故很难给出安全有效的用药建议。有没有一种方法可以提高药店服务的专业性，更简单便捷地为患者服务？正是在这一背景下，微医推出了药诊店这个项目，它同样是以乌镇互联网医院为依托，与各大药店合作，支持线下药店的预约、远程治疗以及开设电子处方等医疗服务，让药店摇身一变成了诊所，从而能更好地满足购药患者的就诊需求。就医生资源而言，微医当前所连接的医生遍布全国，规模超过了30万人，他们能够在线上完成问诊、会诊以及开设电子处方等业务。这些优质的医疗资源和医生资源同样可以延伸至药店应用场景中，进而更直接地服务用户。

就具体操作方式来说，微医为合作药店开辟了专门的接口和应用模块，并安排专门的值班医生，其中包括固定的 2 000 名常驻医生。同时，乌镇互联网医院中的其他医生可以利用抢单的方式接收药店发出的就医需求。合作药店利用乌镇互联网医院所提供的线上应用场景，可以为其会员提供线上预约、在线诊疗以及电子处方等医疗服务。

微医药诊店在 2016 年 3 月正式立项，短短一年多的时间，所合作的药店已经达到 1.8 万家，意味着平均每天接入系统的药店在 30—40 家。从开通后的问诊量来看，药诊店每天平均接待的问诊量高达 3.6 万，而接诊总量突破了 400 万，几乎与协和医院一年的接诊规模相持平。同时微医在合作的药诊店陆续投放了专门的硬件设备，后期还会添加辅助硬件，比如血压计、血脂仪等，帮助药店开展病症基础检测，并实时上传数据，为医生诊断提供辅助材料。依据微医招股说明书所披露的信息，截至 2020 年年末，微医所连接的药店共计约 3.3 万家。

微医云

在 2017 年 11 月 15 日召开的首届国际智能医疗大会上，微医崭露头角，微医云这款 AI 产品呈现在公众眼前。微医云是全球首个专注于打造智能医疗的云服务平台，其充分借助微医在互联网医疗行业多年的探索和积累，同时以大数据、AI 以及云计算等现代信息技术为支撑，适用于各大医院、基层医疗机构、政府以及医疗行业企业等多元化应用场景的一站式医疗服务解决方案。同时，微医云是浙江大学发起的医学 AI 联盟中唯一入选的企业成员，该联盟共计 12 个成员，除微医云外，还有 10 家医院、1 家科研院所，由此可以看出医生、医院应用场景以及医疗数据在推进医疗 AI 发展中扮演的重要作用。

微医云的云计算以及云存储面向全行业，通过与其他联盟成员以及更多的医院、医生、科研机构和医药企业展开多维度合作，广泛提升我国智能医疗发展水平。依托微医云，微医当前研发推出了睿医智能医生和华佗智能医生两款AI产品。睿医智能医生主要面向西医领域，而华佗智能医生更多面向中医。

睿医智能医生是微医与"浙江大学睿医人工智能研究中心"共同开发推出的一款西医AI诊疗系统，类似于百度医疗或者IBM沃森的功能。据相关介绍，通过深度挖掘和学习百万条优质数据，睿医智能医生已经攻克了包含糖网病（糖尿病视网膜病变）、宫颈癌筛查、肺小结节、骨龄检测等在内的10多个专科领域的关键技术。尤其是宫颈癌筛查的精准性和敏感度远远超出了临床水平；同时它在糖网病2分类的大多数数据集上的特异率和敏感度分别达到99%、95%，已经超越了谷歌，实现了全球领先。

华佗智能医生主要面向中医领域，是由我国中医名医、各方经验所汇聚起来的一套中医AI诊疗系统。中央电视台曾在《经济半小时》这档节目中针对华佗智能医生的基层应用价值进行了专题报道。报道显示，杭州市米市巷街道社区卫生服务中心从2016年开始应用这一系统，自使用该系统后，中医药服务规模大幅增加，尤其是中药饮片、非药物诊疗这两项服务的占比出现了攀升，从以往的30%增长到近乎50%。

微医云创新性地采用AI技术和医生广泛合作的模式，复制和放大专家意见，让普通百姓也能享受到优质卓越的医疗资源，为日常诊疗提供有效辅助。廖杰远曾这样介绍微医云，"微医云作为智能医疗云平台，面向各相关领域开放，打破了医院多年的铜墙铁壁，逐渐实现了资源、人力和数据的有效协同，广泛提升了整个医疗行业的服务能力。同时为政府积极落实家庭医生签约提供了重要的工具和手段，帮助各大医院和医生积累经验、提升能力，并且与药企保险等行业合作，共同打造更全面一体化的医疗健康产业链，健全和完善我国基层医疗卫生服务体系，确保每个家庭都能享受到主动、连续且全程化的家庭医疗健康服务"。

慢病互联网医院

2019年9月5日，微医与山东省泰安市人民政府达成了战略合作，双方共同推动建设泰安"健康共同体"，即在泰安市建立全国第一家慢病互联网医院。

原泰安市卫生和计划生育委员会早在2016年就向微医表达了合作意愿，随着山东省推出了一系列关于互联网诊疗管理的相关政策规定，当地逐渐具备了开展互联网诊疗的相关条件，再次为互联网医院的建设与发展创造了良好的机遇，三年多的酝酿终于迎来了收获的果实。

泰山慢病互联网医院是我国慢病领域第一个获批的互联网医院，一经推出就吸引了23家泰安市慢病门诊药房参与合作，能够满足泰安市20多万慢病患者在线复诊、购药、处方、医保支付等一体化就医服务需求。当然医生也可以借助该互联网医院在线指导患者，跟踪和干预病情，有效控制并发症的发病率，实现慢病全程化管理。

家住泰安市泰山区的翟先生患有糖尿病多年，平常每个月都需要前往泰安市中心医院复诊续方。然而在疫情防控期间，政府倡导市民减少线下聚集，于是翟先生第一次尝试在慢病互联网医院开药。"昨天在慢病互联网医院开了药，手机上操作医保支付，今天药就送到家里来了！"（见图4）得益于微医与泰安市共同创建的全国首家慢病互联网医院，越来越多的慢病患者正跟翟先生一样，感受到了互联网就医的安全和便利。

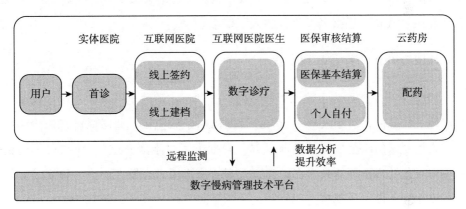

图4　数字慢病管理服务流程示意图

资料来源：微医招股说明书。

根据微医招股说明书，截至2020年年末，微医已经将这一模式推广到更多城市，已有超过14.5万名数字慢病管理服务会员，所合作的医院达到63家。

商业模式探索

挂号网资金压力

随着复旦大学附属华山医院成功推出了网络挂号服务,挂号网名声大噪。同时各大医院为了积极贯彻落实国家政策要求,陆续开始推出网络实名挂号服务,最后整个复旦大学医院下设的医疗机构都在挂号网上投放了部分号源。截至2011年年末,上海所有三甲医院全部接入了挂号网。

随着接入医院的增多,廖杰远的资金压力越来越大。线上单次挂号成本约为10元。由于网络实名挂号是一项公共服务,免于收费,导致2010—2012年这三年时间里,挂号网收入为零,但廖杰远在挂号网上已经投入了1.7亿元。他也曾说,这三年时间里整个团队只做了一件事情,就是让更多的医院接入挂号网。当时他已经做好了当"烈士"的心理准备。因为如果单纯从理性上分析这件事情,他认为是不符合商业价值的。

为了解决资金问题,廖杰远开始谋求投资。根据天眼查,2010年12月,挂号网获得风和投资、赛伯乐投资的数千万美元A轮融资;2012年1月,挂号网B轮融资成功,晨兴创投为其注入了资金。

与保险合作,打造盈利模式

2013年,廖杰远终于发现了挂号网的盈利点。随着全国多数三甲医院都已经连接了挂号网,泰康人寿主动向挂号网抛出了橄榄枝,共同探讨将保险和挂号网连接起来的应用模式。随即双方共同推出了"泰康三宝",将挂号网的健康管理服务纳入险种体系。由于泰康人寿的保险用户规模庞大,在很短的时间内,该业务就做大了规模。

随即挂号网也推出了一系列与医疗相关的其他配套服务。如果有外地患者希望到北京、上海等大城市就医,挂号网就可以结合其以往的病史,推荐匹配度最高的专家医生,并为患者提供住宿、机票以及接送等一体化服务,同时在医院安排专人接待。国药集团等拥有网上售药资质的企业也纷纷与挂号网联系,共同致力于满足外地慢病患者的配药需求。发展到2014年,挂号网对外宣布已经基本实现收支平衡。

有别于竞争对手的微医模式

从表面上看,微医可能与阿里健康、平安好医生等平台处在同一赛道上,实际上数字大健康可以细分为三条不同的赛道,即健康消费品市场、非处方药市场以及数字医疗服务市场。而前两者的竞争对手相对较多,其中阿里健康等已经成功实现上市。这些企业的共同特征在于以销售为核心展开布局。而它们最终成功的关键来自拥有线上平台强大的流量、具备医疗健康服务领域的相关牌照和资质,以及借助在线问诊进行导流。

而微医更多专注于数字医疗服务市场,利用数字化技术和手段激发传统医疗服务的发展活力,打破医院就诊的时空限制,更充分地利用医疗资源。微医借助数字医疗服务平台,能够为广大用户提供全面一体化的医疗和健康服务。其营业收入主要来自医疗服务和健康服务两方面。

医疗服务项目主要有线上预约、线上复诊、线下首诊、开电子处方、获取病历、费用结算以及配药等。其中多个项目可以借助微医旗下互联网医院设立的线下服务中心来完成。

健康服务主要面向慢病患者,除提供流动医疗服务外,还具备综合管理能力。具体来看,就是利用互联网激发医院的传统功能,同时利用数字化结算手段,提高医院服务效率;为每一个会员建立数字健康画像,在此基础上提供个性化的诊疗和康复方案,同时密切监测患者的各项指标,为其提供用药、饮食及其他相关指导。

表 1 对比了京东健康、阿里健康和微医的商业模式。

表 1 京东健康、阿里健康、微医商业模式对比

	京东健康	阿里健康	微医
细分赛道	医药电商	医药电商	数字医疗
业务组成	医药和健康产品销售服务 平台、广告和其他服务	医药自营业务 医药电商平台业务 医疗健康及数字化服务业务	医疗服务 健康服务

(续表)

	京东健康	阿里健康	微医
医生数量	27个专科中心,百余位专家和来自20个科室的超4.8万名内外部医生	执业医师、执业药师和营养师合计近16万人	连接了全国逾8000家医院,吸纳逾30万名医生
日均问诊咨询量	超19万次	约30万次	约40万次

资料来源：京东健康、阿里健康2021年财报，微医招股说明书。

依据微医招股说明书中披露的数据，2020年微医的营业收入总计约18.32亿元，相比2019年增幅高达262%；医疗服务和健康服务的营业收入分别为7.07亿元、11.25亿元，相应占比分别为38.6%、61.4%。

	截至12月31日					
	2018年		2019年		2020年	
	人民币千元	%	人民币千元	%	人民币千元	%
医疗服务	117 649	46.1	186 427	36.8	706 929	38.6
健康服务	137 488	53.9	319 551	63.2	1 125 336	61.4
总计	255 137	100.0	505 978	100.0	1 832 265	100.0

图5 微医营业收入统计

资料来源：微医招股说明书。

内外挑战

盈利能力

一直以来，微医的盈利能力备受质疑，尽管企业在2016年对外宣布实现了全面盈利，并且创始人廖杰远也对外表示企业的利润规模高达2.8亿元。然而这个数字并不被业界认可。依据相关数据，微医2018年的营业收入和净利润分别为2.55亿元、-4.15亿元，2019年的营业收入和净利润分别为5.06亿元、-7.57亿元，2020年的营业收入和净利润分别为18.32亿元、-8.69亿元，仅这三个年度的亏损额就突破了20亿元。

相比阿里健康、京东健康等数字医疗企业，微医的显著不同在于它并不依靠线上平台销售药品赚钱。且微医主打的"家庭医生"概念目前来说还未被广泛接受和普及，到底会有多少人为微医的"家庭医生"服务买单还值得商榷。根据其招股说明书披露，截至2020年年末微医注册用户数达到2.22亿，平均月付费用户数为2 540万，付费用户比例仅为11.4%。较低的付费用户比例，某种程度上说明我国民众并未形成在互联网医疗领域就医和付费的习惯，主要还是通过线下医院看病。线上最主要的消费行为为购买药品，这也是为何京东健康、阿里健康等互联网医疗平台能通过销售药品来快速变现，最终实现盈利的原因。如何让民众接受"家庭医生"的概念，快速提升盈利能力是微医需要尽快解决的问题。

收入结构

依据微医招股说明书披露，其收入主要来自医疗服务和健康服务两部分，并且会员健康服务的占比最大。如果微医未来的会员规模难以保持一定的增长，或者没有将微医的数字化慢病管理服务推广到更多城市，那么很可能会影响微医现有的经营业绩和财务状况。微医推出的健康服务主要包括为会员提供健康管理服务和数字慢病管理服务。依据其招股说明书，2018—2020年这三个年度中，健康服务收入在其总营业收入中的占比分别为53.9%、63.2%、61.4%。

依据其招股说明书，截至2020年年末，微医平均月付费用户数为2 540万，而每一个用户的人均消费额约为24元，所管理的数字慢病会员数在14.5万以上，这部分群体的人均消费额大概为3 600元，这两部分构成了微医的两大营业收入来源。尤其是慢病管理客单价，基本上已经与美国慢病管理平台Livongo持平，而这一价格实际不足以覆盖该服务的总成本，后期随着更多竞争对手的涌入，必然会导致现有收入规模缩小。如果原有客户流失，很可能导致微医营业收入大幅降低，而微医本身尚未找到促进用户持续增长的方法和路径，这使微医的收入状况雪上加霜。就像微医在招股说明书风险因素中提示所言：倘若我们的服务不能推动用户参与，倘若我们未能提供优越的用户体验或倘若我们不继续更新及改善我们的现有服务，则我们或无法吸引新用户或留住足够的用户，而我们的业务、财务状况及声誉或会受到重大不利影响。

上市之路

2018年凭借55亿美元的估值拿到了5亿美元的Pre-IPO轮融资之后，微医便开启了年复一年的"上市传言"。时任微医首席战略官陈弘哲曾表示，微医计划在2018年年末赴香港上市。然而该计划受到了瑞幸事件的负面影响，原因在于其联席保荐人之一瑞士信贷曾在瑞幸赴美国上市期间担任承销商。为此，微医临时更换了保荐人，让整个IPO延期。直至2021年4月1日，微医才正式提交了招股说明书，将数字医疗服务平台微医控股独立拆分出来，冲击港股上市。然而事与愿违，6个月后，微医在港的招股说明书失效。时至今日，微医仍未上市，不过2022年7月微医获得了超过10亿元的融资，领投方为山东省的国有产业投资基金。此次获得国资大额投资，说明其业务成效获得了行业及投资机构的认可。

事故风险

与京东、阿里巴巴旗下的数字健康企业有所不同，微医在其招股说明书中提到，与经营非处方药以及健康消费品的电商企业有所不同，微医的主营业务集中在数字医疗服务领域。换言之，微医的定位是"严肃医疗"，而不是传统的消费医疗，其未来努力的方向是进一步促进平台化互联网医院主导的数字化责任医疗体系的真正落地。

尽管微医拔高了站位，但也增加了相应的风险。从屡次推迟上市就可以看出，由于涉及的健康数据十分庞大，并且人们对这些数据的敏感度较高，因而政府监管方对此始终保持着谨慎态度，如同滴滴在美国上市后所面临的一系列监管措施，未来政府必将对平台企业所积累的数据实施严苛监管。

此外，与消费医疗企业相比，微医在医疗事务上的风险系数更高，一旦出现了医疗事故，微医作为平台方必然需要担负相应责任，甚至面临处罚。在其业务开展过程中，由于互联网医疗服务涉及的主体不仅是患者和医生，还包括互联网诊治的医疗机构等，一旦发生医疗纠纷，很容易出现推卸责任的问题。比如线上问诊，微医仅仅是为患者和医生提供直接沟通的平台，不具备管控医生的能力，因此很难确保医疗服务安全精准。从相关投诉平台上收集到的信息显示，不少消费者对微医线上问诊医生的能力和服务水平表示质疑和不满。

当前我国关于侵权责任的界定采取过错责任原则，即主要行为人存在过错，但在特定情形下也遵循无过错责任原则（主要集中在产品责任领域）。而关于医疗损害责任，《中华人民共和国民法典》第一千二百一十八条规定，患者在诊疗活动中受到损害，医疗机构或者其医务人员有过错的，由医疗机构承担赔偿责任。由此可以看出，即便是医务人员在服务过程中出现了过错，并对患者造成了实质性损害，追究的还是提供互联网诊疗服务的医疗机构的赔偿责任。

尾声

历经 10 多年的发展，如果从互联网医院数量及数字医疗问诊规模来看，微医显然已经成为我国规模最大的数字医疗服务平台。

但其存在的收入结构单一、连年亏损、上市失败等一系列问题还有待解决。同时，阿里健康、京东健康这样的互联网巨头也相继推出了同质化的互联网医院、线上问诊、线上药店等业务，微医如何冲破重重包围，扭亏为盈值得期待。

> **阅毕请思考：**
>
> 1. 微医是如何利用数字技术改变医疗健康行业的？有哪几个步骤或层次？
>
> 2. 微医的商业模式经历了几次迭代探索？请画出微医不同阶段的精益商业模式画布，并分析其异同。
>
> 3. 微医现有的商业模式，与阿里健康、京东健康等其他互联网医疗企业的商业模式，存在的最大的区别是什么？微医的商业模式有哪些优缺点？
>
> 4. 微医现在面临的最大挑战是什么？微医当前应如何另辟蹊径，创新逆袭？

INNOVATORS' COUNTERATTACK

第 10 堂课

雅乐科技：
"中东小腾讯"崛起之路

摘　要：
ABSTRACT

本案例描述了雅乐科技如何开辟与深耕中东及北非新市场，针对当地的文化特色，立足本地用户的独特需求开发个性化产品与服务，依靠"最懂中东市场"的本地化服务和用户体验升级实现创新逆袭，逐步打造与完善"社交+游戏"的商业模式。[①]

关键词

本地化　用户体验　商业模式　创新逆袭　颠覆性创新

---

① 本案例由浙江大学管理学院的王含伊、郑刚撰写。

2020年10月3日,人们发现迪拜的标志性建筑、世界第一高楼哈利法塔被灯光点亮,"YALA LISTED NYSE"的字样赫然在上;打开推特,可以看到阿联酋副总统兼总理、迪拜酋长穆罕默德两天前在其个人社交账户上用英阿双语写道:"社交网络平台'Yalla Group'来自迪拜互联网城,是第一家在纽约证券交易所上市的位于阿联酋的独角兽技术企业。我们的数字经济正在发展,并将继续成为我们全球出口业务中不可或缺的一部分。"人们不禁好奇:这几天被超过100家中东媒体争相报道,又有阿联酋多位政要和王室成员出席上市仪式的"Yalla Group"究竟有何非凡之处?

时间回溯到4天前,雅乐科技成功挂牌上市,成为阿联酋第一家在美国纽约证券交易所上市的科技企业。这家在中东市场引起极大反响的企业将"社交+游戏"的应用组合作为深入市场的策略,很容易让人联想到腾讯发展时所采取的相同产品策略,加之其获得的抢眼成绩,雅乐科技逐渐拥有了"中东小腾讯"的称号。

与那些由于国内互联网市场竞争日益加剧而选择出海的企业不同,雅乐科技诞生在中东,一直深耕中东市场,始终坚持本土化设计导向,满足当地用户群体的独特需求。如今的雅乐科技不仅是阿联酋首家在纽约证券交易所上市的独角兽科技企业,也成为中东和北非地区最大的在线社交和游戏企业。

面对雅乐科技的崛起,人们开始想一探究竟:这家特别的企业为什么选择中东市场?为什么选择"社交+游戏"模式?又是如何一步步实现如今的快速崛起的?

背景

在线市场,潜力巨大

雅乐科技所深耕的中东地区,因其独特的市场特点而具有极大的市场消费潜力,主要表现在中东市场上的在线社交和游戏存在着突出的供给与需求的不平衡。

一方面,中东人民在线社交和娱乐的需求旺盛,一定程度上是出于现实娱乐生活的贫乏:中东地区有着禁酒的传统、缺少夜生活,加上长时间的炎热天气使户外娱乐对人们的吸引力大大下降，对女性的约束也进一步限制了人们的社交选择。

另一方面，当地较高的经济发展水平和移动互联网普及率催生了丰富的产品需求。以人均名义国内生产总值（GDP）来衡量，该地区很多国家都比较富裕；世界银行的数据显示，2021 年卡塔尔人均 GDP 超过 6 万美元，为中东各国中人均 GDP 最高的国家，位列全球第十；而沙特阿拉伯、阿联酋等国的人均 GDP 也高达 2 万至 3 万美元，远高于世界平均水平的 12 263 美元。而中东和北非地区移动互联网普及率约为 83.6%，2019 年移动互联网用户人数达到 2.06 亿左右，一些领先经济体的互联网渗透率甚至更高；据统计机构 Global Media Insight 调查，阿联酋的活跃互联网使用率超过 99%，用户平均每天上网近 8 小时。

但中东市场上的在线社交和娱乐产品供给，却远远无法满足当地人民的强烈需求。2019 年，中东和北非地区有 1.37 亿活跃的在线社交和娱乐用户，平均每人每天花费 230 分钟上网，远超全球平均水平 194 分钟。然而，这些用户的应用选择范围十分有限：很少有相关的大企业会根据当地文化特点有针对性地设计和研发本地化产品，知名社交巨头 Meta 和推特在中东和北非地区的渗透率均高于 50%，每个互联网活跃用户的社交网络和娱乐应用下载数平均只有 3.4。以对阿拉伯语的支持为例，排名前 20 的手机社交网络应用中，仅有 65% 支持阿拉伯语，而排前 50 的手机游戏中仅有 28%。

此外，中东地区人群还有着另一个不可忽视的显著特点：人口结构年轻化。人口统计调查显示，在约 5 亿的总人口中，30 岁以下人口约占 70%，2019 年其人口年龄中位数为 29.8 岁，是最具人口红利的社交和游戏市场之一。以中东第一大经济体沙特阿拉伯为例，截至 2020 年其人口数已突破 3 500 万，国民平均年龄为 31.8 岁，约 70% 的人口在 30 岁以下，人口特征呈现多子化。

更年轻的用户往往意味着对新产品有更强的使用意愿和付费能力，事实上也的确如此。分析平台 App Growing Global 发布的《中东出海市场观察》指出，海湾六国（巴林、科威特、阿曼、卡塔尔、沙特阿拉伯和阿联酋）的手机游戏 ARPPU（每付费用户平均收益）均超过 50 美元，其中沙特阿拉伯更是有着约 270 美元的手机游戏 ARPPU，高居全球第一。正是这些独特的市场特征，使中东地区成为社交和游戏应用出海的有利选择。

折戟沉沙，失败者众

意识到中东地区在线社交和娱乐市场的巨大潜力后，诸多企业都将目光聚集到这片充满着机遇与可能性的土地上，竞相推出新品展开角逐。中东地区虽被视作"蓝海市场"，却并不意味着创业者能够在这里轻易地拥抱成功。

直播作为在线社交和娱乐的方式之一，在中东地区的发展历史可以追溯到 2012 年，当时一些在线视频平台开始试图将直播功能引入其中。这些平台如 MBC 和 Rotana 等，希望能够为用户提供实时的音乐、娱乐和体育节目。

2015 年，随着智能手机和高速移动互联网的普及，直播应用程序逐渐进入中东市场。其中最受欢迎的有 Periscope 和 Meerkat 等，它们能够使用户轻松地观看手机实时视频直播，但这些应用程序在接下来几年间大多以下架、被收购、退出市场为命运的终点。

在最早出海中东的一批社交应用中，有一款专门为阿拉伯人打造的直播产品 7Nujoom。它向中东地区提供 24 小时不间断的优质直播内容，包括新奇生活、神奇魔术、诱人美食、足球解说、脱口秀等。巅峰时期，它曾拥有千万中东用户，在直播应用榜单中排行第一；2017 年 9 月，其所属企业裂变科技还获得了 1.05 亿元 A 轮融资。

然而 2017 年之后，中东直播市场开始变得越来越拥挤，Bigo Live、Mico，以及雅乐科技等中国企业都在该地区有突出表现。此外，还有数十家中国背景的直播或小视频企业在冲击着这个多金的市场。加之高成本的 CDN（内容分发网络）和签约主播导致的直播产品快速耗钱，尽管获得了融资，曾经辉煌的中东首个线上直播平台 7Nujoom 还是在 2019 年 2 月宣布下线，自此在中东市场销声匿迹。

同样选择出海中东，甚至是参与了 7Nujoom 平台制作的雅乐科技创始人，是如何在市场竞争愈发激烈、发展前景更低迷的形势下带领雅乐科技脱颖而出、崛起发展，创造出如今中东地区最大的语音社交与娱乐平台的？

熟人团队，深谙中东

雅乐科技的几位创始人都有着多年在中东地区开展业务的经验，对当地的风土人情和市场状况十分了解。且好几位雅乐科技创始人更在 2006 年就相识并搭档于中东，工作配合度一直较高，到雅乐科技成立之时已是有着十年情谊的工作伙伴，如雅乐科技的 CEO 杨涛、COO（首席运营官）许剑峰、CFO（首席财务官）胡杨等都是曾在中兴通讯共事多年的伙伴。

杨涛在 2006 年作为中兴通讯的驻外工作人员来到阿联酋，并升任至负责中东业务的总经理职位；许剑锋任职中兴通讯期间，负责中东和北非地区业务的运营及市场营销；而胡杨则曾负责中兴通讯中东地区的企业融资工作。

杨涛在 2012 年回国后，又加入了北京新媒传信科技。该企业作为互联网运营服务提供商，一直承接中国移动互联网相关产品的运营与支撑工作，曾为"飞信"的开发和运营机构。飞信是中国移动推出的一项综合通信服务，当初被视为 QQ 的有力竞争对手，但后来随着微信的崛起而逐渐走向没落。在新媒传信开拓国际市场的过程中，杨涛及其搭档开发出了上文提及的中东第一款直播平台产品 7Nujoom，该产品一度成为中东地区排名第一的直播应用。

中兴通讯和新媒传信的工作经历，对杨涛等创立雅乐科技产生了至关重要的影响：前者使他们选择了中东市场，后者则使他们聚焦互联网业态。

崛起之路

打开市场：从 OGC 到 UGC

尽管雅乐科技创始人曾参与过直播平台 7Nujoom 的开发，但有两个问题一直存在于他们对新产品设计的思考中：直播一定要有主播吗？直播一定要通过视频吗？毕竟直播模式耗钱快、主播缺少与用户的良性互动的问题犹在眼前。

基于以往中东市场的从业经验和互联网业态尝试经历，2016 年年初，雅乐科技正式创立；同年 4 月，旗下首款群聊产品 Yalla 在谷歌应用商店和苹果应用商店上线，上线初期仅支持阿拉伯语。Yalla 的上线展现了他们对于这两个问题思考的答案：选择语音。

语音较之视频虽少了画面，却更具想象空间、更有参与感。选择语音，一方面是由于产品推出初期，现金流有限，语音成本比视频成本更具可控性；另一方面则是基于当地的社会和文化背景：中东人生性热爱聊天，娱乐休闲时间又较为充足，当地普遍流行一种 Majlis（社区会议）文化。

Majlis 代表了一种聚会方式，人们既可讨论公共事务（话题无所不包），也可接待客人、进行社交和娱乐。Yalla 的聊天室，就像 Majlis 的在线版本，人们可以在语音聊天的同时互相刷礼物。该聊天室还具有很强的定制性，房间绑定成员拥有上麦优先权，并共同经营着一个公共朋友圈。Yalla 完美地复刻了当地人现实聊天的场景，以此区别于一直以来缺乏融入当地文化的其他在线社交应用。

Yalla 开创了 UGC（用户生成内容）模式的语音聊天室，即一个多对多的语音聊天模式，里面没有固定的中心人员，每一个用户都可以上麦聊天、分享自己的故事。这显然区别于国内的斗鱼、虎牙等直播平台，因为 Yalla 并没有采取一对多的主播模式。其实在 Yalla 上线之初，也曾并行采取过主播模式，但当地主播绝大部分只为拿底薪，与聊天室用户互动有限，反而自然用户的房间更为热闹。为了保持 Yalla 社区纯粹的氛围和良好的用户体验，Yalla 最终放弃了主播模式，形成了如今用户仅依靠聊天室语音互动的状态。

同样地，为了维护 Yalla 纯社交的平台特点，该平台不插入任何广告且不支持提现。[①] 可以说，Yalla 倾向于让每一个用户在平台上拥有平等的身份，鼓励每一个用户大胆参与分享，从而建立一个活跃且健康的用户社区。尽管此模式使 Yalla 早期新增用户的速度十分缓慢，但在这样的模式中沉淀下来的用户成了 Yalla 非常珍贵的种子用户，对社区氛围的建设与维持起到了重要作用。Yalla 始终坚持着社交产品扩张过程中的"慢"，拒绝不良用户快速涌入而破坏原有氛围的行为。

雅乐科技崛起的第一步，是改变出海中东的社交产品的"直播"思维，实现了从 OGC（职业生成内容）到 UGC 的转变，该策略本身即对中东当地文化的深刻把握。而在规划产品整体方向的同时，Yalla 在产品细节处也十分注重本地化。该应用中不仅配有中东地区特色的丰富背景和表情库，还内置适合中东地区的小游戏；整款产品界面设计简约，仅包含用户头像、麦克风和文字提示，符合当地人的审美（应用界面详见附件 1）。

Yalla 牢牢把握当地人聊天的刚需，通过复刻传统文化的方式降低了打入市

---

① 用户收到礼物后的代币仅能用于继续购买礼物。

场的风险，并通过去主播化的语音模式、固有关系圈的塑造减少了用户的流失、提升了社区用户的黏性。Yalla 浓厚的本地化气息和优秀的用户体验，助力其迅速打开中东市场，多次跻身同类应用下载量的第一名，并常年位居多个中东国家的娱乐类应用程序下载的前十，[①] 更稳住了企业角逐中东市场的创新步伐，为其之后的崛起之路奠定了良好基调。

进一步拓展：入局轻度游戏

时间的车轮抵达 2018 年，当年雅乐科技的营业收入已达 4 240 万美元，Yalla 在产品、用户、收入规模各方面都渐趋成熟，语言也从阿拉伯语和英语逐步拓展到土耳其语、乌尔都语、印尼语、西班牙语和葡萄牙语等。但企业的长远发展并不能仅仅依靠一款社交产品，中东地区充满未知与可能性的庞大市场更使雅乐科技不满足于现状，而是想要追求更广阔的未来发展空间，这便需要雅乐科技拓展新的业务、推出新的产品。

早在 2017 年 7 月，Yalla 就实现了盈亏平衡。为了寻求上市，雅乐科技决定开始对第二曲线进行探索，以便利用第一曲线的经验和满足用户的更多需求。在此过程中，雅乐科技对 Yalla 的用户进行了调研和访谈，其中有用户提及"可以一边在 Yalla 聊天一边玩飞行棋的感觉很好"，这给了雅乐科技很大的灵感：做一款棋牌类游戏怎么样？棋牌类游戏是中东人民热衷的游戏形式之一，它面向的用户年龄范围广，又具有较长的生命周期，很适合成为雅乐科技第二曲线的发展方向。

2018 年 9 月，休闲游戏平台 Yalla Ludo 上线，向中东用户提供了 Ludo（飞行棋）和 Domino（多米诺骨牌）两款桌面游戏。Yalla Ludo 延续了 Yalla 的成功设计，内置了 Yalla 的语音聊天房间，并通过付费与朋友创建房间的社交玩法促进 Yalla Ludo 的变现，形成了游戏—社交—游戏的循环。

然而中东地区不乏棋牌类游戏应用，开发新棋牌类游戏的难度也较低，所以吸引用户选择并坚持使用一款棋牌类游戏产品并非易事。为此，Yalla Ludo

---

[①] 截至 2020 年上半年，Yalla 已拥有超过 330 万个聊天房间；截至 2020 年第二季度，Yalla 是巴林、科威特、阿曼、卡塔尔、沙特阿拉伯、阿联酋与阿尔及利亚 7 个国家下载量第一的娱乐类移动应用，用户在 Yalla 聊天室里共花费了 3.095 亿小时。如今用户在 Yalla 的平均每日使用时长已超过 5 小时，远超行业平均水平。

做了一些特别的设计：把握用户"迅速开始游戏"的首要需求，将签到、VIP礼包等周边环节置于"开始游戏"之后；选择简洁明了的界面布局，形成良好的产品交互。同时，Yalla Ludo 继续贯彻"极致本地化"的原则，如考虑到中东用户的拇指大小通常是中国用户的 1.5—2 倍，Yalla Ludo 扩大了按键接触面积以降低用户无效点击的可能性，从而大大提升了用户体验（应用界面详见附件 2）。

Yalla Ludo 从 2018 年带着 Yalla 的火热标签开始运营，凭借"社交+游戏"的属性叠加，于 2020 年 3 月被苹果和谷歌应用商店双双置顶推荐，[①] 到 2022 年第二季度 MAU（月活跃用户人数）已高达 1 151.3 万，占雅乐科技总 MAU 的 38.5%，已经成为企业的 MAU 担当。

基于 Yalla Ludo 的成功，雅乐科技趁热打铁，向中东地区的不同国家市场拓展棋牌类游戏应用，于 2021 年下半年先后针对沙特阿拉伯、土耳其等中东国家和南美地区推出了 Yalla Parchis、传统棋盘类游戏 101 Okey Yalla、传统卡牌游戏 Yalla Baloot 等一众休闲游戏，且均内嵌语音聊天功能。

这几款游戏模式的设计与 Yalla Ludo 一脉相承，如 Yalla Parchis 其实等同于西班牙语版的 Ludo 游戏，只是在 Yalla Ludo 的基础上，结合南美地区的界面风格和游戏玩法对 Ludo 进行了游戏规则等方面的改造。这样一款产品的研发仅用了三个月的时间，获得的用户反馈却很好。[②]

休闲棋牌类游戏玩法经典，目标用户广阔，开发难度又较小，雅乐科技选择此类游戏作为第二曲线的开局，并坚持自身语音社交的特色，逐步实现了对中东地区市场的进一步拓展。把握住第二曲线的雅乐科技在仅成立四年后，成为第一家成功在美国纽约证券交易所上市的中东独角兽企业，而其在中东的崛起之路亦正愈行愈远、愈行愈深。

培养新增长引擎："社交+游戏"并驱

雅乐科技凭借在中东地区市场上"社交+游戏"的产业特色和常居第一的应用地位获得了"中东小腾讯"这一称号，然而"腾讯社交"并不仅仅是

[①] 根据 2020 年第二季度数据，用户在 Yalla Ludo 上共参与了 4.072 亿局游戏，Yalla Ludo 是阿联酋、沙特阿拉伯及科威特苹果应用商店下载最多的游戏应用程序。

[②] 根据 2021 年第三季度财报，Yalla Parchis 自 2021 年 10 月上线以来得到用户的积极反馈，在第三季度为雅乐科技贡献了 78.6 万人次的 MAU。

"语音聊天软件","腾讯游戏"也并不仅仅是"休闲棋牌",雅乐科技对中东社交和游戏市场的开拓没有止步于此。雅乐科技从语音聊天切入中东市场并站稳脚跟后,选择用棋牌类游戏加大用户渗透;那么在社交与游戏都取得一定的市场基础和用户信任后,为了在中东地区的角逐中继续崛起上升,雅乐科技又选择了什么新赛道呢?

玩转熟人社交

在雅乐科技所对标的腾讯"社交和游戏"这一标签中,最为关键的环节是即时通信,因为通信既是底盘也是入口;打开即时通信的产品市场,可以说是"腾讯化"的一步轻量尝试。尽管中东地区已有 Meta 和 WhatsApp 等即时通信的产品,雅乐科技却坚持认为:具有独特文化生活的中东地区需要独特的即时通信产品来满足当地人特有的社交需求。

于是在 2021 年 4 月,雅乐科技旗下即时通信应用 YallaChat 上线。与先前的 Yalla 不同,YallaChat 偏向于熟人社交,是类微信化的社交应用。但考虑到中东和北非地区用户对交友的热爱,YallaChat 仍保留了认识陌生人的窗口:用户可以通过关键词搜索群聊加入(应用界面详见附件 3)。

YallaChat 既具备最基础的通信功能:发送图文信息,进行语音或视频通话;也拥有"朋友圈"功能:用户可以发布、查看、点赞、评论、分享生活的动态,还配有曾经在中国风靡一时的小游戏 Hop Up("跳一跳")和 Date-Palm Tree(浇水种树)等小程序。后续,YallaChat 甚至接入了 Yalla Ludo,这样既丰富了小程序的选择内容,又促进了旗下各产品的连通。

由于是针对中东地区市场,因而 YallaChat 拥有本地化的考量:考虑到当地人的宗教习俗,YallaChat 上线了适配当地生活的 Athan(宣礼)功能。伊斯兰教徒一天需要做五次祈祷,包括 Fajr(晨礼)、Dhuhr(晌礼)、Asr(脯礼)、Maghrib(昏礼)、Isha(宵礼)。具体的祷告时间依据太阳的运行轨迹确定,每天并不固定。Athan 能够提醒该宗教信仰用户每天在正确的时间祈祷,需要提醒功能的用户只需打开祈祷的提示键即可。

打造一款中东化的即时通信应用并非 YallaChat 的最终目标,正如 Yalla Ludo 作为小程序嵌入 YallaChat 所反映出的互通互联,如今雅乐科技已开始用 YallaChat 建立统一的登录系统,并与 Yalla 联动升级,在此基础上迭代现有功能和业务。雅乐科技内部人员透露，YallaChat 将是雅乐科技构建产品生态系统的关键，被期待着能够发挥连接雅乐科技所有产品的作用，成为其产品矩阵的"顶层流量池"。

进军元宇宙

2021年被称为元宇宙元年，"元宇宙"成为当年年度热词，并被视为互联网科技行业的新"风口"，许多企业开始涌向元宇宙产品赛道，加速进行虚拟现实技术的开发与渗透，打造即时通信产品仅是其一，雅乐科技不例外地紧跟元宇宙热潮，在2022年3月发布首款元宇宙社交应用Waha。

在Waha中进行语音聊天的用户拥有自己的虚拟形象，可以在3D虚拟场景中自由走动和交互，还可以选择舞蹈、握手等单人或多人动作，甚至可以与其他用户一起观看YouTube视频。

对于Waha，雅乐科技同样贯彻了本地化策略，将产品面对中东地区市场进行定制。对该应用中虚拟形象的服装、饰品和体型，Waha基于本地特色给予了用户丰富的素材选择，如女性的虚拟形象除了常规的选择，还能选择民族风格的印花长裙、头纱、海娜文身等具有明显中东特色的素材。除人物形象之外，Waha还内置了中东专属的界面设计、虚拟人物表情、背景图及游戏等，力求各方位细节的本土化（应用界面详见附件4）。

Waha是雅乐科技在稳住社交领域基本优势的基础上切入元宇宙社区的先导，后续的表现值得关注。

更多元的游戏布局

尽管棋牌类游戏作为轻度休闲游戏玩法简单，进行本地化并不难，却不是雅乐科技第二曲线探索的唯一解。正因为棋牌类游戏"轻度休闲"，对付费增长的刺激不外乎依靠"通行证""VIP订阅"等服务，给订阅者提供每日奖励和特权。中重度休闲游戏相较于轻度休闲游戏而言，更富体验感、操作难度和内容深度，对企业而言则具有更大的盈利空间和更多的变现机会，然而随之投入的成本与存在的风险也更高。

"高风险、高收益"的中重度休闲游戏，是进一步释放游戏产品端变现能力的阵地。雅乐科技在2021年成立了集团控股子公司Yalla Game，专注于在中东和北非地区的中重度休闲游戏发行。这一举措是对其游戏业务的有力开拓与补充，推动了其游戏布局的多元化，以期囊括更多的受众群体，从而打开成长空间。

2022年第三季度，聚焦于中重度游戏业务的Yalla Game推出了两款游戏的测试版：一款为SLG（策略类模拟游戏）Merge Kingdom,[①] 该游戏以合成、卡牌、建筑、对战为主要玩法，并继续融入了雅乐科技引以为特色的语音社交模式；另一款为MMORPG（大型多人在线角色扮演游戏）Age of Legends，画风极具中东特色（游戏界面详见附件5）。

值得注意的是，2022年雅乐科技还测试了一款消消乐（三消）游戏Yalla Match。这款游戏既不属于雅乐科技之前布局的棋牌类游戏，也不属于雅乐科技目前着眼的中重度游戏，其游戏玩法设计却是雅乐科技当前唯一一款适合全球推广的应用。或许雅乐科技并不打算将游戏布局局限于轻度与中重度这一简单的划分维度，而是在游戏业务拓展上有着更大的野心。

一份亮眼的成绩单

雅乐科技于社交和游戏领域培养新增长引擎的决策效果，在其上交的"成绩单"上已有展现。其2022年财报，2022年雅乐科技全年营业收入为3.036亿美元，同比增长11.2%，其中社交服务收入为2.15亿美元，游戏服务收入为8 861.1万美元；四季度平均月活跃用户数同比增长14%至3 198.7万，付费用户数同比增长47.8%至1 245.7万。总而言之，2022年，雅乐科技的社交基本盘仍然稳固，而游戏业务正在加速开辟增长曲线，营业收入占比已上升至近30%，雅乐科技对于游戏业务的拓展布局正在逐渐彰显出其价值。

根据全球权威分析机构沙利文（Frost & Sullivan）发布的研究报告，以2022年的收入衡量，雅乐科技已成为中东和北非地区最大的在线社交和游戏企业。短短几年时间里，从初创企业到唯一上市的中东独角兽，再到如今中东和北非地区最大的在线社交与游戏企业，雅乐科技的崛起之路上已创造出了不少

[①] 现改名为Yalla Fazaa/الي عزف。

亮眼的成就，其"中东小腾讯"的称号亦愈发响亮。然而雅乐科技能否在这条道路上行稳致远？眼下仍有不少亟待解决的问题与挑战。

🔊 路向何方

现有竞争者和新进入者激化竞争

尽管雅乐科技的月活跃用户数和付费用户数保持着增长态势，但环比却有所趋缓。[①] 中东地区的社交应用市场环境并非一成不变，其中同类竞品的出现和发展就给雅乐科技的未来带来了许多不确定性，其中最为突出的是明日虫洞科技的YoYo和赤子城科技的YoHo。[②] 这两款应用与Yalla极为相似，都是在语音聊天房间的基础上引入游戏，为用户提供"社交+游戏"的双重体验。三款产品在模式和市场选择上极度相近，这意味着Yalla的市场份额可能正在被YoYo和YoHo挤占。

另外，并非只有这几家企业能够看到中东市场的独特机遇，越来越多的企业正在被其中的机会吸引，开始加入竞争激烈的语音社交赛道，新进入者的涌入和现有竞争者越来越积极地扩张无疑会加剧对雅乐科技现有地位的冲击。

在2022年全球社交媒体用户分布中，西亚和北非的占比分别为3.57%和3.36%，分别位列19个地区中的第九、第十，社交媒体入驻的空间依然很大。美国俄勒冈大学曾预计中东和北非地区的社交与娱乐市场规模将在2024年达到135.2亿美元的高值。研究机构GWI调查显示，中东地区的互联网用户平均拥有8.4个社交媒体账户。显然，热衷于互联网的用户不会仅仅专注于使用一款社交软件。由此，除瞄准中东和北非地区的竞争对手以外，像Clubhouse和Houseparty等全球社交软件未来也有可能扩大在中东和北非的影响力，对雅乐科技构成一定的竞争威胁；而Meta和推特这样的社交媒体巨头，以及如TikTok（抖音）等视频分享应用，也很难说不会在更大的社交网络市场上对雅乐科技造成竞争压力。

[①] 根据企业财报，2022年第二季度付费用户数为1 058.5万，较第一季度的940.2万环比增长12.58%，第三季度付费用户数为1 154.1万，环比增长仅为9.03%。

[②] 据数据分析企业data.ai公布的"2022年2月中国非游戏厂商及应用出海收入榜"，赤子城科技排名第四，仅居字节跳动、欢聚集团和腾讯之后，而明日虫洞科技排名第七，成绩亮眼。

游戏变现能力仍然未知

雅乐科技的游戏产品 Yalla Ludo，无论是月活跃用户数还是付费用户数都高于社交产品 Yalla。直观来说，Yalla Ludo 的付费用户数是语音社交产品的近 4 倍，但创造的收入却大约是语音社交产品的十分之一。[①]

游戏业务创收不如社交业务，一定程度上是由于雅乐科技的一系列棋牌类游戏作为轻度休闲游戏，仅靠会员和订阅模式变现，程度十分有限。Snapchat 发布的《2022 中东手游白皮书》提到，在沙特阿拉伯、阿联酋、埃及等国家，中重度游戏玩家付费意愿最强，尤其是射击、RPG（角色扮演）、模拟、动作类游戏。雅乐科技有"中东小腾讯"之称，但腾讯旗下有着王者荣耀、和平精英、完美世界手游等知名中重度游戏，吸金能力极强，是企业游戏创收的中坚力量。而尽管雅乐科技已经提出进军中重度游戏，但一方面国内研发滞后，仅两款游戏刚刚推出测试，盈利尚早；另一方面如何从现有棋牌类游戏经验破局，挤入竞争与垄断皆存的中东地区中重度游戏市场，需要深入思考有效策略。中重度游戏的上线是否真的能推动游戏变现能力的持续提升，又能为雅乐科技带来多少营业收入增量，至今都依旧是未知数。

获客成本持续走高

除营业收入外，成本问题同样不容忽视。2022 年第三季度雅乐科技总成本为 5 560 万美元，同比增长 21.9%，环比增长 2.8%。其中主营业务成本为 2 960 万美元，较上年同期的 2 340 万美元同比增加 26.5%，主营业务成本占总营业收入的百分比从上年同期的 32.8%增加到了 36.9%。雅乐科技解释此现象是两项因素影响的结果：产品矩阵扩大导致技术服务费用增加，以及运营维护团队扩大带来更多的薪酬福利支出。

在增长的主营业务成本中，2022 年第三季度雅乐科技销售和营销成本为 1 195 万美元，同比增长 9%，增长的营销成本一部分体现在投放广告数量的增

[①] 雅乐科技上市后的第一份财报披露，当时 Yalla 的月活跃用户数为 550 万，付费用户数为 104 万，营业收入达 3 030 万美元；而 Yalla Ludo 月活跃用户数为 877 万，付费用户数为 404 万，营业收入则为 350 万美元。

加上。① 雅乐科技大部分广告投放都集中于产品 Yalla，并大多向印度、印度尼西亚和巴基斯坦市场投放，似乎是希望吸引与中东文化相近的印巴市场中的潜在语音社交产品用户。

一款产品的用户增长量可以分为自然增长量和推广增长量，在雅乐科技相关产品的自然用户增长量保持稳定的情况下，营销成本走高②的背后正是推广量代表的获客成本的增加。显然，如何在控制营销成本的基础上继续获得用户增长，是对雅乐科技产品迭代以及未来推广的考验。

尾声

2023 年 3 月，第四届中东和北非史蒂维奖③公布获奖名单，雅乐科技凭借旗下应用 Yalla 荣获社交应用创新金奖，这是雅乐科技连续两年获得该类别奖项。再回望其上市时的场景，三年来雅乐科技在中东的形象愈加丰满。

雅乐科技这一路走来，从凭借 Yalla 和 Yalla Ludo 打入中东市场，到如今"社交+游戏"多产品互联并驱，并绘制着对未来创建支付类应用和构建开放平台的蓝图。雅乐科技在其崛起之路上，一以贯之地坚持本地化策略，不断积累与推广已有经验，优化产品设计和运营，追求用户体验创新。

正如迪拜酋长穆罕默德在雅乐科技上市的推特中所写的那样，"我们的数字经济正在发展，并将继续成为我们全球出口业务中不可或缺的一部分"。无论是日常的社交应用、游戏还是崭新的元宇宙领域，雅乐科技都坚定履行着对中东和北非地区用户的承诺：尊重当地文化、满足不断变化的社交娱乐需求以及推动地区的数字化。在众多的困难与挑战面前，雅乐科技求诸自身的核心价值观，④ 以初心去驱动企业实现"成为中东和北非地区最大的在线社交与娱乐平台"的愿景，而如今的雅乐科技已经足够接近这一目标。

---

① 2022 年与 2021 年相比。

② 2022 年第二季度销售和营销成本为 1 121 万美元，第三季度为 1 195 万美元，第四季度为 1 425 万美元。

③ 史蒂维奖成立于 2002 年，被认为是商界最负盛名的奖项之一。中东和北非史蒂维奖是该奖项的八大类目之一，也是唯一一个聚焦中东和北非 18 个国家商业创新的奖项。

④ "MUST" 理念：M 代表"理解多元"、U 代表"用户第一"、S 代表"简单务实"、T 代表"开拓进取"。

未来的雅乐科技将采取什么创新战略与举措？如何进一步巩固自己在中东的优势地位？又是否会开拓新的业务与市场？这个"中东小腾讯"将何去何从，我们不妨拭目以待。

扫描查看本案例附件

阅毕请思考：

1. 雅乐科技在中东地区快速崛起背后的创新战略是什么？

2. 雅乐科技的快速崛起之路经过了哪几个阶段？每个阶段主要的创新举措是什么？

3. 雅乐科技能够快速崛起的关键因素有哪些？

4. 雅乐科技的快速崛起对其他后发企业制定创新战略有什么启发和参考？

5. 在快速崛起，并于纽约证券交易所上市之后，雅乐科技应该如何应对所面临的新困难和挑战？

INNOVATORS' COUNTERATTACK

第 11 堂课

屏之物联：

场景驱动京东方朝物联网创新领军者跃迁

摘 要：
ABSTRACT

秉持"将'屏'集成更多功能、衍生更多形态、植入更多场景"的发展理念,陈炎顺带领京东方把握产业变革趋势,以场景驱动打造技术和管理动态核心能力,构建物联网产业整合式创新生态,加速从半导体显示领域全球领导者向物联网产业全球领军者跃迁,开辟京东方"第二曲线",同时以场景创新加速中国产业数字化进程。[①]

关键词
场景驱动创新　物联网转型　屏之物联　战略升维

---

① 本案例由北京理工大学管理学院的尹西明、苏雅欣、陈泰伦,清华大学经济管理学院的陈劲、李纪珍撰写,入选清华大学经济管理学院中国工商管理案例库。

抓住数字经济发展机遇，培育科技领军企业，加快实现高水平科技自立自强，成为科技创新强国建设的重要时代任务。京东方作为中国企业自主创新的典型代表，在实现显示业务全球领先后，准确把握数智化转型升级的战略机遇和创新管理变革趋势，以"屏之物联"为全新战略定位，通过持续的技术、管理与文化创新，朝着"打造世界一流科技领军企业、成为物联网创新领军者"的目标稳步迈进。

在屏之物联的战略引领下，京东方以显示业务为抓手，打造新引擎，迎来新增长，迈向新高地。2021年在全球产业链供应链"少屏、缺芯、塞港、断电"等困局频现和半导体显示产业步入结构性调整期的背景下，京东方逆势实现指数型增长，总营业收入突破第二个千亿（2 193.1亿元），净利润高达258.3亿元，同比增长413%（见图1）。2022年，面对全球新冠肺炎疫情反复、经济承压与半导体显示产业持续下行等多重挑战，京东方依然保持稳定发展和领军优势，上半年度营业收入达到916.1亿元。一方面，显示业务全面开花：五大主流应用领域LCD（液晶显示器）出货量稳居全球第一；柔性OLED（有机发光二极管）加速创新，首推新一代Q9发光器件并全新自研蓝钻像素排列方式；福州第8.5代半导体显示生产线荣膺"灯塔工厂"，为行业带来全新突破。另一方面，物联网业务也逐渐全面铺开：以2022年北京冬奥会"雪花"为代表的高精尖科技创新成果，彰显企业颠覆性科技实力，助力其再次入选《麻省理工科技评论》"50家聪明企业"；中国工商银行、中国建设银行、中国农业银行等多家银行近20个省份的2 700个网点采用其智慧金融解决方案，通过智慧银行综合管理平台加速银行数字化和产融结合；其智慧零售解决方案覆盖全球超过60个国家和地区的3万家门店，利用AI打造集商品识别、物联网集成管理于一体的智能营销终端。

作为京东方开启物联网创新转型的领航者，董事长陈炎顺先后获评"2019福布斯中国企业跨国经营杰出领导人"和《中国新闻周刊》"2021年度经济人物"。京东方已然成为全球物联网领域的先行者，其对物联网转型的创新探索不但具有重要的管理启示，还有助于加快中国制造业数字化智能化转型与科技自立自强步伐。

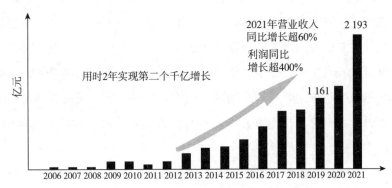

图 1　物联网创新转型开启京东方指数型增长

资料来源：作者根据京东方官方资料绘制。

🞂 战略引领：以显示联万物

前瞻未来，屏之物联领航产业变革

京东方屏之物联的战略转型并非一时心血来潮，而是以前瞻思维把握产业革命重大机遇，基于对物联网产业融合发展的市场特征、产业运行内在规律的深刻认识和企业创新发展的深厚积累，不断深入探索和突破的过程（见图2）。

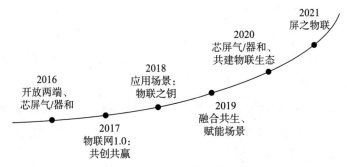

图 2　京东方物联网转型探索进程

资料来源：作者根据访谈资料绘制。

2013 年，京东方持续多年的高强度投资初见成效，实现显示领域全球领先后，谋求长远发展；其抓住以生态链价值延伸为特征的产业发展第二阶段机遇，加快面向多元显示场景的生态链圈层拓展和价值链提升步伐。2016 年，京东方明确了企业的物联网属性，提出"开放两端、芯屏气/器和"的物联网发展战略，正式从半导体显示企业向物联网企业转型；2017年和2018年，京东方提出了"物联网发展阶段1.0论""应用场景是打开物联网价值创造之门的钥匙"等观点，用以指导企业物联网转型实践探索。

2019年和2020年，陈炎顺接过王东升的接力棒，基于科技自立自强的使命意识，对产业发展规律的深刻洞察，持续创新的基因以及深厚的技术、管理与文化积淀，先后提出"融合共生、赋能场景""芯屏气/器和共建物联生态"的价值主张和观点；2021年，他进一步提出屏之物联的发展战略，即使"屏幕"集成更多功能、衍生更多形态、植入更多场景。京东方也明确定位为物联网企业，这标志着其物联网转型进入全新的战略阶段。

屏之物联战略是对京东方发展之道的传承与超越。这一阶段，京东方在"对技术的尊重和对创新的坚持"的基础上，更加强调抓住数字化时代的发展趋势，构建"1+4+N+生态链"全新战略布局，基于"屏即终端，屏即系统，屏即平台"的全新理念，充分发挥"屏"之核心优势，聚合产业链和生态链资本；通过面向多元的物联网场景，驱动技术体系、组织管理和运营体系的重构优化，激发全员创新动能与潜能，打造产业数字化动态能力，赋能千千万万物联网细分市场和场景业务发展，立志成为"地球上最受人尊敬的伟大企业（Best On Earth，BOE）"；在实现企业高速高质增长的同时，领航产业链供应链韧性创新发展，支撑数字中国和科技强国建设（见图3）。

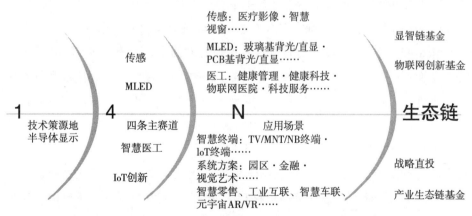

图3 京东方"1+4+N+生态链"的物联网转型总体战略架构

资料来源：作者根据京东方官方资料绘制。

专注创新，奠定物联网战略转型坚实基础

京东方的逆袭突围成长史可以总结为："对技术的尊重和对创新的坚持。"初入行业时被日本企业、韩国企业等围追堵截的惨痛经历，使京东方意识到，"技术进步与产品创新是企业的制胜之道，技术行不一定赢，但技术不行一定输"。因此，京东方自2003年收购韩国现代TFT-LCD（薄膜晶体管液晶显示器）业务后，建设了中国大陆首条自主技术的第五代LCD生产线，全面启动25年战略布局，多年坚持7%左右的高研发投入强度，形成了专心专注、激励创新的企业制度和文化。

陈炎顺接任董事长后，更是突出强调将年度销售收入的1.5%（超20亿元），用于基础与前沿技术研究，以强大技术实力巩固全球竞争优势。在陈炎顺看来，京东方具备物联网创新变革的"天然优势基因"——显示先导力、技术引领力和平台整合力，这"三驾马车"将助力京东方转型与突围。"京东方以'屏'起家，拥有丰富的面板产能资源、领先的半导体显示技术、知名市场客户的资源等，在显示无处不在的物联网时代，核心优势无疑是'屏'及围绕屏的相关能力"。

在物联网创新中，京东方坚持技术领先、全球首发、价值共创：一方面，在集团技术创新中心设立前沿技术寻源组织，跟踪全球先进显示技术；另一方面，以开放包容的心态，联合产业链上下游企业协同开发，推动产学研深度合作。得益于持续的自主创新，京东方连续突破超高清显示、柔性显示、MLED（即Micro LED和Mini LED的简称）显示等前沿技术，并于2021年12月正式发布包括ADS Pro、f-OLED和α-MLED在内的中国半导体显示领域首个技术品牌，开创了"技术+品牌"双元价值驱动的行业发展新模式。京东方目前拥有17条半导体显示生产线，其中包括中国大陆首条自主技术建设的第5代TFT-LCD生产线以及第6代、第8.5代TFT-LCD生产线，终结了中国大陆"无自主液晶显示屏时代"，打破了中国大陆消费电子产业及平板显示产业被扼住咽喉的困局，真正实现了全系列液晶屏国产化。这17条生产线中，还包括全球首条10.5代LCD生产线、中国首条实现量产的6代柔性AMOLED生产线等。其中，布局于成都、绵阳、重庆的3条柔性AMOLED生产线均已实现量产并稳定出货。2022年上半年，京东方的显示屏总体出货量，以及手机、平板、笔记本、显示器、电视等五大主流领域 LCD 出货量均稳居全球第一；在柔性 OLED 领域，京东方柔性 OLED 显示屏出货量稳居中国第一、全球第二。

场景驱动，构建融合共生物联网创新生态

在战略布局层面，京东方立足显示主业，以应用场景这把钥匙打开物联网价值创造之门。对此，陈炎顺解释道，随着 IoT 应用场景的涌现，基于业务细分场景的定制解决方案正在取代标准化产品和通用型平台，成为满足个性化需求、创造价值的有效途径。近年来，京东方以显示开拓应用场景，创新求变，不断拓展技术能力和丰富业务领域，逐步确立"1+4+N+生态链"发展架构，形成基于显示和传感两大核心能力，向半导体显示产业链和物联网场景价值链延伸的战略布局（见图 3）。

战略执行过程中，京东方凭借丰富的面板产能资源与知名市场客户的资源、领先的半导体显示技术硬实力与灵活创新变革软实力、显示产业链主导地位与强大产业链整合能力等优势，全面构建 AI 开放平台等技术开发载体；打造以市场和客户为中心的产品企划能力，持续领先的制造能力，以及支撑物联网转型的核心架构能力、软件开发能力与软硬融合系统整合能力，在金融、零售、医疗等行业实现跨界创新，多领域、多层次赋能场景。

创新筑基：领航物联网转型

京东方物联网转型是响应国家发展重大需求、顺应时代变化趋势、符合行业发展规律的全局性与长期性战略决策。京东方应用整合式创新思想，打造以场景驱动创新为特色，以屏之物联战略为引领，以一流技术体系为基础，以一流管理体系为支撑，以一流文化体系为保障的物联网创新体系，实现技术、管理和文化的有机统一，在实现自身转型的同时，领航产业数字化、智能化创新跃迁。

"软硬融合、智能物联"，建设一流物联网创新技术体系

以创新引领发展，始终秉持对技术的尊重和对创新的坚持，通过持续的高强度研发投入，打造一流的物联网技术创新体系，是根植于京东方企业文化的基因。技术创新夯实核心能力，使企业时刻拥有竞争锋芒；技术能力连接现有业务，驱动新兴业务发展；核心能力与业务围绕场景紧密协同，进化共生，构成了京东方业务演变的内在逻辑。

对于物联网转型中的技术要点，京东方高级副总裁和联席CTO姜幸群在访谈中指出，随着京东方物联网战略转型，事业格局从半导体显示器件朝多元化、立体化的方向发展，技术创新体系也需要相应升级。京东方的物联网转型立足于显示器件，发力于产品，落脚于场景化应用。与之对应的技术体系，也需要支撑器件、整机、系统、平台等多模式、多形态的业务需求。

确立转型战略后的两年中，京东方专注顶层架构设计，强化物联网业务发展的基础技术底座，逐步形成"软硬融合—智能物联—场景赋能"三位一体的AIoT技术创新体系（见图4）。

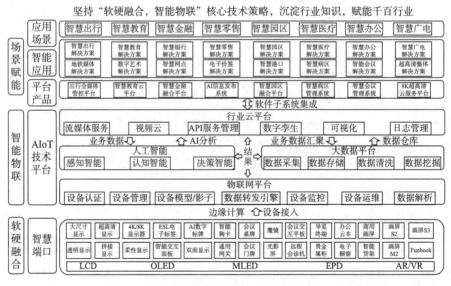

图 4　京东方 AIoT 技术创新体系

资料来源：作者根据访谈资料整理。

其中，"软硬融合"强调物联网端口的传感化与智能化，包括以芯片、屏幕、通信、传感等的系统集成，以及嵌入终端的操作系统和各类上层应用。"智能物联"指以 AI、大数据、云计算、物联网等技术为牵引，打造以新一代信息技术为代表的技术创新能力。"场景赋能"注重围绕丰富的应用场景，依托产品平台实现核心技术的智能应用。其要义在于通过制造技术与数字技术结合，推动实体经济与数字经济融合，为特定应用场景提供更便捷、更智能、更优质的解决方案，全面形成以半导体显示器件为基石，以新一代信息技术为差异化优势的物联网业务能力。

京东方 AIoT 技术创新体系以物联网细分领域的需求为导向，以共性核心技术和客制化应用开发为支撑，构建了"软硬融合—智能物联—场景赋能"三级矩阵式结构，形成了从技术创新到产品创新再到物联网解决方案的全价值链技术创新核心能力体系。"场景赋能"以真实场景需求为导向，赋予京东方透过场景解决问题的专业能力，为技术创新提供持续动力。"软硬融合"与"智能物联"打造的技术核心能力，则为产品和业务发展提供保障。细分场景应用、AIoT 技术平台、软硬融合智慧端口三者互为依托，相互优化，并推动与重点客户协同开发，价值共创，助力京东方物联网转型获得可持续竞争优势。

"场景赋能"是物联网技术创新体系建设的出发点，也是落脚点。2022 年北京冬奥会开幕式上，点火仪式的巨型"雪花"主火炬台从整体硬件支撑到软件系统都由京东方自主研发设计。京东方攻克了极窄发光面、异形显示、信号同步等技术难题，打造了这一行业内发光面最窄的单像素可控 LED 异形显示产品。巨型"雪花"嵌有 55 万颗灯珠，每一颗灯珠都单点可控，出光面仅 4.8 毫米，基于京东方自主研发的同/异步兼容终端播控系统，实现了 102 块双面屏幕毫秒级响应；高冗余控制系统进行通信、电路多重备份，在有线控制基础上，搭配 LoRa 无线控制技术，确保信号同步万无一失。巨型"雪花"这一场景赋能成果，作为复杂的物联网系统工程代表产品，充分体现了京东方物联网技术创新在国家重大场景中的落地应用，是京东方物联网创新技术实力的典型体现。

一流技术创新体系支撑一流创新成果。截至 2021 年年末，京东方累计申请专利超 7 万件，海外专利占专利申请总量的 35%，发明专利占年度新增专利申请比例超 90%，覆盖了美国、日本、韩国和欧洲国家等。年度新增专利申请中，OLED、传感、AI、大数据等领域专利申请占比超 50%。截至 2023 年 3 月，京东方共有 13 项 AI 算法取得全球测评第一，40 余项算法位列全球测评前十。根据美国专利服务机构 IFI Claims 发布的 2021 年度美国授权专利排行榜，京东方全球排名跃升至第十一；根据世界知识产权组织（WIPO）报告，京东方2021年国际专利申请量位居全球第七，达到1 980件，连续6年位列全球PCT（《专利合作条约》）专利申请前十（见图5）。

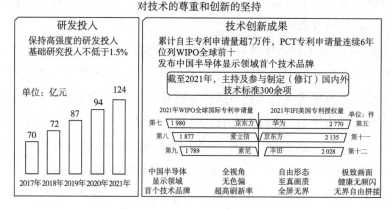

图 5　京东方技术创新体系投入和产出成效

资料来源：作者根据访谈资料整理。

"三横三纵"，建设一流物联网运营管理体系

对于企业管理核心能力的打造，陈炎顺指出，对行业内在规律的充分理解是凝练管理理念、提出管理方法和构建管理体系的关键。这不仅有益于企业自身可持续发展，还有助于引领产业发展变革。因此，一直以来，京东方始终贯彻"站在月球看地球"的战略理念，以对行业发展趋势的充分认知为基础，确立长期发展战略目标和中短期战略目标；而后，打造平台型组织架构和独立运营机制，并基于SOPIC创新组织变革[①]模型将"1+4+N"的战略架构映射到"三横三纵"的管理体系，将物联网创新战略落到经营管理实处，以敏捷响应、高效协同的组织管理和流程提升应对行业周期性波动的组织韧性。

在该模型指导下，京东方将物联网战略与组织行为有效对接，不仅将运营管理从产线的区域管理升级为整体业务的全球管理，还将业务模式从供应硬件器件转变为提供物联网产品、技术和解决方案。由此，京东方不仅增强了洞察

---

① SOPIC创新组织变革由战略（Strategy）、组织（Organization）、流程（Process）、信息化赋能（IT）和内控（Control）构成，以市场牵引、技术领先、产品创新为着眼点。

力、整合力、创新力、员工能动性和市场反应力，还提升了专业化、集中化和信息化程度，为物联网创新提供了机制保障。此外，企业还采用多种先进管理方法来协助SOPIC，如引入面向创新的精益管理体系，将技术创新管理与质量管理有机结合，确保技术创新成果转化为高质量、高品质的成熟产品，实现技术和管理核心能力的协同整合，进而输出为数智化产品与解决方案，形成物联网动态核心能力。目前，京东方精益管理已取得了一系列阶段性成效，包括业务流程优化、管理体系强化、成本风险降低、管理效率提升、人—财—物高效利用等。2022年上半年，企业高端产品交付达成率较上年提升6.3%，"双碳"管理工作进度也处于国内电子行业领先水平。截至2023年3月，京东方共拥有15家国家级绿色工厂。其研发的电子标签为无纸化显示，将绿色低碳做到了极致；截至2021年年末该产品全球出货量近3亿，每年50亿次变价，相当于节约了纸张6 000吨，保护树木10万余棵。

在长期经营探索中，京东方打造了面向物联网创新转型的"三横三纵"运营管理体系（见图6）。"三横"包括敏捷前台、集约中台和保障后台，贯彻企业运营管理全过程。敏捷前台即快速应对市场和客户的反应机制；集约中台由技术核心能力、产销协同能力、集成制造能力构成，包括技术与产品中台、供应链中台、制造中台、品质中台；保障后台为市场营销和运营管理提供支撑保障。"三纵"主要包含纵向的战略贯通、流程赋能和绩效考核三大核心职能，构成了贯穿前中后台的垂直管理体系。"三纵"虽是管理职能，但本质上具备服务属性，推动前中后台战略贯穿与流程互通。其中，战略管理体系将战略目标细化为重要措施和关键项目，分层级落实责任并执行、跟进；流程管理体系以控制系统性风险为目的，以严格责权划分和标准化流程管理为手段；绩效管理体系以项目为单位，以执行进度为标准，实行一体化监管，由专门绩效管理部门设定奖励，再由高层管理者审批。

"三横三纵"运营管理体系重在实现"五个拉通"：第一，业务拉通，即四大业务板块互联互通；第二，产品线拉通，即器件、整机、系统有机整合，形成完整物联网产品和解决方案；第三，产品生命周期拉通，即打通物联网产品从企划、研发、制造、营销到售后的全流程；第四，平台拉通，即内部协同、产品相连和员工互通；第五，机制拉通，即各事业部统一机制。"五个拉通"的本质在于提升物联网转型运营的管理质量和效率，最大化企业创造的价值。

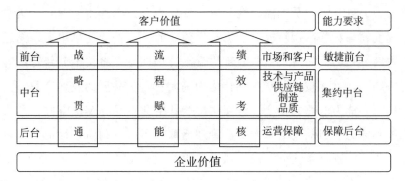

图 6　京东方"三横三纵"运营管理体系

资料来源：作者根据访谈资料整理。

总的来看，京东方运营管理的高效顺畅是通过"三横三纵"体系各关键节点的打通来实现的，这有赖于企业平台化、数字化、标准化体系和企业文化体系形成的协同效能。陈炎顺将"三横三纵"体系视为企业生命体的骨架系统，数字化平台是其中的神经系统和活力来源，企业文化体系则是京东方的精气神。

信任为王，建设一流物联网创新文化体系

谈及企业文化建设，陈炎顺特别强调，饱含"志气、勇气、骨气、士气、底气"的创新文化体系是京东方的血液和精气神，贯彻京东方从半导体显示颠覆者到物联网创新领航者的全过程，融入京东方从战略规划到日常运营的全流程，赋予京东方人独一无二的创新特质，汇聚成京东方强大的创新活力。在创新文化体系的熏陶下，京东方从高层管理者到基层执行者，始终怀着敬畏之心、感恩之心和创业之心，树立起"在关键时刻站得出来，敢于担当，在危急时刻豁得出去勇于奉献"的企业人才观和团队价值观，以此应对物联网转型中的风险与挑战。如今，半导体行业陷入周期性低潮，京东方上下始终坚守战略目标。2022年上半年京东方业绩表现优于同行，并以战略坚定、管理独立、执行坚定来稳固精气神，在以组织韧性保障稳定发展的同时，积极寻求机会，拓宽增长潜力，为未来行业上行周期时的厚积薄发修炼内功。

值得一提的是，京东方的物联网创新文化体系尤其强调信任与合作，并把"简单、直接、深刻、妥协"作为沟通法则，注重通过换位思考和求同存异来

解决分歧矛盾。如"三横三纵"运营管理体系中各事业部、产品线、运作机制协同的关键在于信任互联，产业生态中各供应商、客户、投资者共赢的关键在于信任真诚。

▶ 场景驱动：加速构建物联网创新生态系统

场景驱动，打造物联网创新范式

场景驱动的创新是基于对未来状态的设想，将技术应用于特定领域，进而实现更大价值，获得技术突破，创造未来的过程。场景驱动的创新在大数据等技术密集型产业中能够发挥关键作用，帮助企业通过市场化运作获取前沿技术研发所需的海量数据和商业资源，快速验证待成熟的新技术，找寻潜在的商业模式，在场景实践中实现技术颠覆与商业爆发。

京东方在布局其物联网业务中应用场景驱动的创新思路，提供体系化的解决方案。通过场景驱动的管理模式，以多种应用场景为抓手，驱动技术核心能力和管理核心能力整合转化为一流的创新服务与价值创造能力，真正解决特定场景和客户的实际需求与痛点问题。

京东方对场景驱动的物联网创新范式的探索取得了卓越的阶段性成效。业务布局上，从专注显示发展为新业务矩阵；运营模式上，从矩阵式管理转变为"三横三纵"授权赋能型运营管理；技术应用上，持续推动超高清8K（超高分辨率）显示技术普及，推出全面屏、折叠、卷曲等柔性OLED创新产品，应用于众多一线品牌厂商，还推出75寸、86寸玻璃基主动式驱动Mini LED产品和超高刷新率显示产品等。

此外，企业多项创新成果已实现了基于场景应用的转化与落地。视觉艺术场景中，自主研发设计的巨型"雪花"装置是行业内发光面最窄的单像素可控LED异形显示产品，在全球瞩目的2022年北京冬奥会上大放异彩；自主研发的由3 290块手持光影屏组成的拼接阵列应用于中华人民共和国成立70周年庆祝活动，实现了举世惊艳的动态化广场表演；深度参与"百城千屏"超高清视音频传播系统技术标准的研制工作，并率先在北京落地全国首批8K"百城千屏"建设项目。智慧金融场景中，智慧网点管控系统已交付40余个标杆项目，为全国超过 2 700 家银行网点提供服务。智慧园区场景解决方案已在北京、天津、重庆等 20 余个城市落地应用，涵盖 7 大可视化主题及 20 余项闭环功能，覆盖 700 余个客户。面向智慧医工场景，构建以健康管理为核心、医工终端为牵引、数字医院为支撑的全周期健康服务闭环；除布局多家数字医院并实现正式运营外，重疾早筛查业务已累计签约 32 家合作代理商，授权 211 家医院，为近 9 万人提供便利。

屏之物联，融通 N 大场景生态链

"屏之物联"是京东方物联网转型的关键，基于此，京东方依托显示、传感、AIoT 等核心技术，为出行、园区、金融、零售、教育、商显、展陈、医疗、办公、广电等各个应用场景提供智慧化、个性化的物联网解决方案。

以智慧出行为例，近年来，随着汽车产业向电动化、智能化、网联化、共享化转型，创新显示技术在汽车领域加速应用，汽车座舱正从传统液晶仪表显示时代快速进入智能交互显示时代，车内空间大屏化和智能化已成为汽车企业差异化竞争的主战场。京东方实施场景驱动型技术创新，以超大尺寸高清联体智能屏为核心，集成设计、系统板卡、MCU（微控制单元芯片）软件，提供面向汽车智能化的高质量一体化智能座舱整体解决方案，持续赋能中国新能源汽车"先发优势"转向"领先优势"。在设计方面，京东方采用背光一体化压铸技术和二合一板卡集成技术，让整体车载显示产品更加轻薄。在系统方面，嵌入式 MCU 软件，使得显示屏能自动调节亮度；包括诊断车载显示功能在内的系统级技术应用，极大提升了用户的智能化驾驶体验。目前，京东方已推出柔性 AMOLED、柔性多联屏、全贴合显示、曲面显示、Mini LED、BD Cell、超大尺寸显示等多款前沿技术产品，并全面应用于全球主流汽车品牌的汽车仪表、中控总成、娱乐系统显示、抬头显示、后视镜等多个车载显示细分场景。根据全球性科技研究机构 Omdia 发布的报告，京东方车载显示出货量及出货面积在 2022 年上半年均位居全球第一。

随着万物互联时代的到来，数字化和智能化的显示产品正加速融入社会生活的各个场景，数智化正在改变汽车等各大传统产业的底层逻辑与生态体系。京东方持续推进智慧车载显示和交互领域的产品创新，携手全球合作伙伴持续打造智慧出行新生态，成为其融通多种场景生态链的一个典型实践。

自主开放,建设物联网整合式创新生态

数字化时代,物联网技术创新和应用强调协同共享,要求企业突破传统组织边界,构建开放式创新网络,实现从自主创新到基于自主的开放整合式创新转型。因此,在物联网转型战略引领下,京东方重点打造全新的产业合作平台——智慧系统创新中心。通过搭建软硬融合技术开发平台、国际人才交流与培训平台、新型材料与装备产业转化平台、产品与服务营销推广展示平台、开放式技术与市场合作平台五大平台,推动芯片、显示器、软件内容、功能硬件等物联网要素融合,构筑资源共聚、信息共联、机会共创、价值共赢的场景驱动型物联网整合式创新生态(见图7),使技术研发重自主,对外开放有底线,多方合作有章法,版图拓展有方向。一方面,京东方继续将自主创新摆在创新战略的制高点,潜心钻研物联网系统架构和AI与大数据底层技术架构,在显示、传感、AI、大数据等核心领域加快实现技术突破,掌握自主知识产权,领航产业价值跃迁;另一方面,坚持开放共赢和协同整合,积极扩大自主技术体系的全球影响力,从而完成由重资产向轻资产、由硬件制造向解决方案、由资本

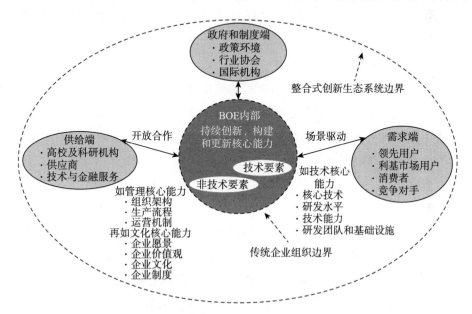

图7 京东方场景驱动的物联网整合式创新生态系统

资料来源:作者根据相关资料绘制。

牵引向智力牵引的三个重要转型。2022年9月，凯度集团、《财经》杂志、牛津大学联合发布2022年生态品牌认证榜单及《生态品牌发展报告（2022）》，京东方成为首批获得生态品牌认证的12个品牌之一，这不仅为全球企业和品牌加快生态化转型提供了实践启示，也为物联网行业提供了生态品牌建设的全新范式。

为了融入全球技术话语体系，在国际市场实现持续突破，京东方积极与高校科研院所深度合作，强化颠覆性技术前瞻布局能力；与同行业巨头开展战略合作，形成平台型互补资源；牵头推进国内外技术标准制定（修订），提高行业标准制定的话语权；在合作基础上开放专利，合理应用成熟技术方案，既从他人的成熟先进技术中获利，也为世界技术体系发展贡献力量。

穿越周期，向全球物联网创新领军者迈进

在京东方创立10周年时，陈炎顺发表致辞，开篇指出"有战略的企业是幸运的，有战略家的企业是幸福的"。如今，"三十而立"的京东方建立了支撑物联网数智创新的一流技术、管理和文化体系，并以"屏之物联"透过现象看本质，把握物联网行业发展规律，抓住场景驱动的创新机遇，构建起场景驱动的物联网整合式创新生态系统，向全球物联网创新领军者迈进。

展望未来，在通过物联网创新成为"地球上最受人尊敬的伟大企业"的新征程上，陈炎顺和他所领航的京东方无疑要直面更多的挑战与机遇。例如，如何建设场景驱动的新型物联网创新生态，提升数字化创新生态治理能力，持续深化技术、管理和文化体系的协同整合和动态更新，真正实现"五个拉通"，加速京东方向全球物联网创新领军者迈进；如何实现京东方人才能力的二次跃迁，打造适配物联网转型所需的"战略创新型人才"和创新梯队，有效支撑乃至领航企业的创新跃迁；如何激发全员创新活力，强化一流创新人才引领一流创新体系和创新机制、一流创新体系和创新机制赋能一流创新人才效能发挥的良性循环；如何发挥产业链链长优势，打造产业数字化动态能力；在保障产业链、供应链安全稳定和韧性增长的基础上，探索形成扎根中国、引领全球的物联网创新模式，为全球物联网发展贡献中国智慧；等等。

新征程，新挑战，新机遇，京东方一方面要继续保持战略定力，坚守企业愿景与使命，坚持技术创新、管理创新与文化创新，掌握核心技术，继续守正

创新，实现高质量发展；另一方面要在复杂多变、模糊不清的环境中强化组织韧性，在坚定自主创新的基础上，进一步重视场景驱动的创新范式新机遇，打造产业数字化动态能力，持续赋能产业链、供应链韧性发展，引领共创、共生、共赢的物联网时代产业生态新模式，为企业、产业和用户创造更加美好的明天。

> **阅毕请思考：**
>
> 1. 结合物联网、AI等数字技术和产业变革趋势，谈谈京东方成为半导体显示领域全球领军者后为何要向物联网企业转型？
>
> 2. 京东方提出了哪些战略理念，做了哪些战略布局来引领其物联网转型？
>
> 3. 在确立物联网转型战略后，京东方是如何构建并运用动态能力达成其战略目标的？
>
> 4. 伴随未来物联网转型不断深化，京东方应如何进一步通过动态能力引领和赋能产业数字化转型？

INNOVATORS'
COUNTERATTACK

第 12 堂课

小视科技：
贴"地"而行，成就 AI 专精特新"小巨人"

摘　要：
ABSTRACT

以 OpenAI 发布的 ChatGPT 为代表的新一代 AI 及其应用正在加速重塑科学研究与生产生活范式，但由于技术复杂性、数据质量和数量需求较高、计算资源限制等因素，AI 的技术突破与产业化应用瓶颈日益凸显。在众多 AI 企业纷纷走向技术原创化道路时，发端于南京的 AI 视觉企业小视科技，前瞻性地把握场景驱动创新范式跃迁机遇，选择贴"地"而行，遵循"人—机—场"三元协同的创新逻辑，以"智慧视觉全场景生态服务商"为定位，构建了场景驱动的一体化智能服务生态架构；并面向互联网身份认证、社会治理、工业生产等多元领域打造差异化、场景化的解决方案，形成了场景驱动核心能力打造、产业牵引和价值共生的 AI 生态飞轮。如今，小视科技不仅快速成长为国家级专精特新"小巨人"，也为场景驱动 AI 创新发展，推进产业数字化、智能化、绿色化、融合化，加快建设现代化产业体系提供参考。①

关键词

专精特新　场景驱动　原始创新

---

① 本案例由北京理工大学管理学院的尹西明、钱雅婷，清华大学经济管理学院的陈劲、李纪珍撰写。

第 12 堂课
小视科技：贴"地"而行，成就 AI 专精特新"小巨人"

2023 年年初，OpenAI 发布的 ChatGPT 引爆了生成式人工智能（AIGC），引发新一轮科技产业与科学范式变革，国内外围绕 AI 预训练大模型的新一轮创新锦标赛方兴未艾。加快 AI 产业发展，不仅是赢得全球科技竞争主动权的必然要求，也是实现区域产业数字化转型、构筑现代产业体系、迈向全球价值链中高端的战略抉择。北京、上海、深圳等多地发布加快打造 AI 创新策源地和产业高地的政策举措。中国拥有海量场景，如何把握 AI 科技革命浪潮，加快 AI 技术创新和场景化应用，赋能千行百业，不但是持续提升产业链、供应链韧性和安全水平，加快构建中国特色的现代化产业体系的战略性议题，也是不断塑造发展新动能、新优势，赢得未来发展和国际竞争战略主动权的先手棋。

AI 企业作为 AI 技术创新和机制创新的核心主体，肩负着聚焦国家战略和产业发展需求推动关键核心技术突破，构建高水平 AI 产业体系与赋能高质量发展的重要使命。中国 AI 产业经过数十年发展，涌现了以 AI 四小龙（商汤、旷视、云从、依图）为代表的技术驱动型创业企业，它们依托一流技术与人才积累获得资本青睐，成长为独角兽企业。在 2023 年 6 月 9 日召开的北京智源大会上，北京智源人工智能研究院院长黄铁军指出，大模型至少需要具备规模大、涌现性、通用性三大特征。然而，高精尖的 AI 技术和通用模型不一定能够解决具体的场景问题。由于通用类 AI 模型有算力成本高、算法"黑箱"、高质量领域数据缺乏和专业知识弱等特征，大模型量产和能力复用也存在瓶颈，难以满足实体经济对专业大模型和企业级模型的长尾需求；且在差异化场景下，同一 AI 算法模型的复用性和针对性相对较差。因此，虽然"百模大战"愈演愈烈，但落地乏力、自我"造血"难的窘境仍困扰着"政产学研金"（即政府、企业、人才科研机构、金融企业）等各方主体。是否有其他创新范式，不但能破解 AI 应用过程中落地性差的难题，还有可能反向驱动 AI 原始创新？

成立于南京的小视科技（江苏）股份有限公司（以下简称"小视科技"），走出了一条独具特色的创新创业之路——贴"地"而行，这里的"地"即场景。成立于 2015 年的小视科技，基于深度学习的 AI 技术，以智慧视觉技术为核心，致力于为数字城市、数字产业和数字生活等场景提供数字服务，先后为互联网身份认证、社会治理、工业生产等领域打造了差异化、场景化的解决方案。相比其他多数 AI 企业，小视科技避开了技术驱动的发展路径，其基于场景驱动的逻辑开辟了一条专注于 AI 技术落地的道路（见图 1）。如今我们再回溯这条在当时看来不那么受资本关注的小路，却发现其深刻把握了 AI 产业的发展趋势。2022 年 7 月，科技部等六部门印发《关于加快场景创新以人工智能高水平应用促进经济高质量发展的指导意见》，明确指出"场景创新成为人工智能技术升级、产业增长的新路径，场景创新成果持续涌现，推动新一代人工智能发展上水平"，场景驱动人工智能产业的创新发展成为国家层面的战略共识。小视科技在贴"地"而行的战略选择下深耕人工智能视觉场景，先后获得多目标追踪（Multiple Object Tracking，MOT）国际赛事 8 项指标排名第一，美国国家标准与技术研究院（National Institute of Standards and Technology，NIST）国际人脸识别竞赛（Face Recognition Vendor Test，FRVT）开放场景全球第二，江苏省科学技术一等奖等多项 AI 行业顶级奖项，并与华为、国内三大运营商（中国移动、中国电信、中国联通）等知名头部企业深度合作，从创业初期一家名不见经传的 AI 小企业发展成为国家级专精特新"小巨人"。

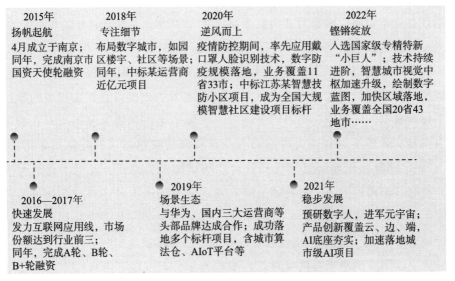

图 1　小视科技发展历程与里程碑事件

资料来源：作者根据相关资料整理。

截至 2022 年年末，小视科技 500 多名员工中研发人员占比超过 70%，拥有核心专利和各类软著专利等自主知识产权 300 余项，参与 2 项国家标准和多项行业、地方、团体标准制定，业务覆盖 20 省 40 余市，拥有中国移动、中国电信、腾讯、华为、中石油、中电科等 1 000 余家生态合作伙伴，2022 年营业收入突破 2 亿元，同比增长超过 20%。贴"地"而行不仅激活了小视科技的内部创新机制，还助其通过打通小场景，逐步打造 AI 产业创新联合体，深度嵌入中国 AI 产业大生态。

战略生长，场景驱动——贴"地"而行的创新之路

2015 年 4 月，小视科技成立于南京。此时，AI 产业方兴未艾，绝大部分 AI 企业都将技术作为立身之本，不断研发出更好的技术，并通过新技术的开发、实验和改进，探索适合自己的产品空间。然而 AI 产业大浪淘沙，如何不被浪潮冲走并在沙尽之时尽显黄金本色，小视科技创始人兼 CEO 杨帆陷入了沉思。环顾行业内，商汤、旷视等头部 AI 企业都走上了技术原创化的道路，小视科技如何应对技术驱动 AI 发展道路上"神仙打架"的局面？苦思冥想后，杨帆决定另辟蹊径，将技术的落脚点放在场景上，并提出了"智慧视觉全场景生态服务商"的企业定位。相比于技术原创化企业，小视科技服务于场景，通过场景驱动技术创新，以技术的场景化应用和场景价值释放为导向。在面对技术落地的场景时，小视科技通过凝练场景问题，识别场景需求，进而精准设计场景任务，通过企业自身研发，或者与 AI 技术原创化企业合作提供场景解决方案，最终实现技术的场景化应用与场景价值释放。小视科技在场景深耕的基础上，能够为 AI 原创化企业提供场景，从而锚定技术发展方向，与 AI 技术原创化企业共同推进产业发展。正如杨帆所说："AI 技术原创化企业不是我们的竞争对手，我们未来可能也会用到它们的技术，目的是服务好我们已经率先进入的场景。"

尹西明和陈劲等认为，场景驱动的创新从场景中的复杂综合性需求出发，超越技术驱动的线性逻辑，能够整合协同多种创新要素，高效匹配技术与场景，破解 AI 技术创新与产业化的瓶颈。场景驱动技术和市场需求高度融合是小视科技追求的目标，但在追逐这一目标的过程中，小视科技也走了一些弯路。在一次"以图识图"解决方案的开发过程中，小视科技基于自研深度学习技术快速实现了人脸识别技术及配合式活体检测技术研发落地。杨帆希望能够借此技术进军互联网身份认证领域，认证并检测待认证人是不是本人及活体。然而市场反馈不容乐观，因为在实际场景中，企业一般由人工直接审核从业人

员的身份真实性和相关资质，杨帆等拿着技术的"锤子"并没有找对"场景"的钉子。很快，杨帆便意识到技术驱动的模式并不适用于小视科技的长期发展，而技术驱动之外，AI 企业的另一条求生之路在哪里？答案是从场景出发，贴"地"而行。AI 技术走向产业化，是一个整合性、复杂性和系统性工程。一方面，技术驱动可能难以落地于场景；另一方面，需求驱动并没有瞄准特定的复杂情境，缺乏对环境因素、多重参与主体等的关注，因而可能难以兼顾场景中的其他限制因素或并行需求，使得技术研发出来后无法完全适应场景。因此，仅单靠技术驱动或需求驱动可能无法与产业化完美对接。

在杨帆的带领下，小视科技上下一心，坚定选择走贴"地"而行的战略路径——以场景为源，深挖企业真实需要且难以解决的场景痛点。其发展思路从"活体检测技术如何切入互联网身份认证场景？"转变为"互联网实名认证场景中身份识别的真正痛点在何处，现有技术需要如何改进才能解决场景痛点？"很快，小视科技发现，互联网身份认证场景中，审核待认证人的准确信息和相关资质才是企业真正的细分场景痛点。由于数据体量更大、复杂度更高，仅靠人工和单一维度数据难以准确识别实名认证人员信息的准确性和资质的合规性。因此，小视科技锁定"互联网 SaaS 认证与服务场景"，为互联网企业提供身份认证综合性服务。场景驱动下，小视科技进行了新的产品研发；这次研发聚焦数据积累，进一步将场景与技术融合。从 2015 年年末到 2016 年 8 月，小视科技团队不断打通多维度数据源，精进对人脸自动化生产精准标签的技术能力。凭借对场景痛点的精准把握，小视科技打通了多维数据和微表情精准标签，在互联网综合身份认证场景中快速发展，达成了单凭技术所无法完成的业务目标。尝到了场景驱动的甜头后，小视科技趁热打铁，不断扩大场景版图，将业务延伸到安防、商业、矿山等领域，慢慢摸索出独有的场景驱动的创新之道。

在场景驱动的战略逻辑下，小视科技跳出"人机协同"的常规模式，探索出了"人—机—场"三元协同的升级模式，旨在充分把握 AI 和人的关系，在场景中提高人和机器协同工作的效率。小视科技副总裁王忠林表示，"AI 的价值不是替代人，而是让人在场景中更高效，更具有创造性，只有 AI 在实际生产和作业场景中，去协助人更好地完成工作，实现产业价值，才能真正实现技术价值"。在新的协同模式下，无论是人还是机器，都需要围绕场景，以实现场景价值为终极目标。为了更好地将人与机器融入场景，小视科技的研发人员直接进入一线场景，在对场景理解和业务逻辑把控的基础上，研发紧贴场景痛点的 AI 技术和解决方案，真正实现人和机器在场景中的最优效能。

回顾小视科技的探索历程，其将贴"地"做到了极致：它以"人—机—场"三元协同的创新机制为基础，形成了"技术—场景—能力"三位一体的企业演进模式（见图 2）。贴"地"而行的战略路线，使得小视科技能够将有限的企业资源精准投放至产业价值创造的一线，围绕客户实际需要的场景开展核心技术和算法模型的研发和应用，有效避免了先进技术研发出来之后无法在产业中应用的资源浪费和现实困境。创业初期，小视科技为解决特定场景中缺少足够多图片样本的产业共性问题，研发了小样本弱监督技术。该技术的应用使得通过少量样本就能训练可用模型，并结合具体场景不断迭代，最终应用于智能终端设备，从而赋能煤焦化、园区安防等场景。

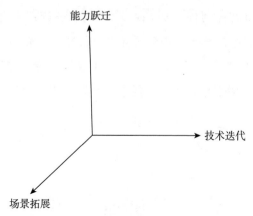

图 2　小视科技场景驱动创新的三位一体战略逻辑

资料来源：作者根据相关资料整理。

在贴"地"而行的战略指引下，小视科技以解决具体场景问题为导向，研发能够用于场景生产的技术，从而完成技术贴"地"，并形成企业的核心能力；进一步，瞄准新的场景问题拓展技术应用场景时，要求针对新的场景问题对原有技术集进行二次开发和迭代，形成新的技术集并落地于新场景。在此过程中，研发和业务管理模式也需要面对变化的环境和场景进行更新适配，驱动核心能力向动态能力跃迁。随着场景不断拓展，技术不断迭代，小视科技得以在 AI 产业生态中扎根，与合作伙伴共筑资源，共创价值，实现企业技术能力、管理能力与场景整合能力共同演进,打造赋能多元场景智能化的数字化动态能力,驱动横向业务跃迁和纵向能力跃升。历经八年积累,小视科技逐步形成了图像采集、图像标注、模型训练、模型发布等一整套能力,产出效率提升10倍以上,平均一周即可实现一次模型升级迭代,每年都会涌现里程碑事件,推动企业发展迈上新台阶,超越其他同期的AI创业企业。

机制创新:构建企业增长飞轮

机制创新是小视科技有效整合技术与场景、稳步推行场景驱动的创新战略、构建企业增长飞轮的关键(见图3)。小视科技瞄准政策和产业发展趋势,以用户价值为出发点和落脚点,保持自身重力,以场景策源地构建紧贴场景的价值创造,提供飞轮动能,进而研发场景化技术;以ADAMS智能创新生态架构,即算法(AI)+智能硬件(Device)+应用服务管理平台(AM)+场景解决方案(Solution),推进技术与场景深度融合,减少飞轮阻力,使得技术在场景中迭代测试,落地应用。在旋转过程中,小视科技持续赢得客户信任,提升企业能力和声誉,并吸引更多用户与场景,推动企业飞轮持续快速运转。

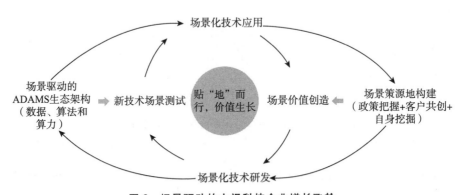

图3 场景驱动的小视科技企业增长飞轮

资料来源:作者根据相关资料整理。

"政策把握+客户共创+自身挖掘"共建场景策源地

通过"政策把握+客户共创+自身挖掘"构建高质量的场景策源地是小视科技贴近顾客价值的战略抓手。第一,精准把握政策机遇和产业发展趋势,前瞻性地制定和优化发展战略,是小视科技赢得市场和政策主动性的重要基础;第二,秉持客户价值驱动的理念,通过结合客户的业务场景痛点,与客户共同探讨当前存在的问题和真实需求,据此进行产品和解决方案的开发。

目前,小视科技的客户覆盖江苏、上海、广东、重庆、山西、新疆、甘肃等 20 余个省市,覆盖行业包括以智慧社区、园区、校园为代表的基层社会治理领域,以煤矿和煤焦石油化工为代表的能源产业,以互联网身份认证服务为代表的数字生活领域。这些领域的客户都会基于现实问题向小视科技提出场景化需求,而小视科技也会站在客户价值端,利用技术有针对性的赋能场景。此外,小视科技基于自身积累和在研的技术,主动挖掘场景问题。例如,在车辆物资运输票管理场景中,小视科技基于通用 OCR(光学字符识别)技术实现了客户运输票的自动识别和关键字提取,并针对识别置信度提示人工复核,避免了手动填写和人工无目的校正的烦琐工作。

在场景共建体系中,"政策把握+客户共创+自身挖掘"解决了"场景痛点在哪"的问题,而同客户合力设计场景任务及方案,则进一步明晰了"场景痛点如何解决"。在小视科技的实际项目中,客户企业内部大量的业务专家和技术专家会总结提炼工作中存在的问题,并与小视科技的产品方案团队和技术研发团队交流形成闭环的场景解决方案,在综合考虑技术的可实现性、科学性、经济性后,形成有针对性的解决方案。进一步,通过复用已有技术和研发新技术相结合的方法,将方案在场景中试点、优化,直至成熟后推广,实现场景驱动问题解决的闭环。在此基础上,吸引更多客户开放场景和需求,加深合作,为增长飞轮提供更多动能。

场景驱动"数据+算法+算力"技术迭代的全链路

小视科技作为深耕场景的 AI 企业,同时拥有深厚的技术积累和强大的研发能力。然而,作为一家专注于 AI 技术应用的企业,扫清场景与技术融合的障碍、实现"人—机—场"高效协同的具体抓手在哪?对此,小视科技研发出数据、算法和算力一体化平台,形成场景驱动的 ADAMS 智能创新生态架构,找到"人—机—场"协同的执行抓手,不断推进技术迭代、场景迁移与能力跃升。

数据、算法和算力作为 AI 的三大要素,能够有效感知和触达场景并在场景中提升人机协同效率，是场景驱动技术迭代全链路的核心。小视科技深入理解数据、算法和算力与"人—机—场"协同的关系，从而有效构建协同机制。

第一，用数据感知场景需求。数据来源于前端设备，可用于测量场景的时空维度、复杂程度、关系强度、主体行为方式等。小视科技建立了场景化数据驱动算法开发的敏捷研发机制，并将科学家前置入一线业务场景收集数据，以便更快地深入理解业务场景和客户需求，并精准设计开发算法模型，降低试错成本。

第二，用算法搭建场景方案。算法代表关键核心技术，其要义就是核心技术高速迭代。小样本学习系列技术作为小视科技的核心技术，是企业向新场景、新技术集拓展延伸的重要基础。在演化进程中，企业围绕场景持续迭代核心技术，缩短其算法研发周期并降低研发成本，快速解决客户的问题，提升客户对企业能力的认可与对企业价值的感知，由此形成场景下的核心能力和动态能力。

第三，用算力优化场景方案。算力体现了方案的性价比与场景的最优解，能够为客户带来更高的感知价值。小视科技研发的轻量化神经网络系列技术，能够大幅度缩小算法模型和减少计算量，从而降低算力开销和硬件要求，提升算法的执行速度，以数字化技术为更多的生态主体提供更高的生态价值，实现企业数字化动态能力的跃升。

ADAMS智能创新生态架构是小视科技通过数据、算法、算力三要素打通"人—机—场"协同机制的重要桥梁（见图4）。小视科技遵循"人—机—场"三元协同的创新逻辑，将数据、算法和算力通过细分场景、前端设备、中枢平台和解决方案有机协同，在场景需求下部署企业技术体系，搭建智能化平台，在方案定制中迭代AI技术体系，为场景痛点寻找最优解（见图5）。

围绕计算机视觉场景需求，小视科技开发了包含人脸、行为、物品等场景化技术。针对每一个场景，对应的前端物联传感设备与其联结，并完成数据收集、整合及处理，用数据触达场景需求，从而更好地理解场景。算法和算力是构建场景能力的核心环节，小视科技将定制化算法服务、提高算力效率作为差异化的重要手段，自主研发AIoT公共基础能力平台——数智服务管理平台并建立"算法开发—算法运行—算法运营"的全生命周期管理体系。其中，数智服务管理平台按需提供平台运行服务（数据、算法、算力等服务的配置与监测）

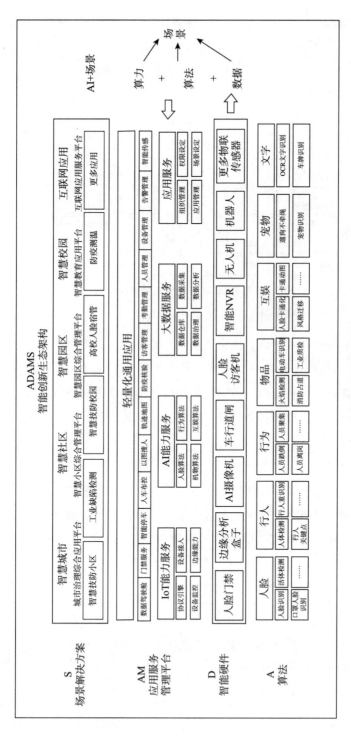

图 4 小视科技ADAMS智能创新生态架构

资料来源：作者根据相关资料整理。

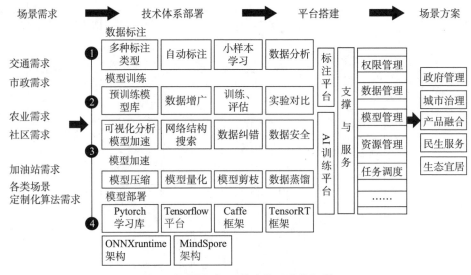

图 5　场景驱动 AI 技术体系迭代逻辑

资料来源：作者根据相关资料整理。

并利用微服务框架等技术手段，优化整个平台的性能和资源利用率；在灵活的模式下统一 AI 共性服务标准接口，联结各类物联传感设备。规范的算法全生命周期管理体系则为平台运行提供了机制保障，助力小视科技达成获得场景寻找方案、为客户创造价值的初心目标，推动企业飞轮持续运转，企业价值不断增长。

此外，小视科技应用创新生态系统的思维，通过接口将各类模块化应用、分析告警及数据研判结果开放至第三方业务平台，与合作伙伴共同为场景需求服务，这不仅提升了算法的适配性和迭代能力，也进一步收获了其他生态主体的认可与支持，在产业生态中释放出了 AI 价值。

价值绽放：不同场景中的价值落地

场景驱动的战略逻辑使得小视科技能够始终把握顾客需求与技术方向，在多维场景策源地中挖掘场景痛点，在用户、社会、产业等各个场景下实现技术价值落地与客户价值增长。

用户场景：自助认证开启互联网身份认证场景变革

基于深度学习的人脸识别技术在 2016 年进入发展井喷期，伴随着资本、人才、技术的高度聚集，人脸库规模、召回率、识别角度以及最小像素这些相关指标成为各大 AI 视觉企业的竞争焦点。然而，指标背后的场景需求究竟是什么？

手持"场景驱动"的利刃，起步不久的小视科技敏锐地观察到实名制身份认证在网约车、快递、网上银行等领域中存在的效率低、成本高、漏洞多等痛点，给用户实名制认证带来了极大的不便。在发现这一场景的真实需求后，小视科技迅速开启技术研发，推出了互联网身份认证 SaaS 服务，将实名制认证周期从 5 天缩短到 1 分钟，实现了从人工认证向个人自助认证的实名制身份认证的转变，做到了对用户场景的高效赋能。小视科技此番贴"地"之举得到了国内互联网头部企业的认可和支持，为其嵌入大企业的业务生态奠定了坚实基础。

社会场景：数字哨兵守卫社会防疫场景

2020 年年初，受新冠肺炎疫情冲击，很多企业失去发展韧性，陷入大面积裁员甚至倒闭的困境。小视科技却凭借对场景的把握，以科技向善的理念，用技术为场景赋能，在疫情防控期间获得"逆势增长"。

2020 年春节期间，小视科技应区政府客户要求，解决"戴口罩下的出入口通行管理"的场景痛点，以降低新冠肺炎疫情传播风险。接到需求后，小视科技快速响应，在大年初一组建科技攻关团队，仅仅 3 天就实现了企业核心技术小样本弱监督的技术突破，并将其快速应用于企业智能终端设备，成为业界第一家突破戴口罩下人脸识别技术的企业，也是第一家将人脸识别技术应用于疫情防控的企业。

产业场景："小视磐石"守护煤焦化场景

2020 年 2 月，国家发展和改革委员会、国家能源局等八部委联合下发《关于加快煤矿智能化发展的指导意见》，提出到 2035 年，各类煤矿基本实现智能化，构建多产业链、多系统集成的煤矿智能化系统，建成智能感知、智能决策、自动执行的煤矿智能化体系。然而，作为资产重、技术标准与规范不健全、平台支撑不够、技术装备保障不足、高端人才匮乏的典型产业，煤焦化行业企业如何拥抱数字化、智能化，保障安全作业生产？

秉持对场景痛点的深刻把握，小视科技将煤焦化场景下安全生产风险防范和安全审查方面的智能识别应用作为场景切入点，提出了煤焦化场景落地的"2+1"模式。其内涵是2个前置和1个转变：数据标注与算法训练前置、AI专家团队前置，以及价值观念由"面向用户销售AI产品"转变为"向用户提供AI产业服务"。在此模式的指导下，小视科技聚焦场景用户价值，让AI专家团队走向生产一线，带动数据标注与算法训练从实验室走向生产环境，推动技术与行业规则同场景需求深度融合。

山西常信煤矿依托小视科技的场景化AI智慧视觉分析技术与产品，实现视频监控"三违"（违章指挥、违章作业、违反劳动纪律）的智能化案例，在2023年3月被国家矿山安全监察局山西局作为典型样本在全省发文推广学习。这一场景驱动的创新案例，以"2+1"模式为指引，聚焦环境和人两大要素，将AI视觉中枢平台应用于安全生产领域，唤醒了大量沉睡的视频监控资源，开发出智能识别视频对象及其行为、特殊事件主动推送告警等功能，将过去"人找事"的生产转变为"事找人"，通过对井上井下重点监控区域进行布控分析、实时检测，形成了自动预警、自动推送、自动考核的全流程闭环管理。在此基础上，应用场景范围拓展至副井口、井下主煤流运输等多元应用场景，在丰富和完善场景算法以及提升技术能力的同时，使焦煤矿每年降低了80%以上的安全生产风险和50%以上的管理成本，以磐石之坚守护了安全生产。

生态嵌入：小企业妙入大生态

构建开放的AI产业生态，推动AI与实体经济深度融合，加快产业数字化、智能化转型升级是高质量发展的重要突破口。小视科技在创新发展中探索出了"核心能力打造—产业链升级—多方价值共创"的生态价值实现路径，基于场景驱动的创新战略打造自身核心能力，靠场景化技术和产品深耕重点场景，破解产业链升级痛难点，不断扩大生态影响范围，形成强劲的生态生长力，进一步强化生态凝聚力与生态牵引力，引领生态主体价值共创，实现 AI 智慧视觉场景生态飞轮持续运转（见图 6）。

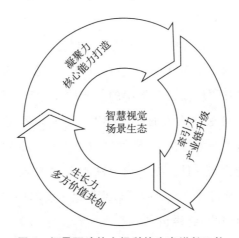

图 6　场景驱动的小视科技生态增长飞轮

资料来源：作者根据相关资料整理。

核心能力打造生态凝聚力

小视科技作为聚焦场景智能视觉算法的研发者和云端智能视觉标准产品的供应商，瞄准具体场景向客户提供系统化场景解决方案，打造出场景化的核心能力，牵引产业链持续升级，并通过开放生态推动多元主体价值共创，不断增强生态的生长力。一方面，小视科技的研发依托通用场景智能视觉算法，在场景中挖掘客户的业务价值，将技术与场景紧密结合，推动产业数字化、智能化升级。在钢铁冶炼、电力等行业场景中，小视科技通过对视频图像的深度分析，实现了对生产过程中的异常情况的智能监测与预警；在物流、零售等行业场景中，小视科技研发的智能识别技术通过识别图像和视频中的信息，提高了客户的生产和管理效率。另一方面，小视科技向客户提供定制化场景解决方案，依托现有的智能视觉技术在新的场景中根据客户实际需求实施定制化开发，在与客户的沟通与反馈中动态调整和完善场景解决方案，在构筑场景核心能力的基础上形成了服务生态的动态能力，在满足客户个性化需求的同时推动自身技术持续创新跃迁，围绕通用场景和定制化场景问题迭代场景化技术，以场景化技术凝聚生态主体，持续强化生态凝聚力。

产业链升级形成生态牵引力

在夯实核心能力的基础上，小视科技高瞻远瞩，关注产业链上下游发展和产业链整体升级，向上下游合作伙伴赋能，形成上下牵引的生态能力，与合作伙伴共同拓展市场，挖掘更丰富的AI应用场景。智慧视觉场景生态主要包括上游的芯片和硬件设备供应商以及下游的业务软件开发商和解决方案集成商。上游企业是智慧视觉算法和能力的硬件载体；下游企业面向用户提供系统集成、工程集成与实施等服务。在与上下游企业共同组成的智慧视觉生态中，小视科技以智慧视觉能力为赋能主线，向上赋能AI算法与芯片深度融合，直接赋予芯片智能算力，将芯片升级为智能计算模组，使芯片和设备具备智能视觉算力；向下赋能AI算法与终端设备、边缘计算设备深度融合，将设备升级为在场景中具备独立智能算力的智能设备。AI能力平台为应用系统提供智能计算服务，让用户业务系统具备向用户提供智能化应用的能力，为业务应用系统和整体场景解决方案提供智慧视觉算力，助力行业数智化升级。

多方价值共创增强生态生长力

客户价值与技术价值融合共创是小视科技场景驱动的创新战略的核心要义，让技术贴近场景、让企业贴近客户是小视科技实现多方价值共创、构建生态生长力的重要举措。从创业到快速发展，小视科技逐步获得政府、产业需求方、投资人以及企业内部员工等多方信任，其生态影响力不断扩大。进一步，小视科技通过场景驱动的产业链、创新链、资金链、人才链深度融合，与"政产学研"多元主体共生共创，不断强化生态生长力。

在合作过程中，小视科技以场景需求为导向，通过技术、产品、服务、市场营业收入、共同成长等多种方式，助力政府、产业需求方等客户在场景和业务上取得成功。具体来看，其一，面向政府、产业、科技界等客户与合作伙伴，注重开放能力，助力应用软件开发合作伙伴提升智能化竞争力；其二，控制边界，将自身能力聚焦在智能视觉算法和能力平台建设上，其他由合作伙伴完成；其三，成果共享，与合作伙伴共享经济和社会成果，提升合作伙伴的盈利能力和企业声誉，与合作伙伴共同发展。此外，对于不同的生态主体，小视科技精准把握生态关系与赋能要点：面向投资人，小视科技以企业自身营业收入和估值的持续增长成就投资人；面向企业内部员工，小视科技与员工共享成果，注重员工在项目中实现成长，助力内部团队价值实现。

持续破界：小视科技不可小视

　　AI 从 1956 年夏季的达特茅斯会议启航，历经 AI 1.0（逻辑智能）、AI 2.0（计算智能）时代，如今 AI 3.0（平行智能）方兴未艾；而随着 ChatGPT 和 AIGC 引发的新一轮 AI 革命浪潮，以超级智能或具身智能为代表的 AI 4.0 正在呼啸而来。基于场景驱动的创新正推动经济社会智能化升级和数字化发展，也必将成为 AI 产业发展和持续创新跃迁的主流趋势。小视科技前瞻性地感知和把握了这一趋势，以通用化和个性化另辟蹊径，破界生长，以场景驱动的创新范式打通一个又一个小场景，在竞争激烈的 AI 产业大生态中取得了卓越的阶段性突破。

　　展望未来，小视科技的终极目标是构筑一套立体式的生物识别系统，以智慧视觉为入口连接生活中的一切场景，为人们的未来构建更安全、便捷、智能的生活空间，不断深耕行业，持续破界生长。"场景+AI"的战略思维，不但有望驱动小视科技持续破界生长，也为数字时代的创新发展提供了全新的战略进路——坚持场景驱动创新战略，基于先进的 AI 通用基础模型，通过面向专业场景的模型微调（Fine-Tuning），持续增强 AI 技术的场景适应性，以 AI 技术与场景的深度融合解决千行百业的场景痛点问题，在更多场景中锤炼技术价值，反向加速技术迭代、企业能力跃迁和 AI 价值释放，成就场景驱动 AI 赋能美好生活的生态飞轮。

阅毕请思考：

1. 当大多数AI企业遵循技术驱动的发展逻辑时，小视科技为何选择了"贴地而行"的场景驱动创新逻辑？

2. 小视科技是如何扬长避短，发挥场景驱动的优势，从而构建自身的增长飞轮的？

3. 多元场景的需求千差万别，小视科技是如何推动AI技术在用户、社会、产业等多个场景顺利落地、创造价值的？

4. 小视科技的创业创新模式反映了哪些典型的管理学理论和概念，对你所在的组织创新变革有哪些启发？

5. 在AIGC快速发展的新形势下，小视科技这类中小型AI企业又面临哪些新挑战和新机遇？

第三篇
INNOVATORS' COUNTERATTACK

颠覆性组织变革与制度创新

INNOVATORS' COUNTERATTACK

第 13 堂课

如何系统性提升创业成功率?
——小米生态链谷仓学院的"反向孵化"之道

摘 要：
ABSTRACT

创业有时候是"九死一生"的冒险，失败率很高，而关于是否有科学的方法论可以指导创业实践、系统提升创业成功率一直有争议。然而近几年来，小米先后投资孵化了100余家生态链创业企业，目前大多数企业发展势头良好，创业成功率很高，原因何在？其中，负责小米生态链企业培训及孵化的谷仓学院在实践中探索出的谷仓反向孵化模式发挥了重要作用。本案例详细描述了谷仓反向孵化模式的理念、运作模式和迭代过程，详细揭示了谷仓学院如何通过其独创的反向孵化模式和科学方法论帮助创业者提高创业成功率。本案例为创业孵化器和创业企业如何提高创业成功率提供了思路和具体方法论。①

关键词
反向孵化　创业方法论　系统性创业

---

① 本案例由浙江大学管理学院的郑刚、胡珊撰写，入选中国工商管理国际案例库。

第 13 堂课 如何系统性提升创业成功率？——小米生态链谷仓学院的"反向孵化"之道

> 创业成功率低的根本原因在于创业团队缺乏"系统有效性"。要想大幅度提高创业成功率，需要反向孵化模式。
>
> ——谷仓学院创始人 洪华

很多时候，创业是"九死一生"的冒险，失败率会很高。数据显示，90%甚至更高比例的创业企业都会失败。然而截至2019年6月30日，小米共投资超过270家企业，目前看来大多数企业发展势头良好：有20多家企业年收入突破1亿元，7家企业年收入破10亿元，2家企业年收入破20亿元，4家企业估值超过10亿美元成为独角兽，3家企业已经实现IPO上市，2018年小米生态链（IoT与生活消费产品）销售额超过438亿元，同比增长86.9%。[1]

小米生态链企业创业成功率如此之高，其中专门进行小米生态链企业培育和投资孵化的北京青禾谷仓科技集团有限公司（以下简称"谷仓学院"）功不可没。从2016年1月创立到2019年2月底的三年中，谷仓学院先后孵化了诸如贝医生、须眉科技、汉图、卡拉羊、芯迈、柒小佰等100个产品团队，其中有58个团队的产品已经在各个渠道上销售，有6个团队获得小米的投资成为小米生态链企业，其他团队的产品未来也会陆续上市。2018年年末，谷仓学院盘点统计了所有被投资企业第一个完整财年的营业收入，均超过1 000万元，更高的甚至超过2 000万元，其早年投资的须眉科技2018年销售额近2亿元，卡拉羊销售额近5亿元……[2]

小米生态链企业和谷仓学院的创业成功率为什么远远高于一般的创业企业？其背后有什么诀窍？有没有一套科学的方法论能够有效、系统地提升创业成功率？

---

[1] 《小米集团2018年度报告》，https://notice.eastmoney.com/pdffile/web/H2_AN201904081316792922_1.pdf，2024年4月1日读取。

[2] 《谷仓：设计思维是赋能新锐品牌的"毒液"》，谷仓创业观察微信公众号，2019年4月2日，2024年4月1日读取。

谷仓学院的诞生

赴硅谷寻找"创业圣经"

谷仓学院创始人兼 CEO 洪华博士从浙江大学读本科时起,到江南大学读硕士期间,再到清华大学博士阶段,一直深耕于工业设计与产品创新领域,还担任过 2010 年广州亚运会火炬设计组组长。在离职创业之前,他曾担任北京科技大学机械工程学院工业设计系副主任。2015 年年初,担任盛景网联创新研究院副院长的洪华接到一项任务,要把海淀图书城昊海楼的五楼改造成一个创业孵化器。当时洪华对创业孵化器还完全没有概念,于是决定先去世界公认的创业氛围最好的美国硅谷考察。他发现硅谷的很多伟大企业都发源于车库,如惠普、苹果、谷歌等。为什么车库能催生伟大的企业?洪华总结说,在美国,车库是每家每户都有的,不用支付额外费用还不用像在房间里那么小心翼翼,即便磕了碰了或弄坏东西,家长也不至于责怪。其中最重要的是低成本、允许试错的环境、伸手可及的工具和动手干的创业氛围与创新文化,这些要素对于创业来说至关重要。

洪华在参观硅谷的同时也走访了创新氛围浓厚的斯坦福大学,他发现整个斯坦福设计学院的大楼就是一个放大的加强版车库:里面有随处可画的白板、各种制作的工具、各种辅助理清思路的思维导图、五颜六色的便利贴、耐脏的水泥地面、倒挂在横梁上的工作台灯,氛围极其自由开放。回国之后洪华就参考借鉴斯坦福设计学院的风格对创业孵化器进行了装修美化。

打造好创业孵化器的"硬件"之后,洪华也开始思考"软件"层面的问题——创业方法论;他将一个成功的创业孵化器比作是一座教堂,除了配备外在的基础设施,还要有教义和圣经。于是洪华带领团队开始寻找、测试市面上流行的各种"创业圣经",他们找到的第一套方法论是设计思维(Design Thinking)。洪华将设计思维的方法分享给大批企业家,一起测试是否管用,不过企业家们的反馈却不大好。洪华发现,设计思维关于调研和洞察的部分,对于和最终用户缺少接触的企业家确实很有帮助。问题出在后半段,洞察出问题后,依照该方法得出的解决方案往往与企业的现有产品不匹配,有时甚至要求企业从产品转向服务,而企业的既有团队能力不支持这种转型,所以解决方案也就难以执行。虽然后来洪华又陆续找了第二本、第三本直至第 N 本"创业圣经",如精益创业、商业模式画布、创新十型、YC 创业手册、麻省理工学院的创业二十四步法等,但是这些略显复杂的方法论在国内往往难以成功落地和复制。

创办谷仓学院,服务小米生态链

虽然没找到理想的"创业圣经",但洪华积累了做创业孵化器的经验。2015 年教师节前,北京凡朴工业设计公司创始人杨小林找到小米生态链负责人刘德,建议联合投资,在小米平台上建设一家培训机构,把小米的创业经验总结出来,分享给小米体系内外更多的产业、企业。此时,运行一年半的小米生态链平台已有四十多家生态链企业,需要有人总结提炼小米创立以来各方面的实战经验,将其分享给这些企业以指引其发展。用刘德的话来说,需要一支"指导员队伍"——创建一种培训机制,对已有的与希望加入小米生态链的创业企业进行持续培训。

洪华曾在中小企业创新培训和咨询领域深耕多年,深感传统企业服务的方式很难从根本上解决方案在企业内部落地的问题,于是萌生了把培训咨询朝孵化加速方向延展的设想。此想法一经与杨小林、刘德沟通,大家一拍即合,早些年一起开过设计机构的三人再次合作,开始了聚焦于消费品领域的创新创业孵化及传统制造业转型加速服务。

2016 年 1 月,谷仓学院在北京创立,由实战经验丰富的洪华任 CEO。企业创立的投资组合是洪华、杨小林团队占 75%,小米和顺为资本占 25%,是典型的小米生态链股权构架,小米投资但并不控股。

成立于 2010 年的小米,于 2013 年年末开始筹建生态链团队,逐步摸索出了一套独特的投资孵化模式,不仅为创业企业提供资金,还输出小米打造产品的价值观、方法论,同时为创业团队提供电商平台、营销团队、品牌、供应链等资源。作为小米价值观的"放大器",谷仓学院负责小米生态链的培训、典型案例与方法论梳理、出版传播等工作,是小米生态链内部唯一一家培训机构,小米联合创始人、小米生态链负责人刘德担任谷仓学院的总顾问。

谷仓学院帮助小米以"实业+投资"的策略,培育了众多的生态链企业,并打造出充电宝、空气净化器、扫地机器人、平衡车等多款自带流量的生态链爆品。在小米的线下销售主体——小米之家里,生态链产品和小米的产品一起销售，共同使小米之家的坪效达到 27 万元，[①] 成为 3C（计算机类、通信类、消费类）数码门店中业绩最高的之一。

巨大问题与巨大机会

谷仓学院创立之初，创始人洪华即被两个"巨大"深深触动。

巨大问题

一方面，中国社会的"双创"很红火，但是"不打粮食"——创业和二次创业成功率低得惊人；另一方面，小米生态链企业的创业成功率却很高——至 2018 年，小米生态链企业已有百家左右，绝大部分都发展良好。因此，谷仓学院团队有一种强烈冲动，想要把小米的成功经验提炼出来、传播出去，帮助小米体系之外的创业企业革命性地提高创业成功率，同时也为小米和小米有品带来更多的优秀创业团队。

巨大机会

充满浓厚"双创"氛围的创业时代必然需要一个好的孵化平台，这是谷仓学院的巨大机会。而且消费升级带来的品牌迭代——本土品牌取代外国品牌、新品牌取代老品牌，是个更大的时代机会。

针对这两点，谷仓学院设定了自己的业务方向：提高创业成功率，孵化未来的品牌——符合新一代消费者需求的品牌。

在国内一直没有有关创业成功率（包括一次创业的成功率、制造业转型成功率、大企业内部"双创"成功率）的权威统计数据公布，洪华敏锐地意识到，如果能够把创业成功率从 3% 提到 30%，并持续掌握这种神奇的提升力与控制力，投资就成功了。

四大创业痛点

洪华在谈及其创业初心时提到，虽然中国已经是孵化器最多的国家了，根据标准排名研究院《2016 中国创新创业报告》统计，截至 2015 年年末各种创业孵化器、众创空间已有 4 800 多家。然而孵化成功率有的在 5% 以下，有的在

[①]《"小米之家"是如何做到坪效 27 万元/年，且单月销售超 10 亿元的?》，https://www.sohu.com/a/225581733_132388，2024 年 4 月 1 日读取。

3%以下，还有的连1%都不到，总之，用"九死一生"形容都不为过。通过研究相对熟悉的硬件和消费升级类创业项目，洪华带领谷仓学院团队总结了创业者最容易出现的四个问题，出现任意一个都足以让创业夭折。

第一个问题：方向性错误

大方向的选择决定了一家企业未来的最大可能性，要做大企业，必然要选择一个风口上的好方向。而小方向的选择则决定创业企业能否吃到第一口饭。两者都不容易，既要站得高、望得远，又要找到切实可行的路径。方向性错误对硬件创业者尤为致命。和软件、互联网创业不太一样，硬件创业在模具投入方面的研发成本、时间成本都非常大，很难照搬互联网项目的小步快跑、快速迭代模式。

第二个问题：供应链不通畅

不少创业者是初次进入某个行业，往往需要与代工企业合作，以确保产品符合生产和品质要求，但创业者无法对未来的订单量做出保证。在既要出力帮忙又无法保证订单量的情况下，代工企业当然不愿意接单。消费升级类项目就更难了，消费升级产品讲究的是"从有到优"，这不仅会挑战代工企业的能力极限，还需要它们提高工艺水平、改进生产流程，只有与志同道合的代工企业合作，才能做到这些事——而这类代工企业凤毛麟角。

第三个问题：渠道不畅，做出产品后往往很难卖掉

电商流量成本居高不下，线下渠道成本也不低，人员怎么卖货是困扰很多创业团队，尤其是以研发和设计人员为主的团队的问题。即便是销售能力比较强的团队，可能一开始能卖一两亿元，但想保持可持续增长，卖到一二十亿元也很难。

第四个问题：融资困难

真正到融资的时候，创业者才会发现所谓的风险投资，其实是不投资风险的；即便它们看中了你，也往往会提出对赌条款，要求你讲清楚未来几年的销售收入预期。不像商业模式创新类项目，消费升级类项目的增长曲线是平缓的，有个较长的爬坡过程，这类项目融资很不容易。

反向孵化模式

针对创业者易出现的四大问题，谷仓学院逐渐在发展过程中形成了一套独

特的"反向孵化"体系。具体而言可细分为下面四个"反向"。①

先有方向，再组团队

不同于普通孵化器，谷仓学院有一支强大的消费品研究团队，他们能根据研究数据确认目前最有机会、最可能做大和成功的创业方向。通过研究确认方向后，谷仓学院会根据该方向寻找最合适的团队并支持他们创业，或者手把手地辅导团队找对方向、精准定义好产品，然后正式启动创业项目。

例如谷仓学院孵化的"芯迈鞋垫"，其团队原定方向是做智能鞋垫，大谈算法、测步准确性远高于手环等特点。洪华要求他们去掉智能，先做成中国鞋垫第一品牌。因为"鞋垫"是典型"有品类无品牌"的传统劳动密集型产业，垂直产业链有很多细分场景——仅极其注重足部保健、可把鞋垫纳入医保的美国就是一个巨大的市场。调整方向后的芯迈鞋垫转而生产高透气性、高品质的鞋垫，并已成为行业第一品牌，还在江西省九江市瑞昌科技园南园建了一座"无灯工厂"，2018年营业收入已达千万元。

先有供应链，再有设计方案

在启动一个新的创业项目前，一般要确定优质的供应链资源，谷仓学院在这方面有优质制造企业库可供选择，尤其是核心部件的供应链解决方案，这使得设计方案和产品定义更为可靠。谷仓学院深耕长三角、珠三角地区，网聚了一大批优质的制造业资源。

例如，"贝医生牙刷"先找到全球顶尖刷丝供应商日本东丽并签订合同；"须眉科技"做剃须刀时，先把刀头、刀网的供应商日立万胜签下来，再以高品质的定位去做产品。

先有渠道，再有产品

小米体系拥有一亿多的粉丝，还有小米网、米家商城、小米有品等众多渠道。同时，谷仓学院还开辟了众多其他的优质渠道资源。创业团队启动阶段，

---

① 《谷仓：设计思维是赋能新锐品牌的"毒液"》，谷仓创业观察微信公众号，2019年4月2日，2024年4月1日读取。

只要有好产品,就能卖得掉。

例如做中小学生书包的"卡拉羊"团队,首款产品上市时间必须锁定在 8 月份开学前的年度最佳旺季,于是他们提前半年就把渠道铺垫好,确定是在"云集"上销售还是在"有品"上销售,抑或是在两个平台渠道同步销售。

先有资金,再有项目

国内愿意投资硬件产业的基金其实不太多,消费升级类项目又往往增长平缓,很难一夜爆红,所以只能寻找战略性投资者,而战略性投资者往往会觉得项目太小不值得投资。要孵化硬件和消费升级类项目,需要准备好早期种子轮、天使轮资金,这些资金可以帮助项目渡过最早的危险期;谷仓学院通过成功的孵化模式引入战略投资资金,在资金方面做足了准备。谷仓学院孵化的项目是以上市为目的的,因为谷仓学院要占有 10% 的股份,一定要考虑项目在 60 个月内如何发展,一步步从 5 000 万元做到 1 亿元、再从 1 亿元做到 2 亿元,这些都需要提前进行规划。

这就是谷仓学院倒过来思考问题,以终为始的"反向孵化"模式,这不同于常规的创业孵化套路,不是拿着闭门造车的产品项目去找供应链。谷仓学院都是经过精细控制,按照提前预设好的结果孵化出产品,而不是盲目地去找投资人、找渠道。

谷仓学院的这四个反向孵化核心诀窍与小米取得成功的道理是相通的,谷仓学院就是把这种从小米学来的方法用到孵化产品项目上。但知易行难,在实践中到底能不能实施,效果如何还有待考验,于是洪华带着这一系列方法论开启了谷仓学院的创业实验。

系统性提升创业成功率

生态链企业创业的核心围绕产品展开,"产品是 1,其余是 0,要让商业回归本质,以好产品为用户创造价值;创始人要当产品家,企业要有产品文化"。谷仓学院的反向孵化模式,希望帮助小米生态链的产品经理,从方向寻找、产品定义、研发设计、生产跟踪、辅助营销、反馈迭代等多方面系统提升能力。

孵化矩阵

依靠小米在团队、品牌热度、用户群、供应链、方法论、资本和电商平台等方面的积累,谷仓学院通过对生态链企业在产品设计、用户研究、产品经理、供应链管理、品牌营销、渠道、资本等方面进行矩阵式孵化,帮助小米培育了众多既有共同价值观,又保持各自企业独立性的生态链企业。

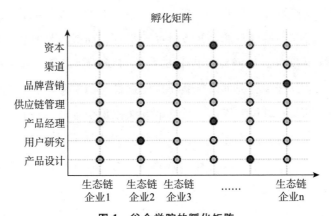

图1　谷仓学院的孵化矩阵

资料来源:作者根据谷仓学院官方网站的资料整理。

牛刀小试,验证反向孵化模式

谷仓学院在孵化第一个项目时,首先考虑的是找到合适的样本。创始人洪华坚信,如果创业团队的能力和背景过于类似,即便成功,也无法分清是团队能力所致,还是模式的成功所致。所以谷仓学院找的是从零开始的团队,而且找了不同类型的项目以及不同类型的CEO来进行实验。按照反向孵化第一条,谷仓学院设定了三个不同的大方向,分别是不带电的、带电不智能的,以及既带电又智能的;然后,为这三个项目分别找了不同背景的领军人物:一位有着设计师背景,一位有着职业经理人背景,还有一位有着工程师背景。定好方向和领军人物后,谷仓学院开始组建团队、找供应链、引入资本、设计产品。

谷仓学院为这几家企业提供了全方位的服务,包括产品定义、设计策略、供应链对接、资本运作、人才猎头、营销等,帮助组建高质量的团队、打磨出具有行业最高水准的产品、完成从种子轮到A轮的融资。首批谷仓学院行业领军企业计划的 3 家企业，从零开始持续孵化 1—2 年，仅仅完成了前两个"反向"就都顺利通过了小米生态链的立项审核，成为小米生态链企业，最终成为所处行业的佼佼者。由于小米的渠道是现成的，再加上小米和顺为基金的投资，四个"反向"就都齐备了。对于谷仓学院来说，对团队的扶持不仅助其实现了最艰难的从 0 到 0.5 步，圆满地完成了早期孵化任务，也验证了反向孵化逻辑的正确性。经过这样的"牛刀小试"，越来越多的项目开始找上门来寻求谷仓学院的孵化帮助。

助力贝医生牙刷：红海中找到蓝海

谷仓学院最早的领军企业计划中包含 3 家企业，分别是专注口腔护理的小贝科技、专注个人护理的须眉科技和专注家用智能硬件的汉图科技。

其中最典型的小贝科技，由 2008 年北京奥运会火炬设计师章骏领衔创立，成立于 2016 年，其第一款产品——贝医生牙刷于 2016 年年末在小米众筹平台上线。小贝科技在口腔护理的蓝海中抓准了牙刷的赛道，制定了"用亲民的价格打造牙刷中的'爱马仕'"的目标，平衡设计、研发、生产、销售的每一个环节，专注突破每一个用户痛点。小贝科技旗下贝医生牙刷面世后，在小米众筹平台上 7 天就销售了 6 万套共 24 万支，打破了小米众筹平台上生活耗材类产品销售的新纪录，9 个月就获得了高达 3 亿元的估值。[①]

洪华和章骏均毕业于浙江大学工业设计系，而且在 2008 年奥运火炬设计竞标时两人还曾同场竞技。当洪华有机会在小米生态链做一番事业的时候，首先想到的就是章骏。而对于章骏来说，从业十余年来，他做的所有设计都与创新类、高端前沿类产品或者工艺品有关，这样的工作一开始会很有成就感，但是久而久之他逐渐发现由于产品的前瞻性和高价位，在市场上经常叫好不叫座。此外，在大企业中，设计开发只是整个产品开发流程中的一个环节，设计师对产品的掌控力以及对周围环境的影响力都有限，章骏渴望有机会自己推动一件事情。不过他也知道在智能硬件行业，单枪匹马创业的成功率非常低，而不缺融资又有用户和销售基本盘的小米就成为章骏最好的选择。所以，在洪华

---

① 《做支牙刷 9 个月估值 3 亿？为你揭秘小米爆品法则 | 美好指南》，https://cj.sina.com.cn/articles/view/5170186722/1342ac9e201900l7mz，2024 年 4 月 1 日读取。

的邀请下他第一时间就跳槽出来创业了。

首先，洪华带领谷仓学院团队帮助小贝科技找到了专注的赛道——口腔护理，解决了创业者找不准创业方向的痛点。在前期孵化过程中，章骏也发现口腔护理领域确实有特别好的机会。口腔护理行业最大的痛点在于，市场上有品种繁多的牙刷供消费者选择，这些牙刷或强调软毛、细头，或突出美白功效，或营销牙龈护理，但消费者并不知道该怎么挑选，且品牌意识并不强。牙刷行业排前两名的品牌，其市场占有率都没有超过 10%，这个市场本身是一个蚂蚁市场，没有垄断巨头，这对于小贝科技来说是一个很大的机会。

其次，谷仓学院依托小米的资源，深耕供应链，帮助小贝科技找到了博朗、飞利浦等国际大厂的 ODM（原始设计制造商）代工厂提供优质的刷毛和刷头。刷毛方面，谷仓学院帮助其从长度、丝径、耐朽性、形状四个维度考虑选择了日本和德国本土生产的刷丝，所有的刷毛高度控制在 0.25 毫米；刷毛的耐性方面，保证至少能刷一万次；刷毛形状方面，选择的螺旋丝保证了牙刷的清洁和抗菌效果。

再次，谷仓学院借助于小米的渠道，帮助小贝科技节省了 50% 甚至 60% 的渠道成本，还为其提供了小米 2 亿多注册用户和小米官网、小米应用程序、米家应用程序以及小米线下店四大销售渠道，用以生产更高品质的产品，这给了小贝科技很重要的支持。

最后，小贝科技在资金方面也获得了谷仓学院和小米种子轮资金的支持。其首轮产品贝医生牙刷上线小米有品商城众筹后，创造了新的销售额记录。谷仓学院还帮助小贝科技对接完成了 A 轮融资，融资金额高达数千万元人民币。

经过谷仓学院的孵化，贝医生牙刷仅用 4 天时间，就突破了 200 万元销售额大关，销售量超过 20 万；半年时间，贝医生牙刷的销售量突破 500 万；仅成立一年，小贝科技便实现盈利。另外，贝医生牙刷的设计还获得了德国红点奖、日本 G-Mark 奖和德国 iF 奖等三项国际设计大奖。在 2018 年的博鳌亚洲论坛年会上，贝医生牙刷还成为官方"伴手礼"。

须眉科技：打造男人的"第二把剃须刀"

须眉科技同样由谷仓学院孵化，以便携电动剃须刀为切入口，成功布局个人护理领域，也在反向孵化的帮助下大获成功。须眉科技出品的米家便携式电动剃须刀，2017年"双11"当天上市30分钟即售出1.2万台，一度一机难求；其价格仅百元却拥有目前市面上千元商品才有的品质，每一个功能都完美满足了目标用户的需求。须眉科技CEO陈兴荣是一个连续创业者，在创业之前，他在家电行业服务了近15年，曾经服务于美的、格力、TCL等国内知名企业；在谷仓学院创始人洪华的指引下，他选择投入到个人护理领域的创业中去。

在中国家电市场，中小家电、厨房电器等细分领域都是国内品牌的天下，唯独在个人护理领域国货表现欠佳，以德国博朗为代表的国际品牌寡头占领着绝大部分市场，这也给了须眉科技突破的机会。谷仓学院帮助须眉科技看准当前的市场环境，锁定目标，补位了个人护理这个门槛很高的领域。谷仓学院创始人洪华找到陈兴荣创立了须眉科技，引导其找准创业方向，并以复式剃须刀为核心产品，将"中国个护新国货"进行到底。

从2016年筹备、调研、明确产品定义、企业成立到与米家合作的首款产品——米家便携式电动剃须刀（以下简称"米剃"），谷仓学院像帮助贝医生做牙刷一样帮助须眉科技做剃须刀，引导其先找准市场，再对接供应链资源，提供线上线下销售渠道并对接风险投资。在谷仓学院的孵化下，须眉科技第一款切入的产品定位非常明确，即定义为男人的"第二把剃须刀"，适用于商旅、商务等场景。一张银行卡大小、厚度仅为13.2毫米、重约104克的产品聚集了多达几十项产品专利。"米剃"上市以来迅速成为爆品，销量快速提升，成功荣升为行业搅局的经典产品。2018年4月，"米剃"获得了德国红点奖的认可。此外，须眉科技也加紧拓展了个人护理领域的其他品类，2018年1月其自有品牌——SMATE首款产品"须眉电吹风"登陆小米有品平台，以极简设计、高效品质打动了用户，销售成绩斐然。

"投资不控股、帮忙不添乱"

谷仓学院秉承小米鼓励独立品牌、独立渠道，坚持"投资不控股、帮忙不添乱""扶上马、送一程"的开放心态帮助生态链企业飞速发展，同时也通过生态链企业为小米带来了新的用户群与新动力。目前的200多家小米生态链企业，总体经营状况良好，虽然截至2018年只有30多家企业发布了产品，但已经诞生了小米移动电源、小米手环等销量过千万的爆品，小米相当于给生态链企业的信誉进行了背书。而谷仓学院孵化出的众多生态链企业，又依靠其优秀的产品强化了小米品牌的知名度和美誉度。

迭代升级：反向孵化 1.0 到 4.0

谷仓学院 1.0：一对一辅导

2015 年谷仓学院成立后，首先最早探索出了谷仓 1.0 版，即一对一进行手把手辅导：严格按照小米生态链立项标准，每支队伍 3 个人——找对方向、精准产品定义、搭建团队、确定供应链，3 个月达到成立企业的要求。在这一阶段，洪华总结了一个基本公式：好的创业项目＝好赛道＋有效创业者＋极致产品＋全球供应链＋新零售渠道＋风险投资，他形象地将其比喻为"麻将创业法"，即把方向、团队、供应链这些要素聚集在一起，这个牌就能"胡"。

找什么样的团队呢？洪华认为，应该满足以下几点：

（1）市场足够大；

（2）产品有痛点；

（3）可以被粉（迭代）；

（4）符合小米用户群；

（5）团队足够强（"杀鸡用牛刀"）；

（6）团队领导与小米有共同价值观。

这个阶段典型的案例就是成功孵化出贝医生牙刷和须眉科技的便携式电动剃须刀等。

谷仓学院 2.0：集体式孵化

在一对一孵化辅导小试牛刀成功后，为了进一步提高孵化效率，2017 年，谷仓学院开始采取消费升级加速营的方式，批量孵化消费升级创业企业，被称为谷仓学院 2.0 版。集体式孵化明显效率会更高，因为如果是一对一的辅导，创业者之间互相是看不到的；而 15 支队伍的集体式孵化，则将大家集中在同一屋檐下，每支队伍都可以看到另外 14 支队伍如何迭代、用户反馈如何、迭代效果如何等重要信息，从而激发自己的思考。

这一阶段谷仓学院通过谷仓消费升级加速营的形式，一次性针对10—15支队伍进行孵化，然后通过3个月的强化训练，找对方向、精准定义产品、搭建好团队、确定好供应链，孵化结束时真刀真枪地面向投资人进行路演，用简单粗暴的方式检验3个月的集训成果。对于进展快的团队，谷仓学院鼓励他们最好能做出功能原型机。

这一阶段的典型案例包括智能魔方、芯迈鞋垫、蓝小鱼拖把等。

谷仓学院3.0：漏斗率和赛马机制

在集体式孵化基础上，2018年上半年谷仓学院迭代推出了升级版的反向孵化3.0版本（见图2），用漏斗率模型解决创业资源平均分配的问题。通过漏斗率模型优中选优，根据项目的不同阶段、不同特征提供有针对性、差异化的服务，哪个项目进展得越快，谷仓学院投入的资源、精力就越多，效率也会越高。

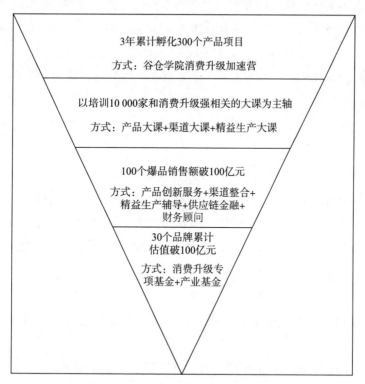

图2　谷仓学院反向孵化3.0漏斗率模型示意

资料来源：作者根据公开资料整理。

对已孵化的具有"爆品"潜质的创业团队，谷仓学院也会有区别地对它们进行投资，因为不能像撒盐一样把有限的资源平均分配在这些企业身上。对于这个"创新创业资源分配有效性"的核心问题，谷仓学院采用一套"赛马机制"来解决：对进展得更快、更好的产品项目，谷仓学院向其投入的资源就更多。初期只投入一点，先看一下进展如何，进展得快就投入更多资源，进展最快的团队会获得所有的补偿红利。

谷仓学院从初期试点开始，先重点孵化3家企业，成功后才扩展到30家、70家，是遵循事物发展规律、自然生长的过程。2017—2018年，谷仓学院自己投资了十几个创业团队，并对它们进行了几十万元的早期小额投资。

谷仓学院4.0：产业共创生态

谷仓学院创始人洪华2017年在浙江大学演讲时谈道，谷仓学院的反向孵化模式还在不断迭代中，在现有的3.0版本基础上，未来谷仓学院4.0版本要构建"产业共创生态"，用系统有效性进一步提升创业成功率。这一阶段，谷仓学院将从创业大学发展到创业孵化器、加速器，再到Pre-IPO、并购、市值管理，会提供通盘的考虑和服务，"因为创业、创新这件事情首先必须形成资本的闭环，需要通过全生命周期来考量"。

如何判断反向孵化的有效性？谷仓学院总结了基于反向孵化理论的"五个有效"标准：

（1）有效的方向。方向又分两种，一种是"大方向"，即产品项目所处的赛道是否具有巨大的发展空间；另一种是"小方向"，即第一款产品的定义，它决定了你能否吃上"第一口饭"。所以，大方向要有效，小方向要精准。一旦项目方向判断有误，谷仓学院导师会当头棒喝：别做了！回去吧，宁可歇着也别做！这会浪费创业团队的生命与金钱。

（2）有效的团队。"成功人士"创业、制造业转型和大企业内部创业，这些类团队运作不会差。这里的"成功人士"泛指在特定行业积累了一定经验的人。

（3）有效的资源。特指渠道与供应链资源。谷仓学院要评估产品项目在自己合作的渠道能不能销售、供应链能不能为其背书。如果谷仓学院合作的渠道卖不了，供应链也不能降低产品制造成本、提高品质，这种项目就坚决不做。

（4）有效的系统支持。产品项目能够接受谷仓学院组织导入的优质工业设计服务、运营策划、供应链、金融全系统的有效支持。

（5）有效的方法。强调高度理性、精细化控制产品项目实施过程的方法，而不是强调人的天赋和灵感。

尾声

谷仓学院近几年探索出了一种独特而有效的反向孵化模式，已经成为一个能源源不断输出优秀产品项目成果的新型孵化器平台，拥有很高的创业成功率。

谷仓学院总结的这套反向孵化模式与传统的创业孵化模式有什么异同？是否具有普适性？能不能帮助更多创业孵化器和创业者学习掌握这套方法论，大幅度、系统性地提升创业成功率？

在 2019 年 5 月一次谷仓学院产品经理大课结束时，有创业者向洪华提问：日用消费品领域产品创业的下一个风口是什么？洪华没有直接回答，而是引用了沃尔特·艾萨克森在《史蒂夫·乔布斯传》中的一句名言回应："预测未来的最好方法就是创造未来。"

> **阅毕请思考：**
>
> 1. 谷仓学院的反向孵化模式最核心的特征是什么？它与传统的创业孵化模式有什么异同？
> 2. 反向孵化模式从 1.0 到 4.0 每阶段迭代升级的特征和主要抓手是什么？
> 3. 反向孵化模式成功的前提条件、要点和关键实施步骤是什么？
> 4. 反向孵化模式存在哪些可能的不足或局限性？是否有普适性？

INNOVATORS'
COUNTERATTACK

第 14 堂课

花开岭：

中国首个公益村落将开出怎样的乡村振兴之花？

摘 要：

ABSTRACT

本案例描述了知名公益人邓飞发起和建设运营中国第一个公益村落——花开岭并探索乡村振兴之路的过程：先介绍了邓飞发起和建设花开岭的背景和思路；而后描述了花开岭探索乡村振兴的初步实践，包括典型活动形式和运营模式等；最后，展望了花开岭的未来。通过对本案例的分析和讨论，可以提高学生对社会创业这一领域的认知和洞察，特别是对乡村振兴战略下个人或者社会组织如何在资源有限的情况下，利用自我优势，整合社会资源，发起和壮大社会组织，提升社会影响力，切实推动社会问题的解决进行深入和系统的思考。[1]

关键词

公益村落　乡村振兴　花开岭　社会创业　社会企业

---

[1] 本案例由浙江大学管理学院的段奕荷、郑刚撰写，入选浙江大学管理学院案例库。

2021年，杭州新年的第一个周末格外寒冷，但在富阳区东坞山村的一栋侗族木楼里，气氛却格外热烈。来自四川、湖南、江西、贵州等省的11个乡镇的乡村代表提早赶到，将这栋小木楼坐得满满当当，期待着从花开岭乡村振兴社创大赛中脱颖而出的8位案主分享经验。

这是在花开岭举办的乡村振兴社创大赛上出现的一幕。乡村问题在中国一直备受社会各界重视，公益人邓飞早在2011年就发起了"免费午餐"项目，并以此为开端，围绕乡村问题的解决开展了一系列公益项目。2018年，邓飞创立了中国首个公益村落——花开岭。在邓飞的设想下，花开岭将成为一个致力于解决乡村振兴问题的开放实验室。那么，人们不禁会好奇：花开岭是如何探索乡村振兴之路的呢？

邓飞成长于湖南省沅江市，从湖南大学新闻学专业毕业后，曾就职于《凤凰周刊》，以一系列深度调查报道奠定了其作为业界公认的最重要的调查记者之一的地位。2011年，邓飞在社交平台上呼吁众筹众包，为乡村贫困儿童提供免费午餐。这次行动也掀起了一场中国公益慈善界的革命。"免费午餐"项目的成功促使邓飞转型成为一名公益人。此后，他又先后发起了多项公益项目。如今，邓飞的公益团队已经拓展出以乡村为主轴的五个板块——乡村儿童福利、乡村生态环境、父母经济、县域人力、城市儿童公益游学，形成了乡村儿童联合公益集群。

2018年，邓飞团队开始在杭州市富阳区建设中国第一个公益主题村落——花开岭，目的是连接多方，收集乡村各类问题的解决方案，进而服务中国3万余个乡镇，助力乡村振兴。

花开岭的诞生与建设

找一块地，建"新社会"

是什么契机让邓飞选择杭州呢？

他曾说，长三角地区经济发达，技术和智力资源丰富，杭州更是移动互联网发展的大本营，正在成为中国新经济的代表。更重要的是，随着2014年年末沪昆高铁的逐段开通，他预计长三角的技术和智力资源等必然滚滚流向中西部。因此，他决定带领团队从北京搬往杭州，聚集长三角资源，沿着沪昆高铁西进贫困地区，助力乡村振兴，推动乡村的可持续发展。

刚开始团队没有办公场地，邓飞就在微信朋友圈发布了一篇求援帖，很快便得到浙江金成集团的回应，团队得以在杭州城西的一个小区里安顿下来。后来因为团队的壮大和外界的频繁来访，邓飞不得不寻找一个更大的办公场地。2017年7月，邓飞又相继在微博和微信朋友圈发布了求助文章，希望能找到一块地盖一间办公室。

时任杭州市富阳区委宣传部部长的夏芬看到了邓飞的微博，她曾经听过邓飞的公益分享，于是主动邀请邓飞去她办公室聊一聊，席间邓飞的一句话打动了夏芬："余杭（区）已经有了马云，有了梦想小镇，他们是中国'新经济'的代表，而我们是新公益，专注解决社会问题，打造'新社会'，我们也需要有一个公益小镇，创造社会影响力和吸引投资，与梦想小镇遥相呼应，共同形成杭州双引擎。"

于是，在富阳区政府的支持下，邓飞开始在富阳区找地盖办公室。

满怀希望，绝处逢生

邓飞最初在富阳区东坞山村找到的地方群山环抱，一派"小桥流水人家"的江南风情。可惜，这片土地已被征收，邓飞只好另寻他处。山下河对岸未征收的村民集体土地东侧的寺院遗址供奉了两尊菩萨，邓飞不愿意和菩萨抢地盘，最终也放弃了。后来当地两位农民知道了邓飞"不和菩萨抢地盘"的事情，主动找到邓飞，为他提供了18亩土地及其附属植物18年的使用权。此外，地方政府也为他批准了10亩建设用地。

一块仅仅18亩的土地，能否撬动占全国土地总面积94%以上的乡村地区？邓飞很有信心，他说：历史总是由人民创造的，40多年前开始浩浩荡荡持续至今的中国经济改革，不也发轫于一个小村庄——安徽小岗村吗？

这片位于富阳区东坞山村西侧的土地，呈现倒U形，春天三面山坡开满白色鲜花。于是，邓飞为这里起了一个美好的名字——花开岭，寓意让一个更美好的社会像花朵一样缓缓盛开。

有了土地可以盖房子，土地也有了名字，接下来就该考虑如何建设了。

众筹资金，资源拼凑

新的资源和环境让邓飞萌生了新的想法。他已经不满足于让花开岭成为一间办公室了，而是希望这里可以成为一个"学习中心"和"模型中心"，通过连接多方，收集乡村各类问题的解决方案并进行验证，进而供政府决策参考，助力乡村振兴。

邓飞的提案得到了众多社会力量的支持。他首先邀请了杭州当地的专业人才，迅速组建了花开岭管理委员会和顾问委员会，分工协作，快速行动。此外，邓飞还招募了许多各具才能的志愿者。

土地的问题解决了，但盖房子依旧需要一大笔资金。之前筹集给公益项目的6亿多元，大部分都要用于具体项目，所剩无几。此外，花开岭的法律承载主体——浙江省青螺公益服务中心（以下简称"青螺中心"），作为社会服务机构，按照法律规定也无法直接对外进行公开募捐。与此同时，没有一个公募基金会可以用这样的项目公开募捐，再捐赠给青螺中心用于花开岭建设。

困境之下，邓飞的目光又移向了社会。但这一次却有所不同。他和民政、司法以及学界的专家伙伴们多次商议，设计了一个创新模型——推出了"花开岭产品服务包"，通过销售服务包筹集资金，同时也向社会各界的无私捐款支持略表谢意。

2018年6月，共有4 000多人购买了该服务包，成为花开岭第一批"荣誉村民"，邓飞一共筹集到484万元用于花开岭一期建设。

到2019年年末，在上千位村民和众多志愿者的参与下，花开岭已初见雏形，它拥有两栋房屋，以及帐篷和竹剧场等，累计接待了4 000多人，总计有341个不同层级和类型的公益组织在花开岭挂牌。来自邓飞家乡湖南的东方农道建筑规划设计有限公司是一家专注于建设美丽乡村和特色小镇的企业，其创始人兼总裁胡鹏飞与邓飞一见如故，当即决定免费为花开岭提供所有设计服务，并计划用3年的时间陪伴花开岭成长。还有湖南企业家给花开岭送来10 000多株苗木表示支持。

此外，花开岭建设的相关流程即将全部走完，建筑规划设计也将要获批，总工程预算达3 000万元。

如此庞大的预算非短期可以集齐。邓飞决定把9栋楼分列出来，分别筹资。这次筹资中,捐款人只要捐款 2 000 元就能成为花开岭第二批"荣誉村民",获得产品服务包;此外,这次的服务包还增加了升级项目,捐款人通过众筹 21 000 元,就可以成为花开岭的"共创伙伴","共创伙伴"可携家乡乡镇负责人等 7 人在花开岭饱和学习 3 天,打开视野、改变思维、对接系统。

然而计划赶不上变化,2020 年年初突如其来的新冠肺炎疫情给中国经济带来了极大的压力。邓飞意识到在这个紧要关头让社会捐款是不合适的,于是立即改用其他方式,譬如销售花开岭的服务,与乡村振兴的其他力量实现共建共享。早在 2019 年,邓飞团队就已经推出了三个学习产品:城市儿童公益学习与行动、青螺学堂社会组织学习与协同、花开岭乡创学院农创营,这些产品为花开岭带来了一定收入。到了 2020 年,在现实压力下,邓飞团队开始探索采用商业模式运作的方式,助力乡村振兴,推动乡村可持续发展。

他们种植各地伙伴寄送的果树、蔬菜,养殖土鸡,发展生产,自给自足;组织儿童进行自然游学、公益学习;集合伙伴们的农场解决方案,通过青螺学堂和乡创学院两个机构,为县域社会组织、农创伙伴和乡镇领导人提供线上线下的学习服务,增加收入。

除募集资金外,邓飞也在积极对外募集物资,并得到了社会的广泛响应:小到附近村民送来的龙井茶、植物种子,伙伴农场送来的杨梅、红茶,书法老师的题字,朋友带来的茶盘;大到废弃的旧巴士、集装箱、全铝结构的办公室、整体厨房、老木楼等。一草一木,一砖一瓦,这些汇聚着各方友人关心的物资,逐渐化作花开岭的枝叶,伴随它茁壮成长。

乡村振兴的初步实践

学习中心

"学习中心"是花开岭的定位之一。这一定位源于邓飞早年的公益实践。2015 年,邓飞建立了青螺学堂,旨在帮助中国县域公益组织提升"1+4"项专业能力,推动县域公益发展。过去几年,青螺学堂联合数省团委、妇联和民政系统,在各地培训了近千名公益伙伴,并依托沪昆高铁、沪蓉高铁,搭建了一张县域公益组织互助网络。有了花开岭,就可以引导县域公益组织和农业创业年轻人来此学习。

与以往在宾馆会议室单调封闭的培训不同,花开岭的培训更开放有趣。参训者驱车前往花开岭的一小时车程里,可以领略到西湖、富春江、天钟山等自然风光。他们可以背着行囊、帐篷和锅碗瓢盆,用脚步丈量乡村,让心灵贴近自然,让思想自由伸展,在触碰中"自然生成一个公益伙伴互助共进的社群"。

输入——"为有源头活水来"

输入是源头,没有输入就无法持续输出。邓飞团队积极开展对外学习和交流活动,为自己源源不断地输入能量。

一方面,邓飞团队积极邀请、接待到访的客人,在思想的交流碰撞中凝练智慧。在花开岭,他们和青海省玉树藏族自治州政府的伙伴们讨论杜绝塑料垃圾、保护野生动物等问题;与美国麻省理工学院的奥托·夏莫(Otto Scharmer)教授探讨花开岭和乡村振兴的问题;向清华大学顾学雍老师了解超限学习课程,优化镇长班的课程设计,讨论花开岭宪章,并推动方案知识化、标准化,促进基础建设;听浙江工业大学陈汉聪老师分享社会组织如何与政府处理好关系等。

另一方面,邓飞团队实地考察其他项目的优秀实践成果。他们在山东省邹平市走访了当地农业大棚、青年创业空间、西王村养老公寓等;在四川省冕宁县听台湾的林先生讲述 6 年时间如何在 7 个村里种植 15 000 亩油橄榄的故事;赴杭州周边的青山村,了解大自然保护协会(The Nature Conservancy,TNC)保护水源、发展农业的实践……

此外,花开岭还举办了各类乡村振兴社创大赛等活动。

输出——追求可持续发展

除了求助外界"输血",还要学会"造血"。花开岭"造血"的典型方式之一是通过开设培训班向听众收费,从而获得收入,实现可持续经营。

花开岭培训班的讲师是众筹的,他们大多是中国杰出公益项目的领导者或执行者。在这个过程中,听众可以拓宽视野获得新知,讲师也可以寻找和联合更多县域组织,实现自身项目的规模化。邓飞还邀请了中国社会福利基金会等伙伴参与建设和发展，把他们各自做得最好的项目搭建成模型，引入课堂。

模型中心

花开岭的定位不只是"学习中心"，更是中国乡村振兴的"模型中心"。邓飞认为：一个优秀的公益项目，其实就是一个社会问题的解决方案，是一个有效模型。

早在2011年，邓飞就发起了"免费午餐"项目，尝试解决乡村儿童校园饥饿问题。2013年，在中欧商学院学习的经历让他加深了对构建和实践乡村振兴模型的理解，于是"天使妈妈""爷爷奶奶一堂课""古村之友"等项目便如雨后春笋般兴起。

社会组织自下而上推动乡村振兴，总会存在资源不足的缺陷。邓飞没有构造一套金字塔式封闭的组织结构模型，而是探索出了社会化、多中心分布式的组织，尽可能连接和整合多方力量为己所用。对于已经建立的公益项目，邓飞逐渐把管理委员会和监督委员会的选举工作，交给志愿者代表大会。

邓飞畅想"用社会之线串联政府、商业、媒体和学术多方，形成一个多方混搭的新组织，建立一个跨界合作的模型，更精准、更高效地解决社会问题，然后提交政府决策参考，引发更大规模改变"。

在邓飞的构想下，花开岭将打通商业和公益，整合各类问题解决模型，然后按照县域养老、儿童福利、污水处理、垃圾处理、社会扶贫等分类，做出一张模型菜单，供全国县域组织或政府"点菜"。

这些模型可以被应用于合作政府伙伴的地方治理。邓飞邀请合作县的政府伙伴，如湖南省新晃侗族自治县、湖北省鹤峰县、云南省漾濞彝族自治县、安徽省石台县等，来花开岭参与培训和建模。他们将优先落地执行这些新模型。同时，在政府视角、行政资源和组织网络的加持下，这些行动模型也会更为完善。2019年11月，花开岭和江西省瑞昌市达成全面战略合作。①

这些模型还可以供公益组织或者企业使用。尤其是年轻人可以使用这些模型进行社会创新、创业，寻找社创投资机遇。

---

① 具体包括：（1）瑞昌市为花开岭提供一个基地，支持花开岭第一批5 000名村民及家庭做游学农产实践；（2）花开岭为瑞昌市社会经济发展提供智库支持，导入各类资源，组织乡镇领导人共创学习；（3）合作将一个农场建设成为新劳动教育基地和城市儿童游学研学基地。

花开岭持续集合、分类和展示这些解决模型，设置案例馆集中保存和展示，[①] 并在官方微信公众号持续更新。

乡村振兴社创大赛

近几年来，每周都有志同道合者来到花开岭，与邓飞团队分享乡村振兴的特色方案。但是这还不够，邓飞希望能够持续广泛地集合方案。而集合方案的关键就在于关切和回应伙伴们的痛点，找到切实可行的办法。

找痛点

邓飞是如何找到伙伴们的痛点的呢？

在早期公益实践中，他结识了一大批乡镇人才，发现他们大部分正值壮年，敢想敢干，致力于寻找方法、解决问题，但是有普遍的痛点——缺乏与同行的交流，或者缺乏好的发展思路、项目和方法。除此以外，还有人才、技术、资金等老问题。邓飞认为问题的根源在于他们没有形成组织或系统，无法开放协作。因此，邓飞希望发挥媒体人连接、传播和重新排列组合的优势，联合众多乡镇组织"社创大赛"，集合各类社创项目（解决方案），包括商业和公益方案，将它们导入中国 31 000 多个乡镇，助力乡村振兴。

找解决方案

找到了痛点，接下来就该"对症下药"，寻找有效的解决方案。

邓飞根据国家相关文件，将社创大赛划分为产业兴旺、生态宜居、乡风文明、治理有效、生活富裕 5 个板块，再根据每一板块设置细分赛道。

邓飞先邀请了全国有意愿、有能力的乡镇负责人，形成一个基本盘，再邀请学术、传媒、渠道和商业投资等力量，组建评委团。之后，乡镇负责人就可以根据当下面临的实际问题出题目，花开岭据此组织相应赛事，评选合适的社创项目。此外，社创者也可以自发联合，累计达到 50 个项目时，就可以向花

[①] 现设有杭州市富阳区村镇治理示范、乡村儿童福利提升、自然教育、垃圾分类、土壤修复和有机种养、小规模农场和民宿运营、较大农场园区 IP 化、乡镇社工服务和古村落保护与发展等 9 个模块。

开岭申请在对应赛道举办一场比赛，让更多的人关注自己的项目。在大赛中，乡镇负责人一旦发现和自己匹配的创业项目，就可以快速、直接引进它们，用于解决当地的某些社会问题。

第一届社创大赛——农产品专题

2020年是中国脱贫攻坚的决胜之年，农产品初加工项目、绿色循环优质高效特色农业项目和"一村一品"示范村镇项目是2020年国家重点扶持项目。①经调研，邓飞注意到乡镇负责人普遍关心的问题在于：如何因地制宜建立某种特色产业，稳定当地农民安心创业，吸引外出农民工返乡创业？怎样把特色产业打造为本地经济新的增长点？在强调"内循环"的后疫情时代，如何保证一个地区粮菜肉油的安全、稳定供给？

因此，第一届花开岭乡村振兴社创大赛聚集了全国50个"有特色、绿色生态、有效解决问题、易推广"的农产品种养方案，邀请政府、媒体、投资、农创等行业的嘉宾作为大赛发起人，组建评委团，并联系业界从各方面给予支持。

万事俱备，2020年9月，第一届花开岭乡村振兴社创大赛拉开了帷幕（见附件1）。

初赛一共产生40个项目。在复赛阶段，考虑到部分参赛者来自乡镇乡村，为了让参赛者讲好故事，花开岭特别分享了"如何讲好一个创业故事"，助力选手线上复赛路演。经层层筛选，共有20个项目入围决赛。11月28日—30日，决赛参赛者来到花开岭，在培训讲师团的指导下，通过为期三天的"乡村振兴社创强化营"学习，打磨自己的项目。

讲师团根据自己的专长和实践经历，帮助参赛者不断优化项目。譬如宝能产业基地采购总监余嘉从亲身经历出发，讲述自己如何从农产品生产方变成平台采购方，如何将一款农产品成功打进全国新零售渠道；返乡创业带头人吕不白介绍自己独创的"精益农创画布表"，引导参赛者据此发展自己的涉农项目，在理顺IP三角模型"人、物、事"的基础上，构建起自己的IP……

此外，本着开放的理念，花开岭"乡村振兴社创强化营"同时也对外开放，随行伙伴、团队成员、未能进入决赛的选手，以及其他乡村振兴社创者们

---

① 2020年2月，农业农村部印发的《2020年乡村产业工作要点》明确重点扶持28个项目。

都可以缴费报名参与。

与以往单独讲述自己的项目不同，大赛决赛主题为"农产品项目如何助力本地乡村振兴"，旨在引导参赛者从更高的视角思考自己的项目与乡村振兴的关系，激发其更高的社会责任感。大赛还吸引了众多乡镇长的线上全程参与。

经培训后，参赛者带着对乡村振兴、社会创新创业和自己农产品项目的新认知再次展示和分享，并根据主题从自己的项目如何扎根乡村、如何解决乡村发展问题进行路演展示。经过激烈的角逐，最终湖南省攸县双凡村立体生态循环智慧农业项目获得金奖。该项目呈现了集合生产、体验、休闲、研学于一体的智慧农业综合体，运用物联网、云计算、大数据等先进技术将"生态农业"升级为"智慧农业"，极大地提高了农业的生产效率，因此荣获第一届乡村振兴群星闪耀大赛农产专题金奖，同时获得了"最受乡镇长欢迎奖"。此外，大赛还选出了10个优秀奖项目。

这些优胜的参赛者将长期持续获得大赛发起机构、发起人、投资人、采购商的相关资源，包括投资、乡镇落地、采购渠道和社群支持等。受邀成为"乡村振兴乡贤团"的投资人和采购商也可以通过合作项目来帮助自己的家乡。

比赛最后一夜，大家围坐草坪篝火，分享彼此带来的农产品和此行收获。首届乡村振兴社创大赛在花开岭静谧的夜色中圆满落幕。

第二届社创大赛——生态宜居之粪污资源化

2020年12月，邓飞又发起乡村振兴社创大赛之粪污资源化特邀赛，面向全球征集粪污资源化有效解决方案，力图为中国乡村粪污处理提供参考。

甘肃省天水市的陈向阳之前是一名英语老师，后来投身到了农创行业。2010年，他曾在天水乡村地区收集27 000名师生的尿液种水果，组建天水市最甜苹果农民专业合作社。2012—2015年，该合作社年销售额达到140万元左右；31户农民苹果收入增加20%以上，农药化肥减量60%以上。2020年，他开始在杭州进行实验新组合，采用北欧源分离马桶，将粪便干湿分离，用尿液浸泡竹木烧制的生物炭做土壤基肥，种植蔬菜；大便则先投喂给黑水牤，再投喂鸡鸭，粪污资源化效果显著。

此次大赛不仅有国内粪污资源化的专家参加，还吸引了国际友人的加盟。

一位叫川琦广人的日本人，也来到花开岭进行堆肥分享。他身着一套干净朴素的蓝色工装，佩戴一副眼镜，虽然两鬓斑白，但是目光炯炯有神，说话中气十足。除了介绍循环农业，他还特别提到要帮助中国培养堆肥人才：每月开展两天堆肥制作培训会；建设长期培训学校，提供从制作、加工到销售、管理的系统教育，支持日语达标的人才去日本学习。他还提到要在新浪微博、头条新闻等新媒体平台上进行消费者教育。

参会者既是观众，也是学习者。通过几天的密集学习，结合8个优秀案例，他们初步搭建了符合各自实际情况的乡村粪污处理模型。其中，湖南省攸县双凡村村支书王敏介绍了本村生态情况，邀请多方技术、项目进入该村。他说，双凡村要用一年时间打造一个基本合格的零废弃试点，成为湖南乡村振兴的一个亮点。

邓飞将向全国家庭农场和政府展示与推荐这些优秀方案，让更多的人购买这些产品和服务，他也会支持这些好的方案落地更多乡村乡镇，有力解决各地粪污浪费及污染等问题。

像"破鳝鱼"一样来破解乡村振兴

"破鳝鱼"

在邓飞的家乡，经常有村民夏天夜里举着火把赤足下田捉黄鳝。黄鳝身上滑溜溜黏糊糊的，还拼命挣扎，特别不好捉。杀黄鳝时，有人直接拿着菜刀剁，结果黄鳝血肉模糊。也有人用小锥子先把黄鳝脑袋钉在一块木板上，一捋，再用小刀竖一刀剖开，横一刀刮走内脏和血，再斜划三刀，得到的黄鳝既干净又清爽。当地人将这种方式称为"破鳝鱼"，邓飞把自己解决乡村振兴问题的方法也形象地比喻为"破鳝鱼"——找到一个关键点固定，通过社交媒体等平台汇聚众力众智，最终一起解决问题。

2011年，邓飞准备为贵州一所小学修建一间食堂，却发现中国各省乡村儿童普遍深陷饥饿困境，仅仅依靠自己的力量很难解决。此时，新浪微博等媒体平台正在蓬勃发展。媒体人的嗅觉让他意识到这是一个获得大众关注的绝佳时机，于是他开始在社交平台上频繁发布相关消息，呼吁众筹众包，为乡村贫困儿童提供免费午餐，引发了社会各界支持，最终成功使免费午餐上升为国家公共政策。这便是邓飞第一次"破鳝鱼"的经历。

中国乡村问题由来已久，问题之广、范围之大、程度之深，不是邓飞一个人或一个团队能解决的。免费午餐的大获成功给了邓飞很大的信心，他开始探索一条"破鳝鱼"式的解决乡村问题的道路。

"破鳝鱼"的砧板

然而邓飞的"破鳝鱼"之路走得并不顺畅。在他的构想中，社交媒体是"破鳝鱼"的一块砧板，花开岭也是"破鳝鱼"的一块砧板，而且比前者更专业、功能更丰富。然而这块砧板也来之不易——邓飞团队一方面向社会各界募集资源，另一方面也在尽己所能利用现有的资源创造价值。

难以实现"要什么就有什么"，只好"有什么就用什么"。他们几经周折才找到一块建设办公室的土地，之后有了几栋简单的建筑并在有了输血和造血的能力后才让整个机构初步运转起来。

"破鳝鱼"的锥子和小刀

然而，只有砧板是不够的，还需要有"破鳝鱼"的锥子和小刀——解决问题的各种资源、知识和能力。于是邓飞又开始向社会各界学习、募集各种解决乡村问题的优秀模型。新冠肺炎疫情的冲击给企业造成了不小的压力，输血的速度不得不大大减慢，花开岭能否活下来都成了问题，更不用提收集模型。然而在这样困难的时刻，竟然也让邓飞找到了出路——在和各位顾问讨论之后，他决定通过商业化运作的方式，即社创大赛，钉住各类亟待解决的问题，收集、提炼和展示各种优秀解决方案，并通过向个人、民间组织、政府等组织推广，获取收益，实现可持续发展。

充分发挥砧板的作用

邓飞认为，当下面临的主要问题不是如何"捉鳝鱼"——识别亟待解决的乡村问题，也不是应用"破鳝鱼"的锥子和小刀——各地政府、商业机构和社会组织多年探索实践已经形成了诸多优秀案例，而是砧板的作用没有充分发挥——因为信息不对称导致这些解决方案不为人所知,更不用说复制、推广。因此,他希望在花开岭这块砧板上,牢牢聚焦乡村振兴,连接方案的供给方和需求方,联合任何愿意引发变革的伙伴,这样才能解决一个又一个社会问题,让一个又一个改变发生。

花开岭路在何方

"见困苦,有不忍,去行动,改变就会发生"。

截至 2022 年 4 月,花开岭先后举办了以农产品、粪污资源化、家庭农场、乡村养老、乡村垃圾治理为主题的五届乡村振兴社创大赛。虽然花开岭的官方微博"花开岭地"的粉丝数量及微信公众号关注数并不可观,官方微博、微信公众号的影响力还有很大提升空间;但是花开岭运营的微信社群已有上百个,每天的互动都十分活跃。花开岭通过推送最新消息和举办"村民回家"等活动,以有限的资源维护好与自身关系更加密切的社群,成长的脚步更加踏实。

此外,眼下花开岭造血的速度仍比不上输血,但邓飞并不着急。造血虽然慢,但是唯有造血才能让身体的机能充分活跃,实现社会企业的健康运转。回头来看,邓飞前期在乡村的公益项目实践,不仅呼应了乡村文明和社会共同治理,也深度连接了上千个乡镇,积累了人脉,搭建了网络,为自身进入生态、产业等埋下伏笔。

邓飞认为:民族要复兴,乡村必振兴。他预见,在未来较长一段时间,超级城市、都市圈作为龙头,将通过强烈的聚集效应为中国发展持续注入动能。乡村振兴则另起炉灶,重开天地,多中心、分布式发展乡镇乡村,为实现"农业高质高效,乡村宜居宜业,农民富裕富足"蓄积新的能量。

花开岭如何让造血速度超过输血速度以保证可持续发展?花开岭的乡村振兴之花能否像邓飞想象的那样盛开?邓飞的"新社会"实验能否成功?我们拭目以待。

扫描查看本案例附件

阅毕请思考:

1. 邓飞为什么要在花开岭建设中国第一个公益村落？它和邓飞以往开展的公益项目有什么联系和区别？

2. 乡村振兴是国家战略，作为媒体人出身的知名公益人士，邓飞如何找到乡村振兴的切入点？如何冷启动？

3. 邓飞建设运营花开岭、破解乡村振兴难题的模式有什么特点？

4. 花开岭公益基地的发展可能会面临哪些挑战和风险？如何保证可持续性？

INNOVATORS' COUNTERATTACK

第 15 堂课

从吸管大王到创业共享平台：

双童的自组织创业裂变

摘 要：
ABSTRACT

随着传统制造业生产成本与日俱增、国际贸易环境动荡，曾经的"隐形冠军"纷纷遭遇了业务发展瓶颈，业务转型迫在眉睫。本案例描述了吸管大王楼仲平在其吸管业务遭遇行业天花板的窘境时，通过在企业内部推动组织变革，成立双童创业共享平台，并孵化多个创业体帮助企业实现两年连续增长的好成绩。楼仲平自创的组织变革模式对其他传统制造企业摆脱业务困境，寻找新的增长方向具有参考价值。通过对本案例的学习，学生可以了解到什么是组织变革，以及企业如何通过组织变革激发员工内部创业，开辟企业第二增长曲线。[①]

关键词
双童吸管　创业共享平台　组织变革　第二曲线　内部创业

[①] 本案例由浙江大学管理的郑刚、王晨宇、邓宛如、朱国浩撰写，入选浙江大学管理学院案例库。

第15堂课
从吸管大王到创业共享平台：双童的自组织创业裂变

"这些完全是他们自己裂变出来的，不是我给他们设计的，我自己根本不会想到做这些小饰品。不要看这里只有几个年轻人，目前每月营业收入已经超过200万元了"。2022年11月的一天上午，"双童创业共享平台"创始人楼仲平在第八创业体的独立办公室里，指着展柜上琳琅满目的文创小饰品兴奋地向前来参观的人们介绍着他们的成就。"双童创业共享平台"第八创业体的成员都是95后甚至00后，他们的办公室布局，工位的摆设，以及胸口的工牌都给人一种互联网企业的感觉，完全无法想象这是从一家传统制造企业里裂变出来的创业企业。

截至2022年年末，"双童创业共享平台"已经成功孵化8个创业体，以及12个经营体，帮助双童在2021年度创下总销售额增长57.85%，2022年度总销售额增长31.27%的好成绩。楼仲平的"双童创业共享平台"到底有什么魔力，能帮助企业在极端恶劣大环境下逆势突围，实现快速成长？

▶ 吸管事业建立及发展

1965年出生的楼仲平是个土生土长的浙江义乌人，在家里六个孩子中排行老四。14岁那年，他辍学了，便跟着父亲和哥哥到江西，挑着百余斤的货担走街串巷。他还是当年热播电视连续剧《鸡毛飞上天》的主角陈江河的原型之一。从"鸡毛换糖"开始，他收过废品，卖过牙刷，从事过有奖销售，摆过地摊，做过铁匠，做过养殖，可在干过的20多个行当中，哪一行都没有做长久。回到义乌的楼仲平，感觉自己以后不能再像以前那样"东一榔头西一锤子"地生活了。1994年，楼仲平说服了家人，结束了可以年入二三十万元的日用品摊位生意，和妻子花了5万元买下了一套旧吸管设备，租了两间民房办起了吸管厂，隔年注册了双童商标，迈出品牌发展的第一步。

往后10年，楼仲平的吸管事业进入快速发展阶段，到2004年，双童已成为全球最大的饮用吸管生产企业，产量不断上升，多的时候每天要生产上亿支吸管，国内外的客户争相上门，产品畅销全球180多个国家和地区，更有几家美国大客户，几乎可以包下吸管厂全年的产量。很长一段时间，楼仲平靠着外贸订单，生活得不错。但就是这些大客户，让楼仲平的吸管事业陷入了第一次困境。由于大客户不断压价,以及国内日益提高的生产成本,双童的利润越来越少。最后楼仲平决定砍掉大客户,减少对国外大客户的依赖,转而开发小客户,专注于品牌化和个性化定制,面向中高端吸管市场。

正是这一战略性的调整,让其吸管事业从2004年到2014年的10年间,产值增长了4.2倍,始终保持着每年两位数增长。一般人可能根本想象不到,一根小小的吸管一年竟可以创造出2 000多万元的利润。2015年,占地只有约5 000平方米的吸管厂,其产值接近2亿元;而按照浙江义乌的平均工业产出,创造2亿元的产值需要6万平方米以上的厂地面积。当时楼仲平的吸管已经占领了国内70%以上的中高端吸管市场,也因此成为名副其实的吸管大王。

然而2015年,企业每年两位数的增长趋势突然暂停了,出现了业绩下滑。楼仲平经过反复思考和总结,认为业绩下滑和团队、经营理念都没关系,主要是因为外部的环境发生了变化,导致以往的很多判断以及现有的经营方式都逐渐失效了。过去,双童享受了我国廉价劳动力和国际贸易政策中的许多成本优势;现在,成本优势不复存在、外贸环境不断变化、原材料价格也频繁调整,原有的经营理念已经不能再被当作这家企业的竞争力了。另外,吸管是一个典型的企业用户端生意,为饮品行业提供配套。虽然咖啡、奶茶生意近几年发展得如火如荼,但是吸管都是按箱购买,一箱吸管的价值还比不上两杯咖啡。虽然双童是行业的龙头,但是行业的总产值有限,产业的边界决定了双童的规模,不是靠自己专注就能持续成长。双童在历经了几十年发展后已触碰了吸管产业链的天花板,吸管产业可继续挖掘的增长空间越来越小,但年轻团队的成长诉求和期望却在持续加大。早在2011年,双童就以企业五年发展规划的形式,通过"再造经理人"计划,明确培养以90后为主体的年轻管理团队。以李二桥为代表的新生代管理团队,于2013年10月全面接管双童,开启了企业新一代管理团队的全面成长。双童现任总经理李二桥,于2001年进入双童,从车间普通工人做起,当过包装工、仓库统计员、生产车间班长、质检部主任、分管生产的副总经理、常务副总经理。新生代员工想要取代李二桥似乎不太现实。总经理助理便成了双童年轻员工的职位天花板。第八创业体总经理蒋子森曾在任职双童总经理助理半年后,询问过楼仲平关于自己在双童下一步的职业发展,是不是取代现任总经理李二桥。听完蒋子森对未来职业发展的困惑，楼仲平深刻意识到唯有进行组织变革，创造更多"总经理"的职位才能满足新生代员工的成长诉求和期望。楼仲平心里清楚，延续"过去的逻辑"已然失效，仅靠"专注和坚持"已难以突破巨变时代给双童带来的持续挑战，组织变革刻不容缓！

组织变革探索

当楼仲平意识到继续靠着工匠精神，专注做吸管的商业模式已经无法让双童突破当前大环境变革下的多重挑战时，他首先想到的便是激活现有团队的创新活力，积极寻找第二增长曲线。作为草根创业者，楼仲平几乎所有的知识都来自创业期间的后天积累，而在2008年之后他开始接触彼得·德鲁克的书籍，由此对管理科学的认知和理解提升到一个全新的高度。同时楼仲平也积极参加了混沌商学院等机构开设的一些管理实践课程与培训。经过对这些课程的学习，他痛下决心，要让双童跳出原有的认知遮蔽，通过推动组织变革，打破原有经营惯性，设立"双童创业共享平台"来推动企业由管理型向平台型转变，同时推动企业内部生长并孵化出更多的创业企业，从而激发组织活力，赋能团队成长，实现企业高质量可持续发展，与员工共同创造更加美好的未来。"双童创业共享平台"并不是一蹴而就的，而是历经了几个阶段的迭代才有了如今的模样。

初寻组织变革

自2016年开始，楼仲平一直在探寻组织机制的变革。最初，他希望通过股权改革来激活核心团队的活力，2018年12月，双童完成了第一次股权激励，包括李二桥在内的12名核心管理层员工成了双童的新股东。但后来楼仲平意识到，股权激励虽然能提升核心员工的获得感，但是这种外部激励还远远不能满足更广泛员工的价值感和成就感。更何况，股份是有限的，吸管业务的天花板也是客观存在的；要使得组织发生真正的变革，更重要的是考虑如何激发员工的内部动力，发展吸管以外的业务，只有这样才能创造无限的机会。

第五创业体的总经理周上，原来是双童文化板块文宣科的科长，当她得知楼仲平有办商学院的想法时，便自告奋勇说想负责这项业务。楼仲平提醒过她其中的困难与风险，但是她还是坚持自己的想法。于是楼仲平与其合伙成立了双童文化传媒有限公司，由周上出任总经理并担任法人代表。

就这样，在充分了解企业现状和员工诉求后，楼仲平发现，经过双童多年的积累和沉淀，企业其实存在许多吸管之外的潜在增量业务。紧接着楼仲平通过对阿米巴等众多自组织机制工具的考察学习，最终找到了合适方向：利用阿米巴、自主经营和裂变式创业等现有的自组织机制工具的部分模板，结合双童自身产业特点和企业实际诉求，通过将上述工具的部分模块进行重新组合，推动生产与销售板块的扁平化拆分，设立生产和销售板块的经营体。

简单理解"经营体"，就是对原有的金字塔型组织结构进行"颗粒化"拆分，形成无数个最小结构的经营单元，再赋予这些经营单元自主经营、自主管理的权利；员工得以在最小结构的经营单元内进行自主管理、开源节流和降本增效等，获得在原有绩效模式下收入之外的"增量共享收入"。"经营体"在组织结构上属于企业母体的一部分，与传统金字塔型组织结构的核心区别是薪资架构的改变。设立经营体的目的是鼓励员工发掘增量业务，并与企业共同分享增量业务的成果。

举个例子，原本生产1亿元产品需要1 000万元成本，但在成立生产经营体后，经过自我管理，能将成本降至800万元，这样多出的200万元就可用于奖励员工。在该激励模式下，员工自主成为经营者；相比于传统组织结构和绩效模式，生产员工的收入不再仅仅与生产量相关，避免了员工失去动力的情况。同时生产经营体作为新组织架构的基本盘，既可以起到牢固根基、延续主业的作用，还能在保障核心能力和活力的前提下，推动新业务发展，从而有效避免因盲目寻求新业务而忽视主业的风险。

销售经营体与生产经营体类似，其对销售人员的考核除了传统的业绩指标，还会有利润率指标，以鼓励他们关注利润。对于超出预期的销售利润，即增量业绩，企业会按比例给销售经营体分成。楼仲平鼓励销售经营体在满足主业基础上，不断挖掘未满足的顾客需求。如今，双童已经成立了12个自主经营体，成为孵化内部创业的重要土壤。

打造内部创业标杆

2019年,楼仲平发现,仅有经营体还不够。因为经营体本质上还属于母公司,围绕着吸管的存量业务运作,虽然经营体改变了原有企业组织结构,充分调动了员工积极性;然而在触及吸管行业天花板后,只有发展吸管以外的增量业务,才能帮助企业走出困境。

正是这时,楼仲平有了在双童打造可以开展吸管之外增量业务的创业企业的想法,楼仲平将这种内部的创业企业称为"创业体"。为了让大家明白什么是创业体,并且有学习的榜样,楼仲平选择了当时负责吸管产品之外的新产品开发及销售业务的第三事业部来打造一个创业体的标杆。选择该团队主要有两个原因:一是该团队的业务与吸管主业无关,成立创业体后不会造成内部竞争的情况。二是该团队负责人孟竹燕由楼仲平亲自培养,从一个基础岗位做起,到总经理助理,再到事业部负责人,孟竹燕的成长整个企业有目共睹。并且在她的带领下,第三事业部仅成立一年就取得了优异的成绩,提前超额完成了企业设定的三年目标,她本人在双童也一直是大家学习的榜样。

就这样孟竹燕负责的第三事业部变成了第三创业体,这改变的不仅是名称,还有组织架构和身份角色。创业体是一个脱离母公司的独立组织,自主经营,自负盈亏。孟竹燕的身份也从员工升级为老板、创业者。她的创业历程也激励着双童的其他员工。现任第五创业体总经理周上就是受孟竹燕影响而萌生了创业的想法。

初见成效

如果说第三创业体是由楼仲平参与设计组织成立,那么第五创业体则完全是由周上个人自组织发起的。楼仲平把这种由员工自发组织成立创业企业的内部创业行为称为"自组织创业裂变"。周上于2013年加入双童,实习期间负责双童的企业微博账号和楼仲平个人账号运营。她对双童的第一印象是企业文化的平等性,老板并不高高在上。在运营微博账号时,她与楼仲平接触频繁,常常被鼓励开拓新的可能性,这为后来创业体的成立埋下伏笔。升任文宣科长后,周上不断宣传并分享双童的管理经验。

周上结婚生子后,楼仲平希望她的事业能够更上一层楼,提出让她出任办公室主任一职，但周上对这一任命并不满意。就在她为未来迷茫时，一个创业机会出现了。李善友创办的混沌大学多次与楼仲平联系，想与其合作在义乌开设分中心，但楼仲平迟迟未能下定决心。周上见状自告奋勇担任负责人。楼仲平提醒她，这是一条单行道，一旦失败就难以回到文宣科长的位置，甚至可能要离开双童。但周上信心满满。

2020 年 6 月，周上自掏腰包，占股 20%成立了双童文化传媒有限公司，出任总经理，并自主招聘，搭建团队运营。第五创业体将主营方向定为企业家培训，并与义乌工商职业技术学院合作成立了双童商学院，目标是将双童打造成为浙江省工业数字经济游学标杆，同时为"双童创业共享平台"的生态赋能，引进人才和技术。与楼仲平通过人为设计孵化而成的第三创业体不同，第五创业体是由周上自己组织成立的，并未经过楼仲平的参与设计，完全按照公司法独立经营，符合楼仲平对"自组织创业裂变"的设定。

与周上一样通过自己提出想法，自己组织团队，在双童内部创业的还有第八创业体总经理蒋子森。他自从瑞典留学归国后，曾经在北京、上海、杭州等大城市打拼，拥有金融、企业策划、科技等领域的工作经验。一心想要创业的他发现，相较于北京、上海、杭州这些高强度竞争、高成本创业的一线城市来说，义乌这座小城市可能会有一些独特的机遇和优势。并且蒋子森认为他在大城市历练的经历，会让自己在义乌的创业更有竞争优势，于是他在 2020 年决定来义乌试试。刚到义乌的蒋子森并没有选择直接创业，而是加入双童做了总经理助理。一段时间之后他认为总经理助理这个职位没有上升空间，与楼仲平探讨过后，转而选择了销售岗位，负责精品吸管板块。精品吸管就是在传统吸管的基础上加上一些饰品，使其更加精美。然而就在推广精品吸管的过程中，他发现了文创小饰品的商机，便向楼仲平提出了要创业做文创小饰品的想法，并得到了支持。

第八创业体的成长速度令人惊叹，自 2021 年 6 月项目正式启动，仅仅只有五六名员工，短短两个月就生产出了第一个产品，12 月销售额达 2 万多元。在 2021 年年末双童创业者大会上，蒋子森鼓起勇气，给自己设定了 400 万元的年销售目标。结果 2022 年第一季度他就提前完成了去年定下的年度目标，第二季度已经达到了月均销售额 200 万元的成绩，最终 2022 年全年实现销售额较上年增长 1 966.9%。

▶ 组织变革落地，成立双童创业共享平台

2020年，楼仲平在孵化出首批4个创业体后，便正式成立了"双童创业共享平台"。截至2022年年末，"双童创业共享平台"共孵化了8个创业体，多数已实现了盈利。随着组织变革成效初步显现，组织管理制度也需进一步明晰。楼仲平认为"双童创业共享平台"并不是一个母公司的角色，而是把所有资源整合并共享，打造一个由创业体共享创造的"连接中心"和"资源中心"。关于"双童创业共享平台"，楼仲平经过了缜密的思考，在经营属性、组织结构、股权关系和激励机制方面对其进行了详细的设计。

何为"双童创业共享平台"

"双童创业共享平台"肩负着对新生创业体实施孵化、赋能和培育的责任。其职能定位为所有创业体在管理职能上的"行政中心"和"结算中心"。同时"双童创业共享平台"也并非一个投资机构，因为仅靠投资是无法培育出那些创业体的。最终，楼仲平将"双童创业共享平台"定义为一个"产业创新实践、资源共享创造、追求共同富裕"的平台，是组织与员工"彼此创造的共同体"。

另外，"双童创业共享平台"在组织结构上突破了传统组织的"金字塔型结构"，对原有管理体制进行了部分扁平化改革。每个创业体就像一个六边形的蜂窝，而"双童创业共享平台"就是由一个个蜂窝组成的蜂巢。每个创业体的层级都是平等的，并且可以实现与其他创业体的多边连接、快速组合、高效创造和裂变繁衍，从而快速适应和应对外界环境的剧烈变化。例如第八创业体总经理蒋子森就经常出现在第三创业体组织的企业管理培训课程的讲台上，给台下的学员们分享自己的内部创业经历。

创业体股权归属

通常，创业体是由经营体的体长创立。经营体的体长首先自己找到某个项目或方向，然后在经营体中尝试运作一段时间，经观察发现其可行性后，再由

平台帮助其成立创业体。并不是每个项目都能快速成为创业体，例如第十经营体双童奶茶板块经营体，运行了2年还未成立创业体，主要的原因是楼仲平不希望新孵化的创业体与原本吸管的业务发生内部竞争。如今，"双童创业共享平台"共孵化了8个创业体，其中2个为非法人创业体，6个为法人创业体。非法人创业体，即以契约明确控股的，可作为成立法人公司前的阶段经营方式。法人创业体，即以控股方式成立的法人公司，严格按照公司法独立经营，鼓励在主业之外拓展业务。

当前"双童创业共享平台"保持了对所有创业体的控股权。因为楼仲平认为表面上创业体是由平台和创业员工共同成立的法人公司，但实质上它是在平台承担了全部或大部分共享资源、流动资金和风险等的前提下，所孵化培育的创业体。一直到创业体有满足独立经营所需的自有资金为止，都是由平台在承担更大的经营风险。例如第五创业体，虽然由总经理周上出资2万元，占股20%，然而其核心资源是双童的文化、管理经验、楼仲平个人影响力等无形资产，这些资产的价值要远远大于8万元。平台还免费为第五创业体提供了开班授课的场地和培训教学的素材，大大降低了其经营的成本，帮助其快速成长。

关于如何对创业体的总经理进行规范管理，楼仲平也进行了深度的思考。他认为，可以通过经营守则对创业体股东进行约束。如果法人创业体的总经理出现严重违规行为，例如贪污公款、采购回扣、财务造假、私自兼职创业、私自转移订单等，则创业体总经理和股东应该承担相应的责任。这些责任应该在经营协议中进行明确的规定。

激励机制

对于创业体的总经理来说，除了规范管理和明确责任划分，适当的绩效奖励也是必不可少的。目前，楼仲平的做法是将创业体利润中的10%作为总经理的绩效奖金。但是，随着产值规模的不断扩大，10%的利润作为总经理绩效奖金可能有些高了，毕竟总经理也是企业的股东，本身可获得利润分红。因此，在利润规模达到一定程度后，应该考虑将总经理绩效奖金的提成基数逐级下降。在楼仲平的计划里，未来双童要裂变出50个创业体，组建自己的创业矩阵生态，在极端恶劣大环境下逆势突围。

问题与挑战

新生力量不足

"双童创业共享平台"已有8个创业体的成立都是有前提条件和基础的，后面是否有新的创业体能够跟上，成了"双童创业共享平台"面临的一大挑战。楼仲平也曾尝试过引进外部创业者，成立了第四创业体，然而效果并不理想。也许是外部创业者缺乏双童文化的熏陶，抑或是各自的经营理念不同，最终双方放弃了合作。楼仲平对这次引进外部创业者的评价只有简单的三个字：不同频。虽然新的创业体短时间内难以产生，但是楼仲平认为现有创业体自身也会面临寻找第二曲线的问题，到时候现有创业体再裂变出的下一代创业体也可作为新生力量的补充。

文化的冲突

虽然楼仲平对"双童创业共享平台"的组织架构和管理工作有缜密的思考以及详细的计划，然而创业体的发展变化是他始料未及的。最初的一些设定现在看来似乎未能如愿。在楼仲平的设定里，下属创业体与母体平台之间，在文化和价值观上要保持统一，否则不仅会影响创业体团队的认知同频，也会影响创业体和平台之间的黏性和稳定性。然而像蒋子森这样的年轻创业者，却有不一样的看法。在一次采访中，蒋子森表示，一名员工想要出来做创业体，必须具备三个要素：首先是赚钱能力，其次是团队管理能力，最后是要有自己的企业文化。蒋子森并不认可创业体与母体平台之间，在文化和价值观上要保持统一。他表示自己在创业体中培育的企业文化就跟楼仲平倡导的不太一样，为此他还与楼仲平发生过几次激烈的争辩。楼仲平担心蒋子森在创业体里培养自己的企业文化，最终影响力超越了母体平台，一旦蒋子森离开，整个创业体将不受母体平台的控制。但是在蒋子森看来，他自己成立的创业体，所有员工以他倡导的企业文化为主是理所当然的。目前蒋子森领导的第八创业体还在高速发展阶段，而在整体大局观上他与楼仲平是目标一致的。同时楼仲平也通过占股51%实现了对第八创业体的控股。

对创业体的束缚

"双童创业共享平台"里的创业体通常是由经营体的体长创立的。成立创业体后，原经营体体长并不是立马全身心地投入创业项目中去，而是必须首先培养出新的经营体体长来接替他的位置。楼仲平这样规定的目的是降低风险，让原有吸管业务不因创业者离开而造成断档。但是这样做的同时，就会让内部创业者的创业项目推进得比较缓慢。第六创业体的总经理张滕峰对此深有体会。张滕峰在加入双童之前有过几次创业的经历，在被问起内部创业与独立创业的区别时，他首先想到的是内部创业在过渡期还要兼顾之前岗位的工作，所以无法像独立创业那样快速地推进业务。或许这也是第六创业体在最初很长一段时间内没有盈利的原因之一。

尾声

如今，楼仲平的"双童创业共享平台"已经成功孵化了 8 个创业体和 12 个经营体，成功拓展了除吸管主业以外的文化传媒、可降解塑料袋、文创饰品等业务，突破了吸管产业天花板；同时也解决了那些有想法、有创业精神的年轻员工的成长诉求，帮助他们从企业员工转变成了创业者。这些创业体、经营体，能否成长壮大为一个个小"双童"？"双童创业共享平台"下一阶段能否裂变出更多的创业体，并通过相互链接、共享资源组成双童创业生态，值得我们期待。

阅毕请思考：

1. 作为吸管行业"隐形冠军"的双童为什么要进行组织变革？它为什么选择了自组织创业裂变的方式？其内外部影响因素分别有哪些？

2. 双童的自组织创业裂变是如何实施的？它经历了几个阶段？每个阶段的特点是什么？

3. 双童自组织创业裂变的主要模式与特色、适用条件是什么？它与阿米巴模式的主要区别与联系是什么？

4. 双童自组织创业裂变存在哪些挑战和潜在问题？下一步应该如何优化？

INNOVATORS' COUNTERATTACK

第 16 堂课

浪潮科创：

国有高科技龙头企业如何通过内部创新创业
迎接下一次浪潮？

摘 要：
ABSTRACT

本案例描述了国有高科技龙头企业浪潮如何通过内部创新创业探索第二曲线。具体而言，项目吸引上，针对集团内部参与创新创业的员工，以组织二元性的思维设置激励机制与容错机制，保留员工原岗位待遇，解决其后顾之忧。项目筛选上，构建六维评价体系，确保项目潜力。项目赋能上，利用产业链链主身份和国家级创新平台，构建全要素、全周期的孵化服务体系，并为项目商业化嫁接浪潮的渠道体系。利益共同体设计上，设计创新制度，满足内部创业项目与所属子公司及集团三方的利益诉求。本案例探讨了浪潮内部创新创业的机制和成效，并对其当前面临的挑战和走向做了进一步思考。①

关键词
企业内部创业　第二曲线　二元性组织　高科技龙头企业　产业链链主

---

① 本案例由浙江大学管理学院的郑刚、朱国浩撰写。

第 16 堂课
浪潮科创：国有高科技龙头企业如何通过内部创新创业迎接下一次浪潮？

> 创新是每一个组织都应具备的核心能力，是企业最重要的品质。我们这样的信息技术企业，更应该把创新放在企业发展全局的核心位置，让创新贯穿于一切工作，真正在集团上下蔚然成风。
>
> ——浪潮集团董事长　邹庆忠

软件和信息技术产业作为现代科技的重要组成部分，对科技自立自强至关重要。而浪潮作为我国信息产业内的龙头企业，是中国领先的云计算、大数据服务商。集团拥有浪潮信息、浪潮软件、浪潮国际 3 家上市企业，主营业务涉及云计算、AI、工业互联网、应用软件、大数据、新一代通信等若干应用场景，为全球 120 多个国家和地区提供 IT 产品和服务。作为一家肩负信创产业（信息技术应用创新产业）自主可控战略使命的国有企业，浪潮早在 1970 年就为中国第一颗人造卫星"东方红一号"研发并生产晶体管等电子元件，也由此开启了 50 余年以技术创新为本的 IT 征程。秉承创新的理念，浪潮数次在中国信创产业发展的重要历史阶段，以前瞻性的技术突破引领着中国软件和信息技术产业发展。

2021 年 3 月，《中华人民共和国国民经济和社会发展第十四个五年规划和 2035 年远景目标纲要》（以下简称《文件》）出台，再次强调了"优化创新创业创造生态"的重要性。《文件》提及推进创新创业创造向纵深发展，优化双创示范基地建设布局；倡导敬业、精益、专注、宽容失败的创新创业文化，完善试错容错纠错机制。浪潮作为信创产业具有重要战略地位的国有企业，肩负产业升级及科技自立自强的重任。为推动产业发展，以及挖掘企业内在创新创业活力，浪潮决定投入到创新创业生态建设中去；通过结合自身能力积累和颠覆性创新的思维，为新技术突破、新产品试制、新方案应用等提供"试验田"，并为产业发展提供前沿、高质量、特色项目，为集团未来发展提供战略储备。

浪潮科创中心成立

于瞩目中诞生

2021 年 7 月，刚成立的浪潮科创中心被集团寄予厚望。浪潮希望将这一围绕科技成果转化与早期投资重点打造的科技创新平台，培育为国际一流的数字经济发展创新加速引擎。为更好地支持集团创新创业孵化活动，科创中心下设总经理室及创投事业部、开放创新部、孵化服务部、市场服务部、平台服务部以及财务服务部，并组建了由来自头部孵化器、创投机构、科研机构及集团的专业人员和技术骨干构成的多元化创始团队。

浪潮希望通过科创中心的建设，调动起员工的积极性和创造性，进一步挖掘企业内在创新创业活力，为集团未来发展提供战略储备的同时也能为员工提供快速成长的机会和舞台。

不忘初心、明确定位

科创中心虽在集团的高度重视中成立，肩负整个集团科技创新创业的战略布局任务，但该关注产业内哪些领域，以及如何才能发挥浪潮的独特优势进行破局，成为摆在浪潮副总裁、科创中心董事长蔡伟及其团队面前的难题。

要明前路，需不忘初心。蔡伟及其团队通过对《文件》中"优化创新创业创造生态"和"加快数字化发展，建设数字中国"精神的深度解读，结合集团数十年耕耘信创产业所形成的链主优势，明确了科创中心产业孵化的重点方向：一方面，遵循孵化活动要为浪潮主导产业赋能的逻辑，重点关注主导产业横向扩展、纵向延伸的项目，进一步夯实集团产业链优势。另一方面，出于对集团发展的第二曲线的探寻，为捕捉下一代产品技术做好积累及铺垫，需要重点投资技术和市场新趋势下的"探索型"项目，建立集团在科技前沿、市场前沿的验证识别能力和敏捷反应能力。蔡伟及其团队希望借力集团积累的渠道市场能力和技术能力共同驱动在云计算、大数据、工业互联网、区块链、AI、新一代通信技术等领域的创新探索，重点培育"智能交通、智能制造、智慧农业及水利、智慧教育、智慧医疗、智慧社区、智慧政务"等行业场景的技术、产品和方案。

浪潮的创新创业机制与举措

链主企业能进行广泛的产业链资源调度和搜索，在发现产业链技术需求，以及聚合产业链技术、供应链资源上有着天然的优势。同时,国有企业的属性让浪潮在链接政府、科研机构及高校这些同属国有机构上存在相对优势。蔡伟及其团队深谙此理,着手设计了"项目吸引—项目筛选—项目孵化—利益共同体设计"的创新创业机制与举措。具体而言,科创中心作为开展集团创新创业孵化业务的核心主体,统筹外部产业链企业及集团内部资源,吸引优质的集团内部自研项目,以及与外部机构联合研发项目申请加入平台。然后从市场潜力和项目团队等多维度,产品规划、研发及交付验证等多阶段筛选项目。此外,他们还构建了包含8大类70余项孵化内容的"创星计划",为孵化项目提供全产业资源、全方位、全产品生命周期的定制化赋能服务。最后,通过利益共同体设计机制提高集团子公司资源协同的效率,强化与项目团队的目标绑定,其具体机制如图1所示。

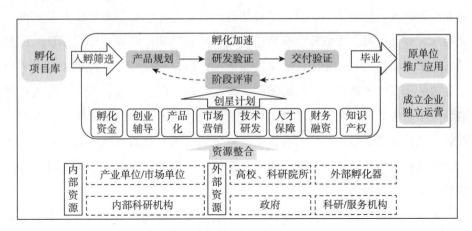

图1　浪潮科创中心的创新创业机制

资料来源:作者根据相关资料整理。

全方位引进项目

无论将平台打造得多好,孵化机制设计得多完善,如果不能吸引项目入驻,也是无源之水,徒劳无功。因此,蔡伟及其团队设计了独特的激励机制和容错机制,并着重打造集团内部创新创业的氛围。

在激励机制设计上,为了免除集团内部创新创业员工的后顾之忧,科创中心推出了《浪潮集团有限公司鼓励员工创新创业的管理办法》及《浪潮集团有限公司实施股权期权等中长期激励办法》等多项创新创业政策及若干创新创业项目孵化实施细则，解决员工持股限制等阻碍内部创新创业的问题。针对经评估审核进入孵化中心的项目，项目负责人签署《项目目标责任书》后由科创中心按项目里程碑达成情况以绩效的形式发放上浮的 20% 薪资，以及其团队成员上浮的 10% 薪资，并且原工资待遇及年终奖仍由权属单位发放给项目团队成员。对于部分孵化成功且确有重大市场价值的项目，集团支持成立独立法人公司，并给予项目团队一定的股权期权激励，将团队成员纳入《浪潮集团有限公司实施股权期权中长期激励办法》激励对象，并按照该办法对其进行激励。对于有重大市场潜力和技术价值的项目，科创中心还会帮助引入外部资本，并成立新项目企业独立运营，让项目可持续、健康有序地发展。

考虑到创新创业存在风险，以及有创业想法的员工可能因为风险规避的心理而打退堂鼓，科创中心还进行了容错机制设计。对于非创始团队自身原因导致孵化失败的项目，由创始团队原单位支付项目团队的薪资，计入原单位的利润。为保证容错机制不至于过于宽松而滋生怠惰或投机行为，机制还对人为因素导致的项目失败进行了一定的预防，规定由项目团队懈怠、不作为等人为因素导致项目失败的团队，将取消其成员的相关评奖、评优资格 2 年，以及其原权属单位的推荐资格 1 年。若有员工期望全力投入项目而选择离职创业的，还可自由选择与原单位签订协议，明确若后续返回原单位，工资、职级等待遇不降低，离职期间视同浪潮连续工龄。

此外，蔡伟及其团队也意识到，由于浪潮国有企业的文化属性，集团员工的工作环境较为稳定，因此要激发员工内部创新创业的激情，亟须在集团内部营造出火热的创新创业氛围。经过多次讨论，团队终于琢磨出切实可行的办法。首先，借鉴创业大赛的思维，科创中心每年推出"金点子创新创业大赛"，不仅吸收集团内部聚焦主营业务的强链、补链及新兴业务项目，也对外部项目开放，进一步拓展了项目来源。其次，为了对产业需求有精准的把握，科创中心联合山东省发展和改革委员会以及济南市发展和改革委员会，以及浪潮的宣传及业务部门联合开展声势浩大的"揭榜挂帅"活动，收集产业真实需求，并征集能解决需求的揭榜团队。最后，科创中心还常规化组织开放日，并安排创始人面对面、科创圆桌派、创新沙龙等活动，持续激发内部创新创业激情。

多维度筛选项目

优质的项目是孵化成功的重要前提条件，项目吸引进平台之后，如何筛选出其中的优质项目成为影响集团内部创新创业成效的重要因素。虽然对项目的评估涉及众多维度的综合考量，但这难不倒拥有丰富产业和创新孵化经验的蔡伟及其团队。他们根据对创新创业的洞见，归纳出由市场前景、团队构成、技术能力、商业模式、发展潜力、创新能力构成的六维评价体系。

具体而言，当接触一个新项目时，首先考虑的应该是团队的情况。其一，创始人是项目的灵魂所在。科创中心会先对创始人的品质、团队组成以及资质情况进行评估，判断成员具有优良品质和创业精神之后才会进入下一阶段的评估环节。其二，技术能力是早期产品能持续开发为可投入市场的成熟产品的保障。科创中心会依据项目具有的核心技术是否有较高壁垒，产品路线图是否清晰合理，入驻平台后研发及投入能力能否得到保障，原型产品拥有的核心知识产权是否独占，是否存在纠纷风险等指标进行评估，进而全面认识项目团队的技术能力。其三，商业模式是决定产品能否在市场中创新逆袭的关键所在。科创中心通过对项目涉及的目标市场是否精准，相匹配的销售及营销策略是否合理可行，设计的收入模型是否可信以及是否具有吸引力等方面的分析，形成对产品商业模式可行性的判断。其四，项目的发展潜力也成为考察项目是否具备投资价值的重要指标。科创中心通过对可持续的产品力背后的升级迭代计划情况，产品在后期实现市场化之后获取融资的可能性，以及预期可拓展的产品链及产品群的情况的综合考量，能基本形成对项目发展潜力的初步判断。其五，创新能力这一指标也被纳入项目的早期筛选。科创中心通过量化评估的方式确定产品的创新度，考察预期产品与真实需求的契合程度，以及与集团主营业务的关联程度来判断项目基于产业内的创新能力。其六，通过对项目预期的市场规模，现阶段市场竞争情况，项目在市场中独特的竞争优势，以及目标市场内政策环境的支持程度的分析，科创中心基本形成了对项目市场前景的判断。

科创中心设计的六大评价维度和配套的34个筛选指标，不仅保障了选出的项目符合集团重点支持"新技术、新产品、新模式"的战略方向，也提高了后续项目孵化后落地的可能性以及商业化预期。

全链条赋能项目

平台上优质项目是有了,但如何给这些项目赋能呢?蔡伟及其团队根据对中小型科技企业的需求收集,以创星计划为核心,构建了包含 8 大类 70 余项孵化内容的服务体系,为孵化项目提供全要素、全周期孵化服务。集团内部方面,一是依托于布局国内和国际的分布式研发体系,支持孵化项目的技术能力提升,以及技术与市场的协同。二是依托于针对内部创业项目的全链条投资体系,满足项目全生命周期的资金需求。三是为孵化的项目创造了独特的内部市场,可实现渠道通路的供给和目标市场网络的精准嵌入。集团外部方面,一是串联起产业链,以链主的优势高效链接外部资源赋能孵化项目。二是基于国有企业的定位以及国家级创新平台的优势,链接政产学研资源支持项目孵化以及商业化进程。

重视研发的浪潮已在全国设立了 14 个研发中心,与海外设立的 5 个研发中心共同构成了浪潮全球研发体系。依托于这一独特的分布式研发体系,浪潮不仅能支持孵化项目的技术能力提升,还能实现技术与市场的协同。从项目产品开发过程出发,遭遇技术瓶颈几乎是创业团队不可避免的难关。若是不能克服,不仅会拖累产品开发进度,还可能导致产品生产因资源耗尽而半途而废的窘境出现。但是依托于浪潮国内及国际的研发中心布局,科创中心得以对孵化的项目进行技术支持,在开发能力方面为其赋能。从市场需求与技术成果匹配出发,浪潮科创中心规划围绕该分布式研发体系跨区域建设科创分中心,整合海内外研发优势支撑创新项目的持续研发能力,截至 2024 年,浪潮国际化业务已拓展至全球 100 多个国家和地区,在美国、日本、拉美等多地设立研发中心和工厂、在海外 26 个国家设立分公司和展示中心。

资金是项目发展最急需的资源,项目在不同发展阶段需要进行多轮融资才能存活。现阶段虽然有部分孵化平台拥有早期的注资能力,但项目后期仍需创始人向外寻求资本进行投资。蔡伟及其团队为解决项目团队在资金方面的担忧,搭建了全链条的投资体系,满足项目全生命周期的资金需求。科创中心对通过项目筛选并成功入孵的项目提供最高 300 万元的 PoC(概念验证)孵化资金,并设立了首期基金规模 2 亿元的创投基金,专门负责对处于早期的项目进行投资。此外，随着项目达成既定市场化目标之后，集团下的各产业单位还会对其进行注资，这为高潜力项目在各阶段的资金需求提供了保障。

浪潮科创中心为孵化的项目创造了独特的内部市场，可实现渠道通路的供给和目标市场网络的精准嵌入。由于创新产品在商业化初期还缺乏一定的市场知名度，并不能马上被消费者认可，因此实现商业化之路困难重重。但得益于浪潮业务范围遍及全球 120 多个国家和地区，浪潮科创中心通过对海内外市场网络和渠道的整合以及海量应用，建立起 49 个政府行业市场、24 个企业行业的市场通路。集团层面拥有 8 个市场行业部，以及 30 个区域市场单位，并在欧美、俄罗斯、加拿大等多地设立研发中心和工厂，其在海外 26 个国家设立的分公司和平台上孵化的项目创造了独特的内部市场和销售渠道。创新产品可以匹配到浪潮的专职销售团队，并直接嵌入到目标市场网络中。这样能让创新项目首台套、首版次产品测试及试销得以顺利进行，进而加速创新产品大规模推广销售的进度。

浪潮作为全球领先的自主品牌云计算数据中心核心产品、方案和服务供应商，是国内新一代信息技术产业龙头企业。由于在服务器这一产业基础设施上处于国内市场领导地位，同时拥有配套的云计算、AI、工业互联网、应用软件、大数据、新一代通信及若干应用场景落地能力，浪潮得以发展为具有很大影响力的链主企业。依托在信创产业的强大号召力，浪潮参与了众多"链长制"产业联盟建设，围绕产业链条构建了 13 个产业生态联盟，并协同产业链上游 4 000 多家企业构建了紧密配套、协同发展的优良产业生态。依托集团拥有的链主地位，科创中心得以串联产业链，迅速链接外部资源赋能孵化项目。此举不仅可以让中心通过产业联盟间的互动快速获取市场及技术革新的真实需求，反哺给孵化的项目进行有针对性的满足，也可以调动产业链上下游及行业领域优质创新资源，支持创业项目上游供应链对接以及下游市场渠道对接，集中孵化具有广阔市场前景和关键核心技术的"强链、补链、延链"项目。

基于国有企业的定位以及国家级创新平台的优势，科创中心得以链接政产学研资源支持项目孵化以及商业化进程。政产学研融通能给初创项目带来高校和科研院所的技术支持，以及政府和产业给予的市场资源。但是初创企业往往缺乏链接政产学研网络的能力。科创中心成立之初，蔡伟就敏锐察觉到了政产学研网络整合对平台项目发展的重要意义，并和团队成员着手做了诸多准备。蔡伟率先推动设立"百创汇"专家讲坛，积极邀约产业、管理及创新创业领域的专家学者，对孵化企业的项目负责人及骨干进行培训交流，传授产品开发流程思维以及创新创业方法论，从创业团队个人能力方面进行赋能。此外，借助集团拥有的国家级企业技术中心、高效能服务器和存储技术国家重点实验室、国家信息存储工程技术研究中心、国家双创示范基地等10个国家级创新平台，以及与清华大学、北京大学等双一流高校及科研院合作共建的29个实验室，科创中心链接了海量政产学研单位。同时，科创中心吸收了多家行业领军企业，与高校及科研院所共同组成了中国技术创业协会校企融合专业委员会，加强产学研融合深度。在该过程中，科创中心通过创新政策设计，一方面利用政产学研用的科学理论知识供给支持孵化项目从0到1的创新活动，另一方面利用其市场及技术供给支持创新产品从1到N的蜕变。

打造利益共同体

科创中心在实际运营过程中发生的资源调度问题让蔡伟及其团队意识到，若各方的目标无法取得一致，那么纵使链接了大量的资源，也很难产生协同效应。因此，针对平台上的项目，科创中心基于利益共同体的设计思路制定了有效的机制。对于产生重大经济效益的孵化项目，按每年产生利润的10%—15%给予项目团队奖励，最长可达三年。此外，科创中心规定对于非创始团队自身原因导致孵化失败的项目，由创始团队原单位支付项目团队的薪资，计入权属单位的利润，并按权属单位支付的项目团队薪资包的300%计入权属单位的净利润。最后，科创中心鼓励项目团队将成果在原子公司内进行产品迭代、应用推广。原子公司可按集团投入成本进行回购，并且回购产生的费用可申请集团研发资本化政策支持。这一制度不仅灵活解决了内部创业的项目团队关系隶属问题，也将孵化的项目和子公司的目标与科创中心进行了绑定，实现了三赢。

进展与初步成效

平台运营成果斐然

2022 年，根据已发布的激励政策，科创中心薪酬上浮涉及 430 人次，有 5 个项目利润情况喜人，享受到考核净利润激励。科创中心还针对员工离职创业给予支持，对有员工离职创业的原单位进行考核加分，并对 2 个项目给予离职创业待遇支持。

从平台运营上看，连续 2 年举办的"金点子创新创业大赛"，累计吸收报名项目 408 个，参与总人数超 5 000 人，成为全国"双创"活动周山东省系列活动之一。活动带动 23 个产业及市场单位支持鼓励员工创新创业，吸引 71 家外部高校院所及中小微企业积极参与浪潮创新生态。通过 2 期"揭榜挂帅"活动，收集产业创新需求 50 余个，征集揭榜团队 26 个，达成合作意向 8 个，带动创新交流对接 40 余次。创新活动如常规化组织开放日、创始人面对面、科创圆桌派、创新沙龙等，截至 2022 年，已累计举办 50 余场。"百创汇"专家讲坛已开展 6 期，辐射培养集团总部部室、权属单位领导班子以及分管科技创新、发展规划的主要负责人 2 000 余人次，为集团创新创业培养了储备人才资源。

项目孵化初见成效

从项目投资及孵化来看，截至 2022 年，科创中心已完成对 4 家企业的投资，这 4 家企业年营业总额达到 2 亿元，其中包含 3 个产业链关键项目。科鲁德奥（山东）能源科技有限公司作为平台项目的典型代表，在当年实现营业收入过亿元。平台储备拟投资硬科技项目 9 个。从项目孵化来看，截至 2022 年年末，科创中心已为手持洗衣速干一体机等 15 个优质项目提供了知识产权保护、产品化、关键技术联合攻关等全流程的孵化服务，帮助项目实现从创意到产品小批试产再到市场推广的成长。

例如面向 IPTV（网络电视）、OTT（通过互联网向用户提供各种服务）的端到端数据逆向分析管控解决方案——浪潮终端应用数据逆向采集分析和物联网管控系统（IDS）项目，通过科创中心为期 1 年的孵化加速，已成立独立企业，顺利完成北京冬奥会显示系统运维支撑，为6个省多家服务商提供服务。具体而言，在创新创业辅导上，科创中心根据项目针对产品经理综合素质提升、商业模式梳理等实际需求，为其定制化开展了产品经理培训、商业模式工作坊系列创新创业活动。此外，项目团队也积极参与科创中心举办的"创课"系列培训课程，项目负责人及主要团队成员在创新思维、创业意识与创业技能等层面得到塑造与强化。在市场推广上，科创中心协助项目团队拍摄宣传视频、积极对接浪潮市场业务部及各省区销售资源，为项目产品推广提供了不同规模的曝光及宣介机会，其中包括在《山东新闻联播》中进行产品宣传。在基础设施上，科创中心为项目团队提供了入孵生日会、显示器采购等基础运营服务，以及网络资源、外协开发人员招聘、软著申请等技术支持。

再如"手持洗衣速干一体机"项目，它将喷射清洗、超声波震动清洁、大吸力回收和热风烘干四个功能有机集成，可以在居家、办公、差旅和商务等诸多场景下实现衣物局部污渍的高效清洁，属于创新型家电产品。在创新创业辅导上，科创中心邀请高校及行业的知识产权布局专家对项目团队专利布局进行一对一辅导，助力项目团队储备相关知识与技能；还组织工作坊，邀请多位专家对项目进行创新思维、商业模式以及股权设计上的优化。在供应商对接上，针对项目所需的样机制造、外观设计、广告制作、直播代运营商等资源，科创中心分别查询并辅助对接了多家供应商，让项目加速完成了样机优化迭代和量产工作。在市场推广上，科创中心为协助项目团队在集团内完成问卷调研，利用其渠道资源联络到酒店、商场、饭店、健身房等应用场景的主要负责人作为访谈客户协助完成产品调研，同时提供了蓝海等酒店作为产品试点，并在日常活动中多次进行项目产品宣传。在基础设施上，科创中心还为项目提供了包含防静电操作台、防静电椅、示波器、空气净化器的硬件实验室环境，持续进行9个多月的产品各模块软件、硬件调试，并完成不同污渍类型、同一污渍不同时间、不同洗衣液类型的百余次产品去渍实验，产品已经基本达到清洗标准。此外，科创中心还响应项目用人需求，为项目团队招聘了产品经理等关键岗位人员。

▶ 存在的问题及困惑

虽然科创中心诞生短短一年多时间已初见成效,但在孵化过程中面临的部分问题也让蔡伟及其团队陷入困惑。国有高科技企业内部创新创业在国内近几年刚起步,可供直接学习借鉴的成功案例尚不多见。一方面浪潮国有企业的属性,导致其内部创新创业的目的不仅是探索集团的第二曲线,完成政府在产业链自主可控上的制度安排也是重要的考量依据。另一方面,有别于民营企业的国有企业文化氛围,让浪潮需要实施创新性的举措调动起内部创新创业的氛围。因此,浪潮的内部创新创业的探索并不能找到很好的可直接借鉴参考的对象,蔡伟及其团队实质上进入了"无人区"艰难探索。比如浪潮有成熟的成本核算体系,但科创中心为内部创新项目提供的服务往往很难量化,也无法锚定具体的价格参照,很难进行精准计量。这给集团与子公司之间的账目结算造成困扰。此外,如何对创新项目进行较为准确的估值也是一项难题。另外,虽然集团业务横跨新一代信息产业的软硬件领域进而形成完备的产业销售渠道,但目前遵循的是专职销售模式,特定销售渠道和产品的耦合度过高导致部分创新产品难以嵌入到浪潮的销售网络中。最后,针对科创中心与集团层面的不同子公司以及业务部门如何更好地实现资源协同也需要进行更深入的机制设计。

▶ 尾声

"科创基金一期规模 2 亿(元),规划至 2025 年,科创基金规模将达 10 亿(元),将为更多的优质项目提供孵化服务。"对集团内部创新创业的未来发展,蔡伟充满了信心。平台上优质项目也在持续增多,项目库中也不断新增拟孵化项目。与此同时,创新创业的体制机制也在不断优化中。

步入"无人区",摸着石头过河的蔡伟及其团队能否带领浪潮科创中心创新制胜,寻找到第二曲线、再造一个新的数字浪潮?科创中心构建的国有高科技龙头企业内部创新创业赋能模式,能否全面激活集团内部创新创业活力?面对国家对信创产业的前所未有的支持力度,浪潮是否已准备就绪?我们拭目以待……

阅毕请思考：

1. 浪潮开展内部创新创业的动因是什么？
2. 浪潮内部创新创业的主要特色和举措是什么？
3. 浪潮内部创新创业孵化平台如何挖掘培育好的项目？
4. 浪潮内部创新创业孵化平台如何提升创业成功率？
5. 浪潮科创中心现有孵化加速机制存在哪些可能的问题与挑战？下一步如何改进完善？

INNOVATORS' COUNTERATTACK

第 17 堂课

数以智友，创新领航：
用友从 ERP 到 BIP 的嬗变秘籍

摘　要：
ABSTRACT

本案例聚焦当下和未来数字经济发展的重要议题：VUCA时代（充满未知和不确定性的时代），面对数字化、智能化浪潮，企业如何基于数字技术与数字化管理创新，打造产业数字化动态能力，从而不断更新竞争优势，领航产业转型升级行稳致远？ 1988年成立的用友，始终秉承"用户之友、持续创新、专业奋斗"的理念，深耕企业服务行业，以整合式创新战略为引领，在不断自我颠覆中实现创新跃迁，成为中国企业服务行业和软件国产化自主创新的引领者；进而驭变而行，依托所积累的传统产业数字化转型方法论，建设智能化数字创新基础设施，以平台创生态，构建共荣共生产业融合创新生态，破解产业数智化转型难题。 用友是如何自我进化，从财务软件入局者成长为企业管理软件领军者？ 又是如何自我颠覆，瞄准"云服务商"定位，率先布局云服务，实现商业模式创新，赋能产业智能化升级？ 未来，用友又将面临哪些挑战，如何选择应对路径？①

关键词

用友　自我颠覆　数字化　数智创新　商业模式创新
产业智能化

---

① 本案例由北京理工大学管理学院的尹西明、陈泰伦、苏雅欣、叶选挺，清华大学经济管理学院的李纪珍、陈劲撰写，入选中国工商管理国际案例库。

2022年3月23日，以"融智聚力 共赢BIP"为主题的2022用友生态大会高朋满座，各相关行业的领军企业如华为、中国移动、中软国际等齐聚一堂，作为用友战略3.0阶段的重要生态伙伴，共同见证用友的生态战略再次迈出关键一步。作为带领用友历经三十余年商界风云变幻的掌舵人，王文京在众人期待的目光中，以自信而有力的语调宣告："用友将营建全球领先的聚合型企业服务生态，与各类伙伴展开紧密合作，共同服务客户，共建产业生态。我们希望，在今年的生态业务开展过程中，与大家的合作一起做到有规模、有速度、有质量、有担当！"①

掌声雷动中，王文京不禁感慨，三十余年沧海桑田，从会计电算化到企业信息化，再到如今的数字化，有多少国内企业因错过转型机遇而被时代大潮无情地淘汰出局。而用友却依旧葆有强劲的生命力，扛起了国产企业服务软件赋能产业数字化、智能化转型的领军大旗。今日，聚光灯下用友的傲人成就广受赞誉，但曾经陷入增长泥沼时的彻夜难眠、无数次殚精竭虑的头脑风暴、数次战略制定会上的针锋相对，个中辛酸曲折，只有王文京和他的团队才能切身体会。若是走错一步，是否今日在大会上侃侃而谈的就会是某位后起之秀，而用友已经成了他人的"反面教材"？王文京心悸之余，更对于当年自己从ERP（企业资源规划）向BIP②转型的抉择而感到分外庆幸。正是基于及时研判、正确执行的数智化转型，用友才得以摆脱了一时的困境和可能的危机，实现创新嬗变，以独特的数字化动态能力，引领企业服务产业，持续助力中国企业数字化、智能化转型。

那么，在数字化浪潮中，创始人王文京是如何带领用友进行战略转型，实现从ERP到BIP嬗变的？用友又将如何在此基础上，依托其领先的BIP打造产业数字创新生态，加速赋能中国企业数字化、智能化转型，为数字中国建设作出更大贡献？

---

① 摘自王文京在2022用友生态大会上的讲话。
② BIP是商业创新平台（Business Innovation Platform）的英文简称，是利用新一代数字化技术，实现企业产品与业务创新、组织与管理变革的综合服务平台。

三十载筚路蓝缕，成就中国企业服务行业领军者

用友的起点，来源于为中国企业带来发展机遇的改革开放。中国企业在迎来前所未有的发展良机的同时，也面临着由与国际市场接轨所带来的现代化与信息化的迫切压力。1988 年，年仅 24 岁的王文京，在听闻国家支持创办新型体制企业的政策后，选择遵从内心的实业之梦，放弃了体制内的国务院直属机关稳定编制，与搭档苏启强在北京市海淀区中关村的一间小屋内，开启了对企业财务软件开发与运营这一蓝海的探索，"用友"应运而生。

仅仅一年后，用友推出的首款代表性产品"报表编制软件 UFO"一炮而红，被誉为"中国第一表"。在王文京的领导下，用友的财务报表软件迅速风靡全国。仅两年内，用友就在这一新兴市场成了市场占有率第一的领军企业。然而，在大部分人认为用友会继续将财务报表软件作为其核心业务时，王文京却敏锐地察觉到企业服务软件行业的颠覆性新趋势——ERP，并决定带领用友转向以 ERP 为核心的商业模式。

1996 年，王文京领导用友开启了国产厂商在当时被国外软件巨头垄断的 ERP 行业的"破局"之路。历时三年，其间有过团队纷争、员工跳槽、巨额亏损，但这些都没有动摇王文京转型发展的决心和信心。"宝剑锋从磨砺出，梅花香自苦寒来"。1998 年，用友正式发布其在 ERP 软件领域的第一代产品"用友 U8"，正式宣告进入用友战略 2.0 阶段，从财务报表领域进军到更广阔的企业服务软件市场。2002 年，用友超越 SAP，以国产软件厂商的身份正式坐上了中国 ERP 软件市场的头把交椅。而当时未及时转型企业服务软件的财务报表软件厂商，则大多在 2000 年前后退出了市场。

这次成功转型的经历，使得王文京在后来的经营中时刻提醒自己：精准判断下的主动求变，是决定企业生死存亡的关键！冥冥之中，等待着用友和王文京的，是数字技术变革带来的下一个风口，也是另一道待解的"Make or Break"（成败在此一举）转型抉择之问。

▶ "载舟还是覆舟？"：ERP 向 BIP 嬗变之难

内忧外困，以 ERP 为核心的商业模式亟待转型

2011 年，《中华人民共和国国民经济和社会发展第十二个五年规划纲要》出台，新一轮产业革命深刻影响着中国软件业的发展。而用友战略 2.0 时期所采取的聚焦中小企业的"自研+并购整合"的业务模式，囿于宏观经济压力与中小企业付费意愿较低等主客观因素，进入了增长瓶颈期，企业股价长期疲软，面临着被金蝶软件等反超的巨大挑战。

除了数字技术发展与政策变化带来的宏观环境挑战，用友所处的企业服务产业的竞争格局与客户需求也发生了剧烈变化。从供给端来看，用友首先面临着新进入者的强大冲击。2010 年起，中国互联网龙头企业和实业巨头纷纷进军企业服务产业，带来了"业务+IT"一体化的新商业模式与创新组织模式，对以用友为首的传统 IT 软件厂商造成了巨大冲击。互联网厂商如阿里巴巴、腾讯等有着成熟的资本运营模式，可以迅速将其资金资源和客户资源变现为产品和服务，依靠其已有的技术储备、强大的 IT 研发团队和现成的合作伙伴关系快速实现产品服务落地并触达企业客户，从而逐步深入客户心智并最终占据市场。不仅如此，国外厂商的云计算产品如微软 Azure 等也卷土重来，进一步蚕食用友已有的市场份额。另外，用友还要应对现有竞争对手的追赶和压迫。以金蝶软件为首的软件服务商们依靠先进技术及商业模式不断寻求突破创新，加快新产品迭代速度，希望实现对用友的后发追赶与超越。

从需求端来看，客户对于企业服务的需求重点逐渐从聚焦企业内部管理的"稳态业务"，转向从外部寻求发展机会、结合内部资源进行商业模式变革的"敏态业务"。随着数字经济成为推动经济发展的主引擎，数据要素成为新的关键生产要素，知识经济和平台经济等新模式逐渐成为企业关注的新一代成长风口，而数字化则超越了传统意义上的信息化，强调企业主体间跨边界的连接与融合，重构了企业的生产方式与管理模式。数字技术的应用颠覆了产业与行业的底层运行逻辑，技术和产品的迭代速度加快，企业的创新能力与创新效率成为决定企业发展上限的关键因素。这也就意味着，"开放"是企业在数字经济时代生存发展和创新突破的必然选择，内部与外部的实时交互将成为企业运营

的常态。而用友的核心产品 ERP，主要聚焦企业内部的精益化管理，从功能上并未支撑企业主动整合内外部资源以及与多方合作伙伴的有效协同，对于支持企业开展创新活动更是有心无力。因此，如何应对客户需求的转变，助力企业打通内外部信息资源，实现与供应链上下游合作伙伴的高效协同，也是用友亟须解决的痛点问题。

王文京深刻地感受到，用友又一次面临着关键的战略抉择时刻。从表面上看，用友依旧占据着 ERP 及企业服务产业的优势地位，但正如十余年前用友成功转型的经验所揭示的那样：转型的时机与落伍的危机往往难以察觉，一旦错过便可能在几年内面临被数字化浪潮淹没的危机！致力于服务企业信息化数十年的用友，如今也面临着数字经济所带来的商业模式变革的挑战。从 2012 年开始，王文京带领团队开始了艰难的转型方向和路径探索。

几经探索：终于确认以 BIP 为转型方向

企业转型首先需要明确的是转型的方法论与方向。只有明确了转型的方向，才能使企业转型符合行业和国家的发展趋势以及自身的发展需要。用友迫切需要自我颠覆式的转型，以获取在 VUCA 时代的先发优势与持续竞争力。但转型绝非易事，必须战略先行，明确"向何处转"和"怎么转"等关键问题，将转型的蓝图描绘清晰，以免陷入"南辕北辙"和"不知所终"的数字化悖论，在耗费巨大财务和时间成本后折戟沉沙。

王文京结合其经营用友三十余年的转型经历、行业洞察和商业直觉，总结提炼出独特的"冲浪模型"，用以指引用友在快速变化的数字经济时代，转危为安，驭浪前行。"冲浪模型"可以看作是对管理学中的"第二曲线"和创新跃迁的形象化解读。在王文京看来，企业若想持续发展，就必须如同冲浪运动员一样，时刻做好迎接一波又一波产业革新浪潮的准备，不能有片刻的松懈，因为冲不上下一波浪潮，往往就意味着企业会在激烈的市场竞争中失利甚至覆灭。① 而王文京与用友的专家在研判后得出结论：对用友来说，最新一波的浪潮，就是由数字技术变革带来的企业、产业乃至社会运行的"数智化"，一系列政策文件确定的企业软件与信创产业"国产化"，以及国产企业软件

---

① 这就是冲浪模型的内涵，该模型已成为用友应对产业外部环境变化的战略指南（见附件1）。

"国际化"叠加而出的历史性发展机遇。用友在这一新阶段所提供的企业服务，也应该聚焦在如何利用产品为产业数字化转型赋能上。这一关键判断，为用友在数字经济时代与"双循环"发展格局下加速转型、重塑领先优势指明了大方向。

明确了企业"冲浪"的大方向，还需要借由可行的战略和路径打造出新的核心产品。对用友而言，这意味着需要依托新的数字技术和数字化商业模式，结合新理念形成"战略3.0"时期的核心产品，为用友这艘大船打造冲上数智化浪潮之巅的新引擎。自2010年起，王文京带领团队殚精竭虑、集思广益，开始布局其云服务战略转型蓝图，逐步形成了"平台化发展"的新策略，但虽几经探索，仍未寻得良策。"众里寻他千百度，蓦然回首，那人却在，灯火阑珊处"，一次偶然的海外探访机会，启发王文京找到了远航的灯塔。

2014年，当时已连续四年获评《福布斯》"全球最具创新力企业"的Salesforce引起了王文京的关注。作为企业服务产业的同行，当时已经是CRM领域全球当之无愧霸主的Salesforce所采取的商业模式无疑是值得用友借鉴的。经过与Salesforce团队的接触及与其创始人马克·贝尼奥夫（Marc Benioff）的深度交流，王文京意识到，Salesforce基于网络以订阅方式规模化地提供企业服务的SaaS模式，虽然在当时的中国还处于发展的萌芽期，却蕴含着技术发展及市场需求趋势的必然性。"这就是我们在战略3.0阶段应该追求的新型商业模式"！王文京决定将云原生的SaaS服务模式打造为用友战略3.0阶段的核心引擎，明确了转型的方向和路径。

随着数字化转型和业务升级的节奏加快，企业"上云"的需求日益强烈。与传统软件应用技术相比，云原生的软件和服务兼具了成本低、协同性高、迭代快、部署灵活等多种优点，可以有效加速企业数智化进程。在数字时代中国企业业务开展方式趋向于在线化，业务开展范围趋向于跨区域甚至全球化的需求变化下，SaaS模式下的云服务能同时惠及客户和企业服务供应商。对客户而言，SaaS模式提供了灵活性和便捷性。而对企业服务供应商而言，这一模式则能够实时感知用户需求，提高运营效率并且降低成本。通过帮助企业"上云"从而加速其商业创新，成了用友数智化转型的核心经营理念。

2014年，用友正式进军企业互联网服务，提供财务、营销、人力资源及企业协同等服务。2015年，用友将企业名称从"用友软件股份有限公司"更新为"用友网络科技股份公司",标志着用友瞄准"云服务商"定位的决心。2016年,用友正式宣布进入战略3.0阶段,以BIP全面加速"企业互联网服务",将其使命定位在服务企业数字化转型与商业创新上。

从ERP到BIP:战略引领的数智创新嬗变

战略升维,价值引领优势构建

用友战略3.0是基于企业对于数字经济发展趋势、国家政策走向、企业服务产业格局变化的综合判断而制定的。用友战略3.0的终极战略目标,是成为全球领先的社会级商业创新平台供应商,携手十万家生态伙伴,服务亿级社群个人和千万企业客户。这一阶段,战略规划占据着最核心的引领位置,企业经营活动全都围绕战略目标进行设计与布局,并依据战略变化及时进行动态调整。

内外部因素结合下,用友从价值理念上进行了根本性转变,这也是其战略3.0的内核——从单维到多维,通过企业服务和对客户的"全生命周期"管理助力客户成功;从聚合到破圈,通过拥抱云计算实现生态整合,突破传统意义上的产业边界,携手生态伙伴共同助力产业转型升级;从ERP到BIP,标志着用友主营业务从软件服务向云服务进化,依靠平台架构实现数智化背景下的业务场景重构与客户个性化需求满足。

"以价值创新为核心引领,做企业数智化和商业创新的推动者,是用友战略3.0的本质所在。"用友集团副总裁郭金铜反复强调。

为了冲上新一波的机遇与挑战之"浪潮",王文京决心全方位推进用友的自我革新,基于整合式创新的理念,构建支撑产品与服务的数字化核心技术能力,夯实创新根基,通过设计匹配市场需求与重塑自身优势的组织模式实现制度赋能,并且重视组织与技术的柔性,构建数字化动态能力,获取可持续数智创新竞争的优势。

在2020年开始的战略3.0-II战略阶段,王文京带领用友瞄准"数智化、国产化、国际化"三大浪潮叠加的发展机遇,打造了核心产品YonBIP,聚焦"强产品、占市场、提能力"三大关键任务,以"平台创生态"的主张,全面加速数智化转型。

场景驱动，筑牢数字化技术核心能力

对于用友所处的企业服务产业这一技术密集型产业，技术创新能力是企业创新能力的基底，只有通过形成竞争对手难以模仿的技术核心能力，才能使得用友具备差异化的核心竞争力，这也是用友战略3.0得以实施的基石。因此，用友对技术与研发的重视和投入强度，始终处于行业绝对领先位置。与此同时，用友技术核心能力建设的一大特色在于，将其研发体系定位在覆盖大部分应用场景及行业领域上，从而支撑其丰富的业务场景与广泛的客户需求。

用友自成立之初，就注重构建行业领先的自主研发能力，保障研发投入的高比例与研发体系的持续完善。用友实行分层研发体系，匹配其经营战略，确保在覆盖多个领域、数种场景的开发需求前提下，针对不同类型客户因地制宜形成个性化优势。正因为用友战略3.0对研发团队的高要求，企业每年在资金与人员支持上对研发团队倾力支持：2021年上半年，用友的研发投入达到了9.5亿元，同比增长38.9%；研发投入占营业收入比例超过30%，较上年同期增加6.7%。而2022年上半年，用友的研发投入同比增长30.1%，体现了其对于"强能力"的一贯支持。"我们的研发及应用体系效率向互联网龙头企业看齐，并特别强调实时完善与更新"，用友时任助理总裁崔同宁补充道。

在与同行领军软件企业的交流合作上，用友全系列产品与华为鲲鹏体系和中国电子PKS（飞腾CPU+麒麟操作系统+安全软件）体系适配，并与中国电子、华为、阿里巴巴、紫光等企业在技术上建立战略合作伙伴关系。此外，用友还利用其院校教育业务探索校企合作新范式，从而进一步深化产教融合，扩展和升级产教融合创新人才培养模式，搭建产学研服务平台，积极推动"数字化人才培养方案"落地，为研发与技术团队持续提供高水平人才与院校智慧。

在研发与技术的高投入之下，用友持续在核心平台和应用产品方面实现突破。其中，用友BIP实现了以同一个技术底座、同一套代码、同一个平台满足不同规模的客户对公有云、私有云、混合云不同需求的部署；在核心领域，产品总体性能对标国际领先厂商，个别场景单点突破；在优势行业树立标杆，推进国产替代；其iuap开发平台多云融合适配不断加强，数据智能增强场景突破，构建国内领先云中台能力。用友YonSuite作为国内首款面向中型企业客户云原生、多租户的公有云产品，实现每周迭代上新，产品性能在迭代中持续增强，为其在中型企业客户市场云服务业务上的高速增长建立了产品优势。

好马配好鞍：打造数字化管理核心能力

技术核心能力是支撑企业战略转型的一大支柱，另一大支柱则是通过对企业经营体系进行再造，重塑企业管理核心能力，赋能企业创新。2021年1月，董事长王文京在2019年短暂卸任CEO后，再次挂帅CEO一职，为的就是加快推进用友战略3.0进程，将战略统筹与具体执行紧密联合，从组织架构、人事任命、激励机制等多个管理维度保障战略决策的高效落地。

按照用友战略3.0的部署，用友在这一阶段的商业模式的核心理念是以平台化、生态化的方式，满足企业客户利用数智技术对产品和服务与组织和管理的创新需求。用友为其商业模式更新了匹配的组织体系，将原来分散的云服务组织重新整合，形成专注于大型客户的混合云事业群与聚焦中型客户的公有云事业群。除此以外，为强调YonBIP在战略3.0时期的核心产品地位，用友还专门设立了BIP产品本部，负责整合云平台事业群内的云产品本部、集团产品与业务规划部、集团技术与架构规划部，以此支撑支持云平台、中高端业务的发展。BIP产品本部的技术和产品研发与其他产品的研发、生产可以进行明确区分，同时平台、各领域等子模块部门划分明晰。

为了践行用友战略3.0中从软件供应商到强调长期伴随成长的商业创新服务商的转型，用友专门设立了客户成功部，组建专业咨询团队或与国内外顶级咨询企业合作，了解客户在接受用友服务后的新挑战与新需求，并基于用友的平台与生态持续给出有针对性的解决方案，从而使用友参与客户迈向成功的每一个关键阶段，实现客户与企业的共赢。为了更好地实现与伙伴的生态构建以执行其生态战略，用友在战略3.0时期新成立了战略生态本部，每个子公司也有隶属于战略生态本部的生态业务部门，专注于生态构建与生态伙伴关系经营。

除商业模式变化带来的经营体系变革之外，用友还在人员管理制度上进行了多项改造，以期最大化组织创新能动性。具体来看，一是通过员工双通道发展体系与优秀员工快车道发展机制的结合，提升员工自我效能感和积极性；二是在促进内部人才流动的同时加快高端人才的引进与培养，尤其是对数字化专业化服务人才及高素质应届毕业生的引进，为组织注入新鲜血液与创新活力；三是持续优化组织内部知识管理模式，通过提供知识服务、在线学习和经验分享平台，提升内部员工的数智化素养及服务能力。

在创新激励上，用友也建立了相应的制度来充分调动员工的创新积极性，鼓励企业内的全员创新。针对企业全体人员，用友设立了一年一度制"用友创新奖"，奖励范围包含技术创新、管理创新、解决方案创新，一等奖高达100万元，以期用高激励来促进内部创新和全员创新。除物质激励之外，用友还为各级组织配备了相应的"文化官"制度，培育企业内部持续创新的文化。

柔中有韧，构建数字化动态能力

数字经济时代企业发展环境的一大典型变化在于，由于技术变革的迭代时间大幅缩短，企业所面临的竞争格局随时可能发生颠覆性改变。而用友所处的企业服务产业，是企业数智化转型的先驱和领航者，更需要灵敏地洞察各个客户产业的变化端倪与发展趋势，并及时在战略规划和业务内容上做出相应的微调，从而更好地匹配客户的需求。为了在动态市场环境中建立持续的竞争优势，用友专注于战略、技术、组织三个方面，通过定期的整合重构来打造企业的动态能力和组织韧性，建设可持续的商业创新生态。

用友在战略 3.0 阶段十分重视战略的灵活性与及时性，根据技术与商业模式的最新变化及客户实时反馈进行战略调整。用友各事业部内部定期召开战略检视会，汇报并讨论战略执行情况及可能影响战略规划的最新因素，对具体问题或可优化事项确定调整方案，并及时予以实施，确保相关战略问题得到解决。其中，短期问题当期解决，长期问题归类为年度目标来进行长期规划，确保每个有关战略的问题都能得到妥善且及时的处理。

在组织的整合重构上，用友把总体战略划分为聚焦不同业务的具体新战略意图，将其分解成新的目标，并围绕这些目标重新进行业务设计与组织建设。具体来看，先形成达成战略愿景目标的路径图，再围绕路径中的关键步骤在组织层面具体落实；建立组织与岗位体系后，再去寻找每个部门达成战略目标所需要的人才与员工，制定相应的选材标准与考核计划，完善一系列流程支撑，从而真正地在架构中把战略规划落地。在这一套完整体制的支撑下，用友的战略变化能够明确影响相关的组织结构，并使其更新调整以匹配外部环境。

数字经济时代，客户需要产品具备便捷性和易用性，这决定了产品内部架构的高复杂度与高关联性，用友在产品前端进行的每一个细微变动，都会引发配套研发体系的每个部分产生剧烈的变动，这使得技术研发团队每时每刻都在面临挑战。因此用友在组织重构中注重组织韧性的打造，确保技术和研发体系能随时根据业务变化与客户需求进行动态优化，提升客户的认同感与满足感。

"以平台创生态"：用友"变奏"进行时

在确定数智化转型战略的过程中，王文京意识到，用友作为企业服务产业的领军企业，在中国当前的产业数智化发展中有着特殊的使命和独特的定位。在数字经济时代，企业最需要的服务莫过于进行数字化转型并持续开展商业创新。这也意味着，用友自身承担着"赋能"中国各个产业数字创新和数智化发展的关键任务。只有真正将企业战略发展目标和角色定位在平台建设者和生态构筑者上，打造支撑企业数智化转型和商业创新的数字基础设施，才能重塑用友于数字经济时代的核心价值与竞争力。国务院先后于2021年和2022年公布《中华人民共和国国民经济和社会发展第十四个五年规划和2035年远景目标纲要》以及《"十四五"数字经济发展规划》，明确推进产业数字化和数字产业化。为此，用友围绕其基于平台架构打造的核心产品YonBIP，重点关注依靠客户企业和联合各个产业领军企业构建数字化商业创新生态，从而推动中国实体经济各大支柱产业的数智化转型进程。

用友所主张的"以平台创生态"，绝非空穴来风或主观臆断，而是王文京及其团队基于对产业模式发展进程和数字经济的深刻理解，综合多方面分析与实践后得出的战略判断。用友通过观察并总结发达国家企业与产业的发展模式，发现数字经济时代更加强调产业价值链在全球范围内的重新设计与布局，由集团型企业向产业平台型企业的转型已是大多数发达国家企业的选择。而产业平台之间的相互连接则需要依靠完整的产业生态体系。平台模式是企业主导的经营模式，而生态体系是建立在该模式基础上的企业网络化协同的整体图景。跨界融合是未来数字经济的新常态，生态系统堪比知识产权，能为企业创造独一无二的新价值。未来，新的行业引领者将选择真正惠及全部生态伙伴的新模式开展合作，只有积极融入生态的企业才能够在与伙伴的互助成长中受益，而孤立者则更加难以开展业务。

用友战略 3.0 阶段的核心代表产品 YonBIP，是在数字化技术和应用架构体系支撑下，聚焦企业数字化创新策略，为海量场景下的企业数字化、智能化商业创新提供服务的专门平台（见附件 2）。从技术上来说，BIP 是新一代信息技术智能化特征的集中体现，大数据、AI、区块链、云计算、物联网、5G 等技术载体在 BIP 内充分集成，可实现企业服务解决方案的互联化、可扩散化与外部激发属性。BIP 的目标是支撑企业快速结网、快速接入产业上下游企业以及社会资源，因此社会化的产业互联网平台将是 BIP 的终极形态。2022 年 8 月，YonBIP 3 正式发布（见附件 3），标志着用友 BIP 已经进入了第三个发展阶段。该平台包含了 5 项首创或领先的技术、6 大领先的应用架构、465 项创新服务以及快速增长的生态体系，已建成目前全球覆盖领域最多的企业云服务群。

在 BIP 平台的支撑下，用友能更好地致力于建设自发自洽、具有内部价值链的商业协同网络，也就是用友所期望构建的生态。依靠 YonBIP 的基础能力和固有属性，用友得以开展生态战略，提供全生命周期的 ISV 服务和在线运营，携手伙伴共同服务企业客户。用友深刻认识到，不同产业数智化转型的需求与场景大相径庭，多元的场景与需求难以通过用友一家企业的开发来实现全覆盖。而通过生态合作的模式，用友可以为不同的行业提供异质性的服务，直达各个产业数智化转型的关键痛点；还能与各个产业的产业链核心企业开展协同共创，将行业领先生态伙伴解决方案集成于用友产品体系，同时将成熟的企业服务产品集成到生态合作伙伴的平台中。为了全面构建数字商业创新生态，用友还提出了"五大生态计划"（力合、犇放、扬升、千寻、汇智），集合战略联盟生态伙伴、专业服务生态伙伴、ISV 生态伙伴、渠道生态伙伴、人才生态伙伴，从企业、组织、政府、个人四个层面形成完整的生态体系（见附件 4），赋能中国产业数智化转型升级。

如今，用友数智化创新转型已经结出硕果：2023 年，其在 Gartner 与 IDC 等行业权威机构的评选中入选全球十大 SaaS 厂商，且是其中唯一的亚洲企业；荣获 IDC 2021 年全球客户满意度大奖，也是唯一入选的中国厂商；多年在中国多个不同分类 SaaS 市场均蝉联占有率第一；结构持续优化，2021 年云业务占比首次超过软件业务，云服务关键指标均实现高速增长；2022 年上半年云业务收入同比增加 52.6%，营业收入占比从 2021 年的 59.6% 上升至 65%，在经济下行压力下实现了超预期增长；多个国内大型券商在 2022 年首次给予用友网络股票"买入"评级。用友的战略 3.0 也在步步为营，稳步推进。

1. 结合案例内容，展开谈谈，用友从 ERP 向 BIP 进化，有哪些内外部动因？

2. 请简要概括用友从 ERP 到 BIP 转型的战略内容，这一战略是如何指导用友数智化转型的？

3. 在从 ERP 到 BIP 的嬗变过程中，用友是如何打造数字化时代的动态能力的？4. 作为产业领军者，用友是如何发挥数字化动态能力优势，促进产业数字化转型的？

5. 在 VUCA 时代，资源愈发有限，竞争愈发激烈，需求愈发多样，用友应选择哪一条产业赋能路径，鱼和熊掌能否兼得？

▶ 数以智友，创新领航：用友战略 3.0 的光荣与梦想

王文京在接受采访时，回顾自己的初心与经营梦想："企业也是一个有生命的机体，是需要梦想驱动的，当年我们的梦想是要发展民族软件产业，推进中国管理现代化；今天我们的梦想就是要用信息技术推动商业和社会进步。"时至今日，他的理想未曾改变。

展望"十四五"，国家领导人多次讲话和《"十四五"数字经济发展规划》等政策文件都释放了一个重要信号——做强做优做大我国数字经济，智能化综合性数字基础设施的建设与国产化软件的广泛场景化应用必不可少。而在这一领域，用友作为中国企业服务产业的领军者与先行者，正在依托其先进的商业创新平台 BIP，打造赋能千行百业的工业互联网平台，构建共生共荣的产业融合生态，为中国乃至全球企业的数智化转型提供关键支撑与解决方案。

在 2022 年用友生态大会上，王文京正式宣告用友开启"生态 2.0"时代，提出全面构建"用友生态伙伴网络"，升级五大生态计划，建立四个生态支持体系，与伙伴们一起联合创新，营建全球领先的聚合型企业服务生态。用友以战略变奏领航产业数智化转型之路，始终在进行时。

在王文京眼中，商业是以效率最优的机制持续造福人类的事业。他相信，用友在未来，也必然会依托"平台+生态"的数智化商业创新体系，与中国各行业领军企业通力协作，以产业互联网驱动中国产业数字化，成就下一个来自

中国的企业服务业全球创新领军者。

挑战始终都在。例如，面对客户群体繁多、需求个性化等难题，如何依托核心技术打造全产业、全场景的生态架构，通过商业模式创造可持续价值？目前，用友在探索中形成了以 BIP 为核心的"一核双翼"模式，一条路径是直接赋能多场景和海量用户，另一条路径是通过与产业领军企业和开发者合作，间接赋能产业数字化转型。然而，在未来资源愈发有限、竞争愈发激烈、需求愈发多变的环境下，鱼和熊掌能否兼得，用友应侧重投资和发展哪一条产业赋能路径？此外，在这个"黑天鹅"频发的时代，一波又一波的汹涌"浪潮"纷至沓来，来自同行的压力以及舆论的质疑，不断挑战着掌舵者的战略定力和战略视野。而历经三十余年风起云涌的用友，始终把视野聚焦于前沿，时刻准备冲上新一轮技术跃迁和时代变革的浪潮，为中国企业的数智化转型与发展贡献自己的智慧和力量。

扫描查看本案例附件

阅毕请思考：

1. 结合案例内容展开谈谈，用友从 ERP 向 BIP 进化，有哪些内外部动因？

2. 请简要概括用友从 ERP 到 BIP 转型的战略内容，这一战略是如何指导用友数智化转型的？

3. 在从 ERP 到 BIP 的嬗变过程中，用友是如何打造数字化时代的动态能力的？

4. 作为产业领军者，用友是如何发挥数字化动态能力优势，促进产业数字化转型的？

5. 在 VUCA 时代，资源愈发有限，竞争愈发激烈，需求愈发多样，用友应选择哪一条产业赋能路径，鱼和熊掌能否兼得？

INNOVATORS' COUNTERATTACK

第 18 堂课

总结：新质生产力与创新逆袭战略

当前，我们正处在 VUCA-BANI 大变革时代：世界政治经济环境不仅变得越来越不稳定（Volatility）、不确定（Uncertainty）、复杂（Complexity）和模糊（Ambiguity），而且更加脆弱（Brittle）、焦虑（Anxious）、非线性（Nonlinear）和不可理解（Incomprehensible），如何应对 VUCA-BANI 变革成为企业管理者、创业者和政策制定者必须面对的难题。各行各业正在经历颠覆性变革，一些曾如日中天的行业巨头纷纷从巅峰跌落，还有一些曾经引领潮流的行业领先企业也风光不再，跌入"创新者的窘境"；然而，一些后起之秀、新锐企业却依靠颠覆性技术创新或商业模式创新快速异军突起，如特斯拉、英伟达、抖音、OpenAI 等。这些企业能够快速逆袭靠的是什么？有什么创新规律可循？它们成功背后的创新密码和规律是什么？企业创新逆袭的关键是什么？如何应对变革时代的挑战？企业转型升级有哪些创新法则？

与此同时，中国的创新发展正处于世界百年未有之大变局和中华民族伟大复兴战略全局的交汇阶段，中国式现代化新征程上，以企业为主体加快发展新质生产力，成为经济社会高质量发展的关键着眼点。新质生产力是创新起主导作用，摆脱传统经济增长方式、生产力发展路径，具有高科技、高效能、高质量特征，符合新发展理念的先进生产力质态。它由技术革命性突破、生产要素创新性配置、产业深度转型升级而催生，以劳动者、劳动资料、劳动对象及其优化组合的跃升为基本内涵，以全要素生产率大幅提升为核心标志。加快发展新质生产力，对企业创新发展和个人认知更新提出了更高的要求。

企业是国家创新体系的核心主体，也是培育新质生产力的主导性力量。在外部变革加速和内部高质量发展的新形势新要求下，如何以颠覆性创新思维，发挥企业家精神，不断开辟企业发展的"第二曲线"，增强企业的"反脆弱性"，面向国家发展、产业升级和企业转型的海量场景需求，因地制宜加快发展新质生产力，需要重塑个体和组织认知，从传统的线性思维迈向成长型和场景思维，在增强核心能力的同时，更加重视培育面向未来的动态能力和先导能力，从而以颠覆性创新打造组织、产业和国家发展的"第二曲线"，不断开辟新赛道、新业态、新模式，形成引领新质生产力发展的新动能。

🔊 从 VUCA 到 BANI 时代

经济学家沃伦·本尼斯（Warren Bennis）和伯特·纳努斯（Burt Nanus）

于 1985 年在《领导者》一书中首次用"乌卡时代"(VUCA)来描述冷战结束后世界局势呈现的不稳定、不确定、复杂且形势模糊的状态,旨在解释新兴的世界动态。VUCA 时代主要强调不确定性。

然而近几年来,世界发展环境再一次发生了深刻的变化,"VUCA"一词已经很难精准地描述当今的时代特征。

我们刚刚习惯了使用"VUCA"作为对世界不确定性的常见描述,又不得不面对和重新思考描述这个时代代表脆弱和焦虑的一个新术语:"巴尼"(BANI)。

美国未来研究所(Institute for the Future,IFTF)的学者贾迈斯·卡西欧(Jamais Cascio)曾被评选为全球百大思想家,他在 2016 年所提出的"BANI"一词,更加清晰地描述出当前形势对于人和组织造成的影响。而随着全球新冠肺炎疫情的暴发,这一术语逐渐走进众人的视野。

BANI 由四个英文单词的首字母组成:B 指的是 Brittleness(脆弱性),A 指的是 Anxiety(焦虑感),N 指的是 Non-Linear(非线性),I 指的是 Incomprehensibility(不可理解),这个词被用来描述当今世界复杂的变化。BANI 体现了一种不稳定、持有怀疑和恐慌迷乱的心理特征。BANI 时代主要强调脆弱性,进一步凸显了个体和组织韧性的重要性。

俄乌冲突持续,新一轮巴以冲突爆发,单边主义和保护主义的"逆全球化"愈演愈烈,全球经济动荡和地缘政治冲突交织……当今世界正进入一个新的发展阶段,一些重大且势不可挡的事情正在发生。BANI 描述的不只是模糊、不可预知,它更向我们展示了当前整体系统的脆弱及人们内心的焦虑。

2020 年第一季度,比亚迪燃油汽车占其整体汽车销量的 63.8%。然而,仅仅 2 年之后,2022 年 4 月 3 日,比亚迪宣布,根据战略发展需要,自 3 月起已停止燃油汽车的整车生产。这意味着比亚迪成为全球首家放弃纯燃油汽车生产的传统汽车企业。这就是典型的非线性发展。

"创新者的窘境"与颠覆性创新挑战

"创新者的窘境"

在当前的 VUCA-BANI 时代,各行各业正在经历颠覆性变革。其中一些企业陷入"创新者的窘境",如柯达、诺基亚、摩托罗拉等。

1997年，哈佛商学院的克莱顿·克里斯坦森（Clayton Christensen）教授写了一本叫《创新者的窘境》的书，这本书被美国《福布斯》杂志评为20世纪末最具影响力的20本商业书籍之一。

颠覆性（又称破坏性）技术（Disruptive Technology）是指企业基于够用技术（Good Enough Technology）的原则，建立在新技术或者各种技术融合、集成的基础之上的一类不连续技术，它偏离现有主流市场用户所重视的绩效属性（价值网络），引入低端用户或新用户看重的绩效属性或属性组合的产品或服务，通过先占领低端市场或新市场来拓展现存市场或开辟新的市场，从而引起对现存主流市场产品或服务的部分替代或颠覆。

还有一些大企业，目前虽然看起来（例如一些财务表现）仍然很光鲜亮丽，但其实在某些传统主营业务上也正在遭遇"创新者的窘境"，例如联想、百度、格力等。再如，过去二三十年，我们用的电脑大多数搭载着微软Windows操作系统，其市场占有率一度超过90%；但最近十多年，进入移动互联网时代后，随着智能手机逐渐取代PC成为大家最常用的聊天、上网办公产品，Windows操作系统不再在智能手机市场占据霸主地位，智能手机中搭载的多为安卓移动操作系统、iOS系统、鸿蒙系统等操作系统新贵。

再如，半导体巨头英特尔过去在PC时代一直是最主流的CPU芯片供应商，但进入移动互联网时代后，英特尔突然发现，自己在移动芯片领域开始掉队了。智能手机芯片主流供应商基本是高通、苹果等，目前ARM架构占据手机处理器90%的市场份额，而英特尔在智能手机领域的市场占有率几乎可以忽略不计。

为什么智能手机不能继续沿用英特尔芯片？首先需要指出的是，英特尔的CPU芯片处理速度、综合性能等核心指标，仍然是全球领先的。那么英特尔在智能手机市场做错了什么？是因为电脑端CPU芯片体积过大，不适用于手机，还是因为英特尔CPU芯片价格太贵，事实上这些都不是关键原因。

基于X86架构的英特尔CPU芯片的综合性能、速度在当时要好于高通芯片，但基于ARM架构的高通芯片在智能手机新市场主打的是低功耗。过去，消费者在购买电脑时，关注的是CPU芯片的运算速度（性能），CPU芯片越快越好；而到了移动互联网时代，消费者在购买智能手机时，最大的痛点和关注的焦点，已经不是手机芯片的速度（性能），而是功耗，因为这直接影响到手机待机时间和是否过热。

综上所述，在大变革时代，原先如日中天的一些行业领军企业如今之所以陷入"创新者的窘境"，不是因为自己不努力，不重视创新，而是因为努力的方向出现了偏差，也就是创新战略出现了方向性问题。

以不连续性为特征的技术动荡导致产业重新洗牌的现象在商业史上屡见不鲜。克里斯坦森在研究中发现，许多优秀的企业——曾经被人们崇拜并竭力效仿——通常是以很强的创新和执行能力而著称的企业，最终却在市场和技术发生突变时，丧失行业领先地位。而得到的令人惊讶的结论是：良好的管理是导致这些企业衰败的原因。

这一结论出人意料，但却非常合理。这些企业为当时主流顾客的意志所左右，勇于投资新技术，用这些技术向其顾客提供更多他们所想要的那种更好的产品；它们认真研究市场的趋势，系统地将资本投向那些可以保证最佳回报的创新项目。在这样的原则下，积极投资于颠覆性创新显然不是这些企业理智的财务决策，最终这些绩优企业因难以应对颠覆性创新而走向衰败。

▶ "创新者的窘境" 的典型特征

如果追求成长的方向出现偏误，后果往往比没有成长更糟

很多在位大企业努力把现有产品越做越好，如柯达把胶卷越做越好，但新一代年轻用户最需要的已经不是色彩更鲜艳的胶卷，而是可以随时分享和保存的数码相片。

苹果创始人史蒂夫·乔布斯（Steve Jobs）非常推崇福特汽车创始人亨利·福特（Henry Ford）的一句话："如果你问你的顾客需要什么，他们会说需要一辆更快的马车。"当苹果和谷歌已经在为用户提供"汽车"时，诺基亚仍在努力推销"更快的马车"，而这也是它曾经最为擅长的。

颠覆性创新的核心是主动响应市场变迁

面对颠覆性创新的挑战，在位企业应该积极主动地做出改变，否则往往会错失机会。在 2007 年苹果推出颠覆性的产品 iPhone 时，诺基亚正发展得如日

中天，在全球手机市场上的份额高达40%，其销售额、利润也达到了历史最高峰。当时诺基亚虽然也有智能手机业务，但其主要收入来源仍是功能手机，且不急着将自身的产品线从过去的功能手机转向智能手机。但当诺基亚发现自身销售额、利润下滑时，想要大力转型，却发现已经来不及了。

"这进一步巩固了我们在全球移动设备市场的领导者地位。诺基亚从1998年开始就拥有了这一地位"。诺基亚2008年之前的历年年报中，在公布当年的手机发货量及全球市场份额之后，总会加上这么一句话，自负之情溢于言表。但当时，没有人对此提出异议。2004年，全球手机出货量总计6.43亿部，诺基亚贡献了其中的2.077亿部，占比约32%。而至2007年，在全球售出的11.4亿部手机中，有4.37亿部由诺基亚出产，占比高达约38%。到了2008年，诺基亚的手机销售量进一步攀升至4.68亿部，在全球手机销售总量（12.1亿部）中所占的比重继续攀升至约39%。当时，诺基亚既是全球手机市场的领导者，也是智能手机市场的先驱。

早在2002年，诺基亚就推出了全球第一部、基于塞班（Symbian）系统的智能手机。2007年，在全球售出的1.17亿部智能手机中，有6 050万部产自诺基亚，市场份额高达52%。诺基亚在当年的年报中不无自豪地写道："塞班S60操作系统，是全球领先的智能手机平台。"但正是在智能手机市场，随着苹果iPhone和谷歌安卓手机的相继推出，诺基亚手机业务走向衰落，由此撼动了其帝国的根基。

2007年，在由诺基亚主宰的时代，全球智能手机市场出货量仅为1.17亿部；而2008年之后，随着苹果和安卓手机的先后推出，整个智能手机市场开始迅速扩容。2008年，全球智能手机出货量增长至1.61亿部；2009年，这一数字增长为1.76亿部；2010年，继续增长至2.86亿部；2011年，更是大幅增长至4.91亿部。

2013年诺基亚手机业务被出售给微软的时候，诺基亚的CEO说了一句经典的话：我们并没有做错什么，但不知道为什么，我们输了。

颠覆性创新往往最早出现在大企业，但成功的大企业往往选择既得利益最大化战略，常要为主营业务的增长让路，从而延误了主动响应市场变迁的时机，错失了在非主营业务上大放光芒的机会。

1975年，柯达应用电子研究中心工程师史蒂文·塞尚（Steven Sasson）开发出世界上第一台数码相机，比索尼早了整整6年；但由于担心影响自己的胶片市场，柯达把这一革命性的发明雪藏了。这台相机以磁带为存储介质，拥有1万像素，记录一张黑白影像仅需要23秒，它的出现颠覆了摄影的物理本质。但由于需要用磁带记录图像，成本高昂，不具有实用性，因此没有得到市场的认可。当时柯达企业内部的人对这个新发明的反应是："它很不错，但不要告诉任何人。"直到2003年，柯达才宣布全面进军数码产业。当时佳能、富士等日本品牌已占据"数码影像"的龙头地位，韩国三星、中国华旗等企业已初具规模。无可奈何花落去，柯达完全丧失了"数码影像"领域的市场份额。在狼狈又艰难地度过8年后，柯达于2012年宣布破产。一个百年巨头轰然倒下，留下了一声叹息。

颠覆性创新的本质是创造新的需求和新的市场

在发现了颠覆性创新的机会之后，成熟企业总是去现有客户那里获得需求反馈，而完全没有考虑到颠覆性创新可能并不存在于现有客户的需求之中。

酒店行业在过去几十年的时间里没有遭遇过颠覆性的挑战，因此爱彼迎（Airbnb）的出现让传统酒店措手不及。爱彼迎是共享经济的典型案例，它让房客住在当地居民家中闲置的房间里，享受性价比高的服务同时可以体验当地风土人情。凭借这样的颠覆性商业模式创新，爱彼迎异军突起，开辟了互联网民宿的新市场，并抢占了部分传统酒店行业的市场。它的创新之处不在于简单地去除了中间商直接交易，而在于让所有人都可以快捷地运营自己的"酒店"，哪怕你只有一间房、一张床。经营门槛直接降到最低，这是对千百年来传统酒店行业的再造。它开辟了互联网共享民宿这一新品类，创造了增量，让更多的人愿意旅游了。同时也给有空余房间的居民提供了创收和就业机会。

2022年，爱彼迎全年营业收入达到了84亿美元，较上一年增长40%。爱彼迎还凭借打破传统的创新产品和高适应性的商业模式，荣登全球知名商业杂志《快公司》发布的"2023年度全球最具创新力企业榜单"。

虽然代表新酒店经营模式的爱彼迎和传统酒店不存在直接竞争，但进行对比后我们发现，全球最大的酒店集团万豪（Marriott）2022年营业收入为207.73亿美元。后者日常要管理30个品牌，7 642家酒店，140多万间客房，属于典型的重资产。这种商业模式在多变的商业环境中韧性不大，如新冠肺炎疫情这类的公共突发事件，对它们来说是致命的。同年，希尔顿（Hilton）营业收入约为87亿美元，仅略高于爱彼迎。更关键的是，万豪达到该营业额用了近百年，希尔顿超过了百年，而爱彼迎只用了15年。

在竞争白热化的酒店行业，后来者想要脱颖而出，只能靠另辟蹊径的商业模式创新。

颠覆性创新并不是突破式创新（Breakthrough Innovation）

"颠覆性创新"指的是那些简单、容易获取、价格低廉的产品和服务刚刚问世之时并不起眼，但假以时日，能够改变整个行业。颠覆性创新更强调"市场"维度与原来的主流市场不一样，是面向新消费者或者新市场，所以相对原来的主流市场来说是"颠覆性"的。拼多多就是典型的先从下沉市场（低端边缘市场）切入，在快速积累了3亿用户后，开始对淘宝、京东所在的一线、二线、三线城市的主流电商市场产生"颠覆性"影响。

成功的颠覆者通常一出手就能牢牢抓住目标用户，而在位企业通常只会为产品添加一些华而不实的噱头，并没有洞察到顾客的真实需求。

▣ 成熟大企业如何正确地进行颠覆性创新

建立一个独立的分拆机构，也可以收购一家与颠覆性市场规模相匹配的小企业

这样可以摆脱来自原有主流消费者、投资者、价值链及组织结构的制约，不受原来企业文化的影响和束缚。例如华为为对标小米手机，十多年前推出荣耀品牌，后来荣耀手机团队完全独立出去。

行动比计划更重要

新用户的需求及新市场的规模、发展趋势无法精准预测，因此，行动比计

划更重要。

在初始阶段分析什么是正确的战略，其实并不是取得成功的必要条件，更重要的是保留足够的资源。这样才能确保新业务项目在第二次或第三次尝试中找到正确的方向。

建立能同时进行维持性创新和颠覆性创新的二元性组织

既要确保现有主营业务的成长，也要培育未来有可能产生颠覆性的新兴业务，但两者需要的能力、资源和创新模式是不一样的。近年来基于国内外大量企业创新案例实践，我们借鉴"一国两制"构想，提出"一企两制"制度创新模式，即一家企业可以有两种运作方式和机制，这样能同时确保大部分员工还是按适合自己的方案去进行创新。

创新者的逆袭

在VUCA-BANI大变革时代，在一些原来如日中天的大企业纷纷遭遇"创新者的窘境"的同时，我们也注意到一些后起之秀近年来依靠创新快速异军突起。

特斯拉的创新逆袭

截至2024年1月26日，特斯拉最新市值为5 805.66亿美元，约相当于2个丰田。特斯拉市值是如何在短短几年内超越丰田的？是因为创始人马斯克在汽车行业深耕数十年吗？是因为马斯克像素级地模仿丰田吗？好像都不是。马斯克2008年才开始进入汽车行业，全力投入纯电新能源汽车领域；短短十余年时间便异军突起，快速超越了在汽车行业遥遥领先的丰田。

很多中国企业寄希望于模仿国外巨头，依靠更低的价格和更高的性价比超越它们。事实上近几十年来，很多中国企业依靠引进、消化、吸收国外技术起步，也确实经过二次创新，取得了较快的发展，但鲜有从品牌、技术、口碑等各方面全面超越、颠覆国际巨头的。

近年来，我们经常听到的一个词是"弯道超车"。弯道超车不同于换道超车:弯道超车本质上与竞争对手还在同一个赛道竞争,想趁着拐弯的时候加速超越;而换道超车是审时度势,提前布局新的赛道,抢占新赛道的有利地位。特斯拉的创新逆袭战略正是另辟蹊径、换道超车。

英伟达的创新逆袭

截至 2024 年 1 月 26 日,英伟达最新市值为 1.52 万亿美元,超过英特尔市值的 7 倍。2013—2023 年这 10 年,英伟达的市值翻了 115 倍,是美国股市上回报率最高的企业。

英伟达成立于 1993 年,最初以 GPU 起家,通过不断创新和发展,逐渐成为高性能计算领域的领导者。英伟达的市值是如何超越半导体行业泰山北斗级的英特尔的?是因为英伟达做出了比英特尔运行速度更快、性能更好的 CPU 吗?显然不是。单论 CPU 本身,英特尔仍然是行业巨头,但英伟达近几年异军突起,不是因为模仿英特尔去做运行速度更快的 CPU,而是创造了新的需求和新的市场,即 GPU。英伟达 GPU 的优势在于其是专门为 AI 用途设计的图形处理器,特别适用于图形图像计算、天气预报、神经网络 AI 模型以及虚拟货币挖矿等。相比较于 CPU,GPU 在机器学习算法方面有先天的优势。

如果将 CPU 比作保时捷,GPU 就是巨无霸卡车。前者虽然在运行速度上有优势,后者却能轻松装载几十吨货物。

放眼科技企业和电商平台,ChatGPT 上线 2 个月新增活跃用户 1 亿,而从 0—100 万用户仅用了 5 天。

抖音电商突破万亿 GMV(商品交易总额)仅用了 2 年,而其他电商平台,如京东用了 13 年,淘宝用了 10 年,拼多多用了 4 年。

这些不同行业、不同技术层次、不同起点的企业近几年能够快速异军突起靠的是什么?有什么创新规律可循?

创新逆袭矩阵

我们通过研究国内外大量案例发现,这些快速创新逆袭的企业有一个共同的创新战略:不是去简单地像素级模仿在位的行业巨头,而是选择另辟蹊径、换道超车。

在克里斯坦森的颠覆性创新理论基础上,我们进一步拓展,提出了创新逆袭矩阵（又叫颠覆性创新矩阵），以此试图揭示这些创新逆袭企业成功背后的规律。

研究发现，近年来这些逆袭的创新者，无一例外都没有以巨头的方式挑战巨头，即没有在主流市场用成熟、主流技术和行业巨头硬碰硬地打；而是另辟蹊径，以与主流市场不同的颠覆性技术、商业模式或用户体验这三种基本方式去突围。此外，它们切入市场的方式也与在位企业不一样，会根据不同的难易程度从不同的市场切入。具体来说，逆袭的方式有以下几种：

（1）另辟蹊径的技术

技术方面另辟蹊径，包括采用突破性技术（Radical/Breakthrough Technology）和颠覆性技术（又称破坏性技术）。突破性技术是导致产品性能主要指标发生成倍或数十倍跃迁，能够影响行业格局、竞争态势，甚至导致行业重新洗牌的一类技术。例如5G可提供高达10 Gbps的峰值数据下载速率，而4G的峰值数据下载速率大概为100 Mbps，可见5G下载速度提升了100倍；而根据克里斯坦森的定义，颠覆性技术并不强调技术性能比主流水平更好，或面向原有主流市场，而是另辟蹊径，面向新市场或新需求；它是企业基于够用技术的原则，建立在新技术或者各种技术融合、集成的基础之上的一类不连续技术。该技术偏离主流市场用户所重视的绩效属性，引入低端用户或新用户看重的绩效属性的产品或服务，通过先占领低端或新市场，最终引起对现存主流市场产品或服务的部分替代或颠覆。

近年来，来自成都的创业企业极米，并没有在已经成熟的主流LED电视领域和长虹、康佳、创维等家电巨头争夺市场，而是凭借激光无屏电视和互联网投影电视新品类、新技术实现了异军突起，成为这一新品类的头部企业。

大疆的快速崛起，也是因为其在消费级无人机飞行控制技术上独步天下，并且开辟了消费级无人机这一新市场。

小家电巨头九阳正是凭借与美的、海尔等大家电巨头差异化的豆浆机技术异军突起，并开辟了家用豆浆机这一家电新品类、新市场。

（2）另辟蹊径的商业模式

创新逆袭并不一定要掌握核心技术或具有突出技术优势，尤其是在起步阶段。综观国内一些在起步时并没有核心技术优势的新进入者，如小米，在刚起步的几年里主要是依靠开辟互联网手机的商业模式创新而异军突起；再如，

2015年起步的拼多多，面对同样从事电商业务的淘宝、京东已经占领大多数一线、二线、三线城市市场的情况，并没有选择去简单模仿它们；而是另辟蹊径，采取农村包围城市的战略，聚焦它们尚未深入的广大四线、五线、六线城市和乡镇，即所谓的"下沉市场"，凭借"拼着买、更省钱"的社交电商的商业模式，在短短8年时间里积累了8亿多用户。如今，拼多多已经成为市值近2 000亿美元（京东市值的5倍）、超越阿里巴巴的世界级电商平台（截至2024年1月26日）。

2022财年，星巴克中国的营业收入为30亿美元（约合人民币206.5亿元），同比下滑18%。同年，瑞幸营业收入为132.93亿元（约合19.273亿美元），同比增长66.9%。体量上，星巴克中国仍压瑞幸一头，但后者的快速扩张不可小视。截至2022年年末，瑞幸的门店数高达8 214家，其中自营门店5 652家，联营门店2 562家，成为国内咖啡界最大的连锁品牌。2023年1—3月，瑞幸净增门店1 137家，相当于每天新开12.6家店，总数达9 351家，比星巴克中国多出3 108家。

瑞幸凭什么能够在短短几年逆袭星巴克？难道仅仅因为价格便宜？或者因为门店比星巴克多？显然不是。瑞幸和星巴克虽然都是咖啡店，但它们的商业模式完全不同。星巴克中国主打的是家庭、办公室之外的"第三空间"这一线下场景。而瑞幸从成立的第一天开始，主打的就是"互联网咖啡外卖"，或者"新零售咖啡"这一新品类。第一杯瑞幸咖啡就是从消费者在手机应用或小程序下单开始的，消费者的位置、消费偏好、目的地等数字化信息都是可识别的，10分钟左右咖啡就可以被派送到消费者所在的任何地点。因此瑞幸的消费场景更加丰富多样，可以是在教室、办公室、电影院等。

和传统零售巨头星巴克相比，瑞幸是天生数字化的企业。有了数字化、互联网、大数据，瑞幸可以更好地实现供给和需求的精准匹配，甚至可以基于大数据，比较精准地预测各门店未来一天或一周的销量，从而提前备货，实现C2M（按需定制）。

总结来看，瑞幸能逆风翻盘或许是走对了关键的四步：借加盟模式下沉的策略，降低了租金费用；通过弱化外卖、鼓励自提，减少了配送成本；采取补贴退坡以及把品牌和用户运营整合在一起的策略，降低了销售费用；凭借联名产品，增加营业收入的同时，也实现了瑞幸的出圈。

(3) 另辟蹊径的服务/用户体验

在刚起步阶段，很多企业可能暂时还没有独特的技术优势，也没有差异化的商业模式，但如果可以把用户体验做得明显比竞争对手更好，仍然有机会实现创新逆袭。如同样是卖数码产品和家电，京东为何仅用十多年就逆袭了苏宁？除线上与线下的商业模式不同外，还有一个重要因素——用户体验。京东通过建立自营物流，使用户前一天晚上下单、第二天早上就能在家收货，极大提升了用户体验，京东也因此在电商领域收获了忠实的用户群体。

再如，卖碧根果、山核桃等坚果起家的三只松鼠，也不是传统意义上的高科技企业，为何能够实现年营业收入过百亿元？分析其创新逆袭路径，可以发现三只松鼠除在 2012 年起步时抓住了淘宝电商的红利和选对了"互联网+坚果"这一商业模式创新之外，还非常注意用户体验，在很多细节上做到了同品类最佳。

根据最初的市场切入点及难易程度，企业要想创新逆袭，可以考虑：

(1) 先从低端/边缘市场切入

如吉利汽车最初主打三四万元起步的"老百姓买得起的车"，当时主流的跨国汽车企业并不屑于进军这一利润很少的低端市场。而在依靠低端市场解决了生存问题后，吉利不断进行产品升级迭代，并于 2010 年收购了沃尔沃，实现了巨大飞跃，在主流市场上与跨国企业展开竞争。

(2) 开辟新市场/新品类

非洲手机之王传音，在非洲年均销量过亿，市场占有率达到 40% 左右。而它最初只是一个中国深圳起家的山寨机品牌。传音为什么能够在非洲卖得好？是因为价格便宜吗？还是因为技术先进？抑或是因为商业模式特别多变？其实都不是。

传音很早就避开国内的激烈竞争而选择在非洲开辟全新的市场，因深耕非洲市场的本地化体验（如大喇叭、四卡四待、美黑拍照等特色功能）而异军突起。可以说，传音是最懂非洲人、本地化体验最好的手机品牌。

(3) 先切入高端市场

这种战略是在建立高端品牌形象和口碑后，再向更广大的中端市场渗透。特斯拉最初做的是售价十几万美元的 Roadster 豪华电动跑车，在高端、小众市场建立起口碑和声誉。随后，特斯拉陆续推出 Model S（8万—10万美元级别）、Model 3（3万—5万美元级别）等车型，逐渐进入大众主流市场。

小罐茶也是先从高端商务礼品用茶这一定位开始，先建立高端品牌形象和口碑，然后逐步进入中端主流市场。例如近两年推出的小罐茶彩罐系列，其定位就是"年轻人的首款入门级精品茶"，将目标对准了18—30岁的年轻群体，从一、二线城市大学生和白领人群辐射到三、四线城市追求时尚、新鲜生活方式的小镇青年。

总结一下：在变革时代，如何依靠创新异军突起、颠覆在位巨头？基本的原则是：另辟蹊径，换道超车。另辟蹊径、创新逆袭的方式主要有三种：另辟蹊径的技术、商业模式、服务/用户体验。切入市场的方式也有三种：先从低端/边缘市场切入，开辟新市场/新品类或先切入高端市场。

创新逆袭的关键

创新逆袭的关键是跨越第二曲线

如前所述，后发企业、初创企业要想异军突起，颠覆巨头，就要另辟蹊径，换道超车。

而对于成熟大企业来说，应谋求转型。转型和升级依照的完全是不同的逻辑。升级是基于维持性创新（Sustaining Innovation），把现有的第一曲线主营业务继续做大做强，越做越好；而转型是要基于非连续性创新（Discontinuous Innovation），跨越第二曲线，找到新的增长点。

第二曲线业务和第一曲线业务往往是不连续性的，企业把第一曲线业务做得再好，也不会自动跨越到第二曲线。在过去，人们往往将"基业长青"解读为固守主业，将一件事做到极致。而在著名咨询企业埃森哲看来，这种观点显然站不住脚。埃森哲卓越绩效研究院执行总监保罗·纽恩斯（Paul Nunes）和埃森哲互动技术服务前首席执行官提姆·布锐恩（Tim Breene）提出了卓越绩效曲线理论，重新定义了基业长青的概念，即持续攀登和跨越第二曲线（见图1）。

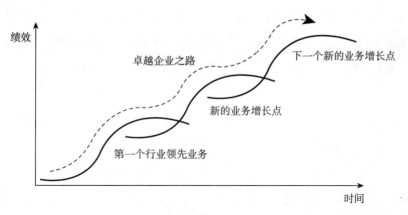

图 1　攀登和跨越第二曲线

资料来源：作者根据公开资料整理。

跨越第二曲线的两大创新路径

跨越第二曲线有两种基本的非连续性创新路径（见图 2）：

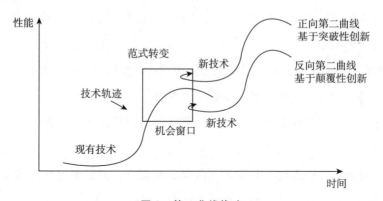

图 2　第二曲线战略

资料来源：Dosi G.: "Technological Paradigms and Technological Trajectories: A Suggested Interpretation of the Determinants and Directions of Technical Change", *Research Policy*, 1982 (11): 147-162.

（1）基于突破性创新，开辟正向第二曲线

突破性创新（也称重大创新、激进创新）是导致产品性能主要指标发生巨大跃迁，对市场规则、竞争态势、产业版图具有决定性影响，甚至导致产业格局重新洗牌的一类创新。

这类创新需要全新的概念引入与重大的技术突破，往往需要优秀的科学家或工程师花费大量的精力，历时8—10年甚至更长的时间来实现。这些创新常伴有一系列的产品创新与工艺创新，以及企业组织创新，甚至导致产业结构的变革。

如果通过流程改进能显著降低成本或提高产量，那么这样的流程改进也可以说是一种突破性创新。

一个有潜力的突破性创新项目至少应达成下列目标中的一个：

- 一套全新的性能特征；
- 对已知性能指标至少改进5倍及以上；
- 成本的大幅度下降（>30%）。

突破性创新更加强调技术性能方面的明显提升与飞跃。

如前所述，华为的5G技术比4G技术在性能上提升了几倍甚至几十倍。再如ChatGPT所基于的GPT4模型比GPT3模型在技术上也有大的飞跃，所以才带来了企业革命性的快速发展，可以被视为突破性创新。但这种突破性创新，不是短时间内能实现的，例如华为基于十多年的持续巨额研发投入，才取得了在5G技术领域的相对优势。对于大多数中国企业而言，突破性创新任重道远。

（2）基于颠覆性创新，开辟反向第二曲线

对于大多数中国企业来说，基于颠覆性创新开辟反向第二曲线，更具有现实可行性。

颠覆性创新，强调的不是技术上的突破性提升，而是面向新市场和新消费者的新需求，更侧重市场方面与主流市场的差异化。

对于成熟大企业来说，为了防止被后起之秀凭借颠覆性创新从第二曲线颠覆，必须居安思危，主动提前布局自己的第二曲线新业务，探索新增长点。

微软是近几年来成熟大企业应对颠覆性变革和"创新者的窘境"挑战，成功转型的鲜活案例。截至2024年1月26日，微软市值为3.01万亿美元。自2014年以来，微软市值之所呈指数型增长，不是因为第一曲线业务（PC+Windows系统业务）越做越好，而是因为成功跨越第二曲线，寻找到新的业务增长点：云计算及OpenAI等（见图3）。

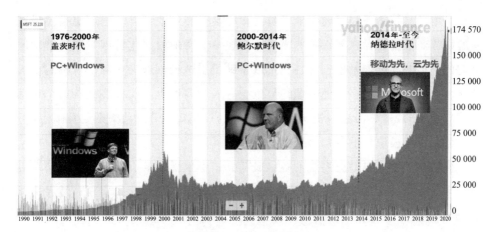

图 3　微软增长曲线

资料来源：作者根据相关资料整理。

复杂不确定性时代如何制定企业战略？

在 VUCA-BANI 时代，企业如何制定战略？光靠原来经典的波特五力模型、PEST、SWOT 分析等传统战略管理理论与方法工具显然不够。例如波特五力模型无法很好地解释特斯拉、英伟达、抖音电商等这样的跨界颠覆者对原有行业竞争格局的颠覆性影响。

2016 年，波士顿咨询资深合伙人马丁·里维斯（Martin Reeves）等在《哈佛商业评论》上发表了《企业战略生物学：应对复杂不确定性的六大战略法则》一文，指出旧有的战略制定法则并不能适应当今激变的商业环境，应该向生物界学习如何适应不确定性环境。他们综合运用生物学和复杂系统知识，提出了企业战略制定的新六大战略法则，这将有助于企业适应新的商业环境。①

（1）保持员工、创新和行动的异质性

复杂自适应系统内部参与者的多样性可以让系统适应不断变化的环境。在商业环境中，领导者必须保证企业在员工、创新和行动这三个层面上保持足够的多样性。培植多样性可能会导致短期效率的降低，但它对系统的强健必不可少。要促进多样性，一个比较简便的方法是雇用不同个性、教育水平、背景和

---

① 《企业战略生物学》，https：//www.hbr-caijing.com/#/article/detail? id = 476925，2024 年 4 月 1 日读取。

工作风格的员工。然而即便企业的员工多样性很高，他们有时也不愿去挑战现有的主流商业逻辑，尤其在那些成功的企业中。明确的文化转型氛围和管理层主动的支持，甚至鼓励他们犯错，可以帮助员工进行创新。实际上，没有错误意味着企业失去了很多机遇，最终导致企业的脆弱性提高。很多硅谷的企业都欢迎有意义的、"学习性"的失败，它们认为成功离不开这些失败的贡献。

（2）保持模块化的结构

模块化的复杂自适应系统的各组成部分是松散连接的。高模块化的系统可以防止风险在各个组成部分间传播，使整个系统更加强健。我们在自然界中可以看到这种现象：偶尔的森林自燃能创造出可燃性较低的区域，保持了森林的模块化。当人为扑灭这些自燃火势时，森林的模块化就会随着时间减弱。一旦发生大型的森林火灾，整个系统就会毁灭。

（3）在不同的组成部分之间保留冗余

在冗余的系统中，多个部分扮演着同样的角色。当其中一个部分失效时，其他部分可以完成同样的功能。在快速变化的环境中，风险事件发生的频率更高，冗余就变得尤为重要。

然而企业往往对冗余避之不及，它们将其视为精益和效率的大敌。这导致了一些灾难性的后果。20世纪90年代，爱立信是全球领先的手机制造商之一，它采用单一货源的策略采购手机的关键部件。2000年，一场大火让其供应商——飞利浦的微型芯片制造厂陷入瘫痪。爱立信无法短时间内找到可以替代的供应商，不得不停产长达数月；当年其手机业务亏损高达17亿美元，最终被索尼收购。

（4）接受意外，但要降低不确定性

复杂自适应系统的一个关键特征是，我们无法准确预测其未来状态。但是我们能收集信号，判断变化的模式并设想出合理的结果。这样，我们就能根据预测采取行动，将出现负面结果的可能性降到最低。

（5）建立反馈循环和自适应机制

在自然界中，突变和自然选择——多样化、选择和基因传承导致的生殖成功——是一个自发的迭代过程。然而在商业环境中，这一过程往往是人为管理的。多样化、选择和创新的传承只有在有利的环境下才能发生，换言之，企业的领导者必须建立起能鼓励这一创新迭代过程的机制和环境。但实际上，主流的管理思想，或者说商学院教授的管理思想往往会抑制上述迭代实验，因为它被认为"变数太多"且"效率低下"。有很多企业几十年来只采用分析和规划的方式进行管理，然而在如今多变的环境下，它们必须建立这样的自适应能力。

（6）在商业生态系统中建立信任和互惠

在社会的大环境下，各个复杂自适应系统需要相互合作才能提升各自的鲁棒性。然而直接对系统参与者进行控制经常是无法实现的，独立个体的利益往往相互冲突；当所有个体都自私地追求自身利益时，系统整体就会被削弱，所有参与者都会遭受损失。这就是所谓的集体行为悖论：个体缺乏动力做出有利于整体的行为，除非这些行为能立即为个体带来益处。因此，组织只有建立起信任和互惠的机制才能克服这种悖论。

如何增强企业的"反脆弱性"？

著名思想家、畅销书作家纳西姆·尼古拉斯·塔勒布（Nassim Nicholas Taleb）提出的"反脆弱"理论对于变革时代企业创新发展具有重要启示。

"反脆弱"（Anti-Fragile）这个概念来源于塔勒布的著作《反脆弱：从不确定性中获益》。脆弱的反义词是什么？坚固、坚强、坚韧？塔勒布认为，脆弱的反义词不是坚强或坚韧，而是反脆弱。坚强或坚韧只是保证一个事物在不确定性中不受伤，保持不变，却没有办法使其更进一步，变得更好。而反脆弱会完成这个步骤，不仅在风险中保全自我，而且变得更好、更有力量。

就好比一个乒乓球掉到地上，并不会像玻璃球落地那样摔碎，也不会像铁球落地那样一成不变，而是弹得更高。反脆弱的现象是指一些事物能从不确定性中获利，它们在置身于混乱、压力、风险以及不确定性极大的环境下，反而能茁壮成长。

> 遇到"黑天鹅"事件或不好的事情时变坏：脆弱
>
> 例如：一个玻璃球掉到地上摔碎了
>
> 遇到"黑天鹅"事件或不好的事情时不变：坚韧
>
> 例如：一个铁球掉到地上，没什么变化
>
> 遇到"黑天鹅"事件或不好的事情时变得更好：反脆弱
>
> 例如：一个乒乓球掉到地上，弹得更高

这个世界越来越充满变数，脆弱性越来越强。如何才能将这些变数变为机遇，反败为胜、扭亏为盈？在一个越来越脆弱、越来越不确定的世界生存，必须学会应对，反脆弱就是最好的应对之道。反脆弱性超越了复原力或强韧性，复原力能让事物抵抗冲击保持原状，反脆弱性则让事物变得更好。这也就是"反脆弱"能力的精髓：在不确定性中获益。

在当前的VUCA时代下，面对极端"黑天鹅"的突袭，我们除了坚韧与忍受，还可以设计反脆弱机制，跳出泥沼，从而转危为安、反败为胜。

（1）减少自己暴露在危险源之下的概率

比如负面的"黑天鹅现象"，就应该尽量避免。对一个人来说，最简单的方式就是尽量避免从事高危行业。比如骑车要戴安全帽，不要深夜进入不安全的场所，不要在不安全的地方暴露自己的财富，等等。

（2）合理干预

对系统的干预是有必要的，也是增强反脆弱能力的必经之路，但是关键在于干预的方法和力度。干预要适度，而人们往往会进行过度的干预。塔勒布提倡的干预方法是："限速，但不要替他开车。"也就是说，要保持干预的存在，但是不要盲目上场、亲自动手。

（3）适当增加冗余

层层冗余正是自然生态系统集中管理风险的显著特征。

人类有两个肾脏，许多器官还有额外的容量（比如肺、神经系统、动脉机制）。我们储蓄闲钱也是在保持冗余，以防一旦风险到来，我们变得手足无措。

与此同时，虽然传统企业的管理原则是精细化管理，杜绝资源浪费；但在高度不确定性时代，风险事件发生的频率更高，在一些战略方向上保持适当冗余变得至关重要。因为在冗余的系统中，多个部分扮演着同样的角色，当其中一个部分失效时，其他部分也能完成同样的功能。

当年腾讯内部有三个团队几乎都在同时开发类似微信的移动社交应用，马化腾刻意保持了适当冗余，让三个团队"赛马"，最后广州研发中心的张小龙团队开发的"微信"胜出，使得腾讯拿到了移动互联网这艘巨舰的"船票"。

（4）保持员工、创新和行动的异质性

在动荡的商业环境中，领导者必须保证企业在员工、创新、行动上保持足够的多样性，因为多样化是适应性进化的前提。而想要促进员工的多样性，一个比较简便的方法是雇用不同个性、教育水平、背景和工作风格的员工。明确的文化转型和主动的管理层支持，甚至鼓励他们犯错，可以帮助员工创新。

（5）保持模块化的结构

保持相对独立的模块化结构可以有效避免系统性风险，防止一着不慎、全盘皆输。例如，新冠肺炎疫情期间，很多只有线下业务的企业受到毁灭性打击，甚至几个月无法开工生产；但有些兼营线上业务的企业，受到的影响就相对较小，至少能够保证维持企业正常运营。甚至有的企业凭借在线业务逆势上扬，如钉钉、叮咚买菜等。

八达岭智慧旅游有限公司在新冠肺炎疫情前每年能实现 8 亿元营业收入，整个集团服务于 2 000 多万游客的吃住行游购娱。随着新冠肺炎疫情的暴发，游客大量减少，文旅景区只依靠门票收入、营业收入模式单一的弊端开始显现。八达岭智慧旅游有限公司开始打造文化 IP 并开发文创产品，如基于区块链平台蚂蚁链上线了长城文化主题的数字藏品，开设了网上店铺，满足年轻人对文化消费的需求。通过数字化，将景区变成了文化的支点。

（6）杠铃策略：在极端保守中激进

提升反脆弱的能力，一个非常有效的方法是采用杠铃策略。杠铃策略指学会做多手准备，合理分配自己的时间、精力、资源，在杠铃的两头都有储备，避免满盘皆输的局面。任何由截然不同的两类方案组成，并摒弃了模棱两可的中间路线的策略，往往会形成一种有利的不对称性。在实际操作中，利用好杠铃策略，要求我们有全局思考的能力，不盲目自信、也不贸然行事。诸如"卖房创业"这样的举动是冒险的，也降低了自身的反脆弱能力。

杠铃策略跟中国传统的"中庸"哲学有所不同：中庸之道常常倡导我们不要去冒险，做事情取中间之道，两边都不要得罪；而杠铃策略有一种极端主义的风格，即我们要么不做，要做就做风险高的事，永远不要走中间路线。

塔勒布在《反脆弱：从不确定性中获益》一书中，建议企业可以在资源配置上采取杠铃策略，押注两端，抛弃中庸，以应对不确定性时代的资产风险。其中，一头是极端的风险厌恶，追求确定性；另一头是极端的风险偏好，通过快速试错，找到一旦成功回报就没有上限的投资方向。

例如，如果你有 100 万元资金，可用 90 万元去买国债或理财等保障性比较强的投资产品，而用剩下的 10 万元去买高风险的证券、期货、股权投资等，这样你的损失上限就不会超过 10%，但你的收益无上限。而如果你把 100% 的资金都投向中等风险的证券，你则有可能会面临重大损失。

（7）系统的反脆弱性是通过牺牲个体为代价取得的

在一个系统中，系统和个体间不同的关系会带来不同的反脆弱的表现。很多时候，个体的牺牲反而会带来系统反脆弱能力的增强。

例如泰坦尼克号事件，一艘邮轮的失事带来的是整个造船业的反思，避免了更多类似事故的发生，挽救了无数生命。大自然的进化过程也是如此，不同层级的进退都对系统产生着或深或浅的影响，左右着全局。

（8）保持适当的压力、错误、刺激或混乱（过度补偿）

应对不确定性和危机，可以用过度补偿的方式避开风险、增强自己的能力。注射疫苗就是典型的例子，其原理是让身体先少量感染病毒，以此增强免疫力，抵御严重的疾病威胁。再如，适量的工作压力可以使工作积极性更高，进行极限训练后自己的身体情况更佳。还有一个例子可以说明这一点，人体骨折之后，重新长出来的骨骼组织会比之前更坚韧。

支撑创新逆袭的三大创新法则

创新法则一：（理念上）全面创新——创新的全面系统观、生态观

浙江大学的许庆瑞、郑刚等总结了国内外最新创新理论以及我国大量企业经营管理的经验教训，认为当今企业为适应环境的变化，必须以企业战略为导向，持续地开展以技术创新为中心的全面创新，培育和提高企业的技术创新能力，并首次从理论上系统提出了企业经营管理的全面创新规律，进一步于 2002 年提出全面创新管理（Total Innovation Management，TIM）的创新管理新范式。

全面创新管理，包括全要素调动、全员参与和全时空贯彻三个方面。它是以培养核心能力、提升持续竞争力为导向，以价值创造/增加为最终目标，以各种创新要素（如技术、组织、市场、战略、管理、文化、制度等）的有机组合与协同创新为手段，通过有效的创新管理机制、方法和工具，力求做到人人创新、事事创新、时时创新、处处创新。全面创新管理范式的内涵可以概括为"三全一协同"，即全要素创新、全时空创新、全员创新和全面协同（见图4）。

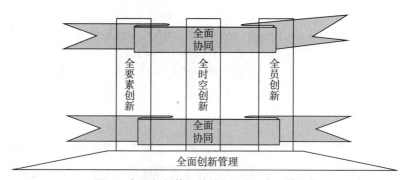

图4 全面创新管理的特征："三全一协同"

资料来源：郑刚：《全面协同创新——迈向创新型企业之路》，北京：科学出版社，2006年。

全面创新管理具有三个重要特征——全要素创新、全员创新和全时空创新。以中国中车为代表的国内高铁企业有效整合内外部资源，打造了基于核心能力的企业创新生态系统，实现了集团要素、人员和时空的全面创新（见图5）。

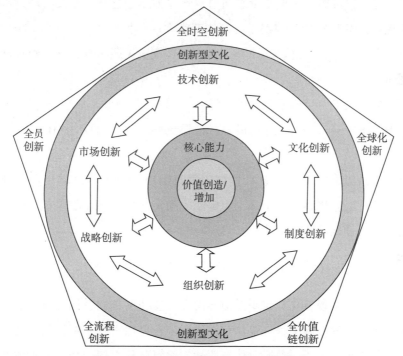

图5 企业全面创新管理的五角形模型框架

资料来源：郑刚：《全面协同创新——迈向创新型企业之路》，北京：科学出版社，2006年。

创新法则二：（行动上）精益战略——MVP，小步快跑，快速迭代

在VUCA-BANI变革时代，"黑天鹅"事件层出不穷，企业很难准确预测五年乃至十年后发生的事情。因此，我们建议在变革时代，企业不妨采取小步快跑、快速迭代的精益战略。

正如微信创始人张小龙所言，"互联网时代最大的变化是不确定性严重压倒确定性变成社会常态。互联网时代没有人告诉你需要什么，这就是现在做产品最大的痛点。我永远不知道微信6个月后是什么样的。今天发布产品的1.0版本，不是为了把所有功能全部做完。产品一旦发布上线，马上传递给目标用户，他们会有反馈意见，这些反馈意见会被收集上来，作为2.0版本的输入"。

顺丰嘿客建立于2014年O2O（从线上到线下）热潮兴起之时，旨在借此建立起"线上+线下+物流"的闭环商业模式，从而实现"肥水不流外人田"。这种商业逻辑假设听起来似乎没有问题，但顺丰操之过急；在没有经过小范围低成本地验证其可行性的情况下，顺丰嘿客在一年内开了近3 000家店，最后因运营不利而以失败告终。2015年，顺丰嘿客改成了顺丰家，但后续依然没有扭转局面。

顺丰创始人王卫后来复盘时曾经提道："2014年是顺丰成立20多年以来创新变革最多的一年，虽然创新很多，但是在我看来，差不多有一半是不成功的。"

据顺丰借壳上市的鼎泰新材披露的财报数据，顺丰"已剥离业务商业板块"自2013年至2015年亏损累计16.06亿元，"主要是因为顺丰商业自2014年开始集中铺设线下门店所致"。

创新法则三：（组织上）一企两制——建立二元性组织

对成熟企业来说，应在组织架构层面设计反脆弱机制，推动企业创业；既要确保主营业务发展壮大，又要培育发展未来有可能进行颠覆性创新的新兴业务。但对一家企业来说，要同时保持两种文化、两种组织结构、两种体制是非常难的。

对此，我们可以让新人在新的空间以新的机制去做全新的业务，让原有的

员工以现有模式继续做好现有的业务，建立二元性组织。

二元性（Ambidexterity）一词来自拉丁语"Ambi"，意思是"同时"和"右手"。在生物科学里，具有二元性的人意味着能同时熟练地运用左右手；美国学者邓肯（Duncan）首开先河将二元性的概念运用到了管理学中，提出了"组织二元性"。组织学习理论先驱詹姆斯·马奇（James March）对探索和利用进行了定义，"探索包括搜索、变化、承担风险、实验、柔性、发现、创新，而利用则是精炼、选择、生产、效率、筛选、执行"。这两种活动要求不同的组织结构（有机式、机械式）、战略和情境、管理模式，在企业内争夺资源，并都有自我强化的趋势（见表1）。

表1 组织探索和利用的区别

目标	探索	利用
创新目标	对现有市场或行业进行巨大改变或创造一个新市场	提升在现有市场或行业中的竞争地位
创新方式	激进式	渐进式
风险程度	高	中低
开发周期	中长期	中短期
工作任务	定义广泛，规范性低	定义严格，规范性高
匹配文化	开放性的、深度合作的团队精神	重视制度和程序，控制力是决定因素
	平等交流	上下垂直交流
激励对象	团队	个人
绩效评估	以团队绩效为评估对象	以个人绩效为评估对象
	员工专注于学习	员工专注于财务指标

资料来源：涂玉龙、陈春花、何斌：《组织二元性研究综述与展望》，《广西社会科学》，2014年第8期，第148—152页。

在马奇和丹尼尔·利文索尔（Daniel Levinthal）的《学习中的短视》一文中，两位学者认为尽管探索和利用相互冲突，但企业竞争优势的来源就在于平衡这两者的关系。

不过，在这两种不同的组织架构中，可能存在管理上的冲突，比如对两种业务模块的考核可能是不一样的,一种是要保持效率,另一种是容忍更多失败。企业要具备二元性组织管理能力,即能同时管理不同形态的组织管理模式,通过建立共同的价值观来凝聚起不同的业务单元。

哈佛商学院教授迈克尔·塔什曼（Michael Tushman）认为,当一家企业非常强大的时候,以往成功的经验反而会埋下失败的种子。企业要在不断变化的环境中持续成长,关键是建立起二元性组织架构,既要确保现有主营业务的持续成长,还要培育未来可能进行颠覆性创新的新兴业务（见图6）。塔什曼和查尔斯·奥莱利（Charles O'Reilly）在邓肯"组织二元性"的基础之上提出了结构二元性,即通过将新兴业务单元和既有业务单元进行空间分离,组织可以在探索式创新和利用式创新两个方面都表现得更为突出。迈克尔·詹森（Michael Jenson）等学者发现当环境动荡性越强、环境竞争性越强时,组织越倾向于同时进行探索式创新和利用式创新。

图6　二元性组织结构

资料来源：陈劲、郑刚：《创新管理（精要版）》,北京：北京大学出版社,2021年。

借鉴"一国两制"的说法,这里用"一企两制"这个词可能更生动形象。

当然,对一家企业来说,同时保持两种文化、两种组织结构、两种体制,是非常不容易的。结合二元性组织、颠覆性创新理论,总结近年来国内外大量企业经营管理的经验教训,我们提出"一企两制"的解决方案,具体建议如下：

（1）物理隔离

让肩负探索未来可能进行颠覆性创新的新兴业务的创新小团队搬离企业总部。例如当年陈航带领的团队最初在阿里巴巴总部做出了挑战微信的即时通信产品——来往，但以失败告终。阿里巴巴浓厚的电商文化基因对主打社交的来往其实有束缚作用，来往团队在阿里巴巴内部也被边缘化。来往项目失败后，陈航带领剩下的 6 名团队成员，主动申请离开阿里巴巴总部，来到了阿里巴巴最早的创业福地——湖畔花园。在这里，团队经过深入调研，开始探索转型做企业端即时通信应用——钉钉，反而放开了手脚、越做越顺利。

（2）特区政策

即让创新小团队在远离总部的新的物理空间以不同于总部的新的管理运营模式、机制去做全新的业务。对创新小团队可采取合伙人机制，运用股权激励等手段，充分调动团队积极性。

（3）自负盈亏

项目启动时，总部可以提供部分资源和资金，但应尽快让创新小团队具备自我造血和自负盈亏的能力，使其尽可能避免或减少对总部的依赖。

企业内部创业：巨变时代大企业同样需要具备创业精神

精益创业之父埃里克·莱斯（Eric Ries）近年来在实践与思考中又摸索出一套新的原则，这套原则可作为初创企业在经过了精益创业期的快速发展、规模扩大阶段后，碰到新问题时的应对策略。

每一家想在 21 世纪立于不败之地的企业，都必须具备以下能力：迅速实验新产品、新商业模式的能力；激发最具创造力的员工的能力；不断创新、厉行革新、敢于担当的能力。只有具备了这些能力，企业才能找到促发展、促生产的新路径。

莱斯把创业企业定义为"一种人类机构，在极为不确定的条件下试图创造新产品或服务"。这个定义也适用于老牌企业中负责探索新业务的部门。

他发现，创业精神有可能让 21 世纪的管理思维焕发新的活力。这是各行各业都能使用或都想使用的方法，他称之为"企业创业之道"（The Startup Way），可以理解为继其著作《精益创业》之后的"精益创业 2.0"。

"企业创业之道"兼有综合管理的严整性和初创企业的高度迭代性。这种方法可用于任何一家力求不断创新的机构，员工多少不限，历史长短不限，使命大小不限。

"企业创业之道"的基石由责任制、方法、文化、员工这四种元素构成：

责任制是驱动员工行为,让他们集中精力的体制以及奖励和激励的措施。

方法是指员工日常工作中常用的工具和策略,例如项目规划、管理、团队协调、合作等。方法源自责任制,因为企业的责任制会限制方法的选择。大多数团队,只要有合适的激励措施,都会围绕新的工具、新的策略进行自我组织。

一段时间以后,这些习惯和工作方法凝结成文化,即共有的、通常不言自明的信念;它将决定员工会认为哪些事是可行的,因为"在我们这里就这么做"。文化是机构的肌肉记忆。

每一种文化都会吸引某类员工,他们是最重要的企业资源。归根结底,企业的成功与否取决于它能吸引和留住的人具备什么素质。

莱斯给出以下五条现代"企业创业之道"的指导原则:

第一,持续创新。大多领导者总是在等一次重大创新,但长远发展靠的是一种不断寻找新突破口的方法,需要企业上下共同发挥创造性和聪明才智。大部分企业大部分时间所做的创新基本都是持续的迭代改进,而不是颠覆性或重大创新。企业应该具备持续创新的文化和能力、组织和机制保障等。

第二,必须组建小的实验团队。这些团队就是内部初创企业,需要有独特的组织结构予以支撑。初创企业可以是一个基本工作单位。为了实现持续创新循环,开启新的发展路径,企业必须组建实验团队。

第三,增设创业部。大多数企业缺失一个推动企业内部创新创业的核心部门——创业部,这个部门与人力资源部、研发部、营销部、财务部一样,会决定企业未来成功与否。创业部用来支持推动第二曲线探索和激活内部创新创业活力。它可以发挥独特的作用,监管企业的"创业核心"——将创业心理和技巧向企业全体员工传达,不断投资下一代创新(见图7)。

第四,二次创业。对现有企业结构进行深度变革,就像从头开始创建一家新企业。不管这是一家成立5年的新企业,还是一家百年老字号。

第五,持续转型。这需要发展出一种新的组织能力——针对各种新挑战改写组织DNA的能力。转型一次是远远不够的。企业如果知道怎么转型,就能够而且也应该为未来将会进行的多次转型做好准备。

丰田、通用等世界500强巨头,正在用这套"企业创业之道"指导自身在当前变革时代的创新与转型。而在这些创业之道中,一个重要且具体的建议是,要把创业部视为现代企业的一个核心部门。

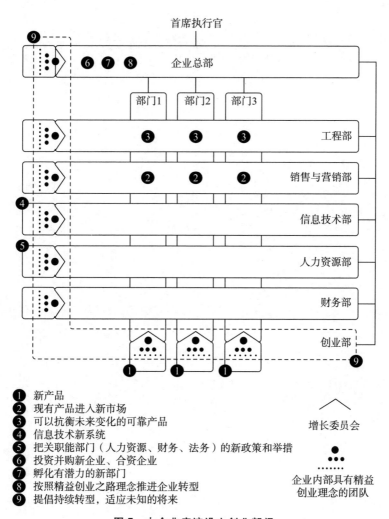

图 7　大企业应该设立创业部门

资料来源：埃里克·莱斯：《精益创业2.0》，北京：中信出版社，2020年。

精益创业的方法不仅适用于投入不多的项目，也适用于大企业，还可以用来梳理最复杂的政治难题，"项目越大和越可怕，你就越能获益于这些方法，因为走错路的代价太大了"。

面临极端的不确定性，企业无法准确判断未来，精益创业就是要在这种情况下发挥作用。每个组织都应该有一个活跃的实验计划，采用新的组织形式和管理方式。这些计划应该包括最小化可行产品，需要谨慎着手，严格界定责任，由那些可能成为企业下次转型创始人的人来掌控。

INNOVATORS'
COUNTERATTACK

附录一

教学案例使用说明示例

为保证 MBA 案例课堂教学效果，案例说明仅提供给案例教学老师使用，作为教学参考。本书仅完整提供《"市场带技术"道路能否让自主 CPU 龙芯逆袭？》的案例说明部分作为范例，其他案例说明略去。

如果您是一位 MBA/EMBA/EDP/企业培训等领域的任课教师，希望参考其他案例的使用说明，请按照如下方式申请：

(1) 搜索微信公众号"北京大学经管书苑"（pupembook），关注公众号；

(2) 点击菜单栏"在线申请"—"教辅申请"，按页面要求提交信息；

(3) 工作人员收到申请后，会向您提交的电子邮箱发送教辅。

如果申请遇到问题，请联系编辑部：

邮箱：em@ pup. cn

电话：010-62767312

"市场带技术"道路能否让自主CPU龙芯逆袭？

一、教学目的与用途

1. 适用课程：本案例适用于创新管理、创新与变革管理等课程中有关"技术创新战略""自主创新与关键核心技术突破路径"等内容的教学。

2. 适用对象：本案例主要适用于MBA、EMBA学生的课程，也适用于企业高级管理人员的培训课程。

3. 教学目的：本案例以胡伟武为首的龙芯CPU团队自主创新发展历程为主线，详细阐述了龙芯团队在"夹缝中"努力突破芯片关键核心技术的过程，以及将关键核心技术与市场等非技术因素协同，走"市场带技术"道路的历程。希望用过本案例的分析与讨论，达到以下教学目的：

（1）结合国内外政治经济背景和新发展阶段情境，分析"市场换技术"战略与"市场带技术"创新战略的根本区别；从企业内外部环境出发分析企业自主创新的动因与路径。

（2）分析关键核心技术突破的递进过程与因素，理解市场等非技术因素对自主创新的促进作用，建立创新的开放观与系统观。

（3）学习颠覆性创新战略和开放式创新的实践经验。

（4）课程思政切入点：在新发展阶段下，启发学生深入理解掌握关键核心技术对于国家和企业发展的重要意义，深入思考如何走好自主创新之路，实现科技自立自强，建立持续竞争优势。

二、启发思考题

1. 胡伟武等为什么选择了看起来最难的"市场带技术"道路，坚持开发自主CPU？这和"市场换技术"道路有什么根本区别？

2. 龙芯的关键核心技术突破经历了几个阶段？每个阶段的划分依据是什么？

3. 龙芯团队为什么要在2010年转型成立企业？胡伟武觉得"龙芯团队不能再在科学院待下去了"的原因有哪些？

4. 龙芯在内部资源非常有限并且外部充满不确定性的情况下实现CPU若干关键核心技术突破的主要经验是什么？

5. 在龙芯 CPU 主要技术指标已经逼近英特尔等国际巨头、基本完成性能补课的情况下，其怎样才能真正实现创新逆袭？

三、分析思路

教师可以根据自己的教学目标（目的）来灵活使用本案例。这里提出本案例的分析思路（见图1），仅供参考。

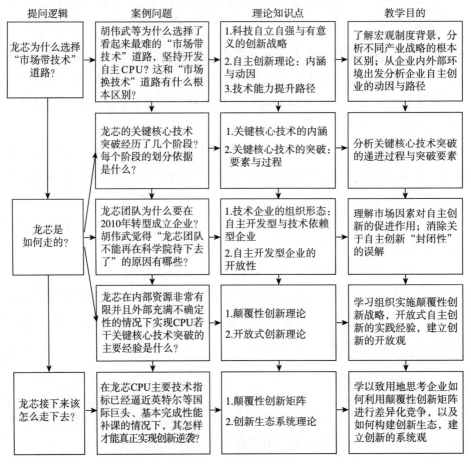

图1　分析思路图

四、理论依据与分析

1. 胡伟武等为什么选择了看起来最难的"市场带技术"道路，坚持开发自主 CPU？这和"市场换技术"道路有什么根本区别？

【理论依据】

（1）科技自立自强与有意义的创新。

第一，科技自立自强。

党的十九届五中全会提出"坚持创新在我国现代化建设全局中的核心地位，把科技自立自强作为国家发展的战略支撑"，这是以习近平同志为核心的党中央站在新的历史高度、从战略全局出发作出的重大战略抉择，这意味着国家对科技创新的重视上升到了前所未有的高度。

科技自立自强指的是一个国家在关键核心技术领域能够独立发明创造，并能实现自主可控，能开发重要装备，能建设重大工程，最终足以支撑本国的经济社会高质量发展。科技自立自强是自主创新的基础保证，科技自立自强支撑的自主创新是适应高质量发展需要的高级阶段，因此，科技自立自强与自主创新一脉相承（张学文和陈劲，2021）。

从国家战略层面上看，实现高水平科技自立自强需要[①]：

第一，加强原创性、引领性科技攻关，坚决打赢关键核心技术攻坚战；

第二，强化国家战略科技力量，提升国家创新体系整体效能；

第三，推进科技体制改革，形成支持全面创新的基础制度；

第四，构建开放创新生态，参与全球科技治理；

第五，激发各类人才创新活力，建设全球人才高地。

第二，有意义的创新。

在习近平总书记"构建人类命运共同体"理念的引领下，有意义的创新（Meaningful Innovation）被纳入企业创新决策以及过程框架，强调企业应该主动关注以社会需求与人类发展为核心的创新意义；创新过程是创新者运用设计语言对产品内部与外部意义的综合表达，是以创新意义统筹创新元素的重新组合，以创造经济价值、社会价值、战略价值与未来价值的创新范式（陈劲等，2019）。

有意义的创新包括社会创新、公共创新以及责任式创新等内容（陈劲等，2019）。

[①] 这是习近平总书记2021年5月28日在中国科学院第二十次院士大会、中国工程院第十五次院士大会和中国科协第十次全国代表大会上的讲话。

(2)自主创新理论。

第一,自主创新的内涵。

本部分内容请参见附录二。

第二,自主创新的动因。

企业自主创新动力机制是指在自主创新动力的推动下,自主创新主体产生创新行为的过程机理以及企业自主创新活动与其所处环境的动力要素之间相互关联耦合所形成关系的总和。

企业自主创新动力要素包括外部动力和内部动力。其中,企业家精神、企业创新能力、企业激励机制等内部动力是企业自主创新的内部动力;市场需求、行业竞争、政府政策、科学技术发展构成了企业自主创新的外部动力(石明虹和刘颖,2013)。企业内部动力是企业自主创新的核心动力,外部动力是企业自主创新的辅助条件。

(3)技术能力提升途径。

技术能力是企业创新能力的重要组成部分,除了企业内部研发途径,还可采用"以我为主,联合创新"的模式,整合企业外部乃至全球资源提升技术能力,表1是几种不同技术能力提升路径的对比。

表1 不同技术能力提升路径对比

方式	优势	劣势	举例
内部研发	可以最大限度地保证技术的专有性;对研发的技术往往具有完全的控制权	成本常常是高昂的、创新的产出具有高度不确定性	/
产学研合作	可以使各自的创新资源形成互补;对技术创新项目开发的成本和风险进行分摊	由于涉及不同的创新主体,因此也面临较高的不确定性、合作各方的信息不对称、合作沟通的交易成本高等问题	北大方正、浙大网新等
外商直接投资(FDI)	通过FDI企业与本国的人才流动,及FDI企业对本国转包生产及销售企业的技术指导进行技术积累	间接性、组织性较差、效率较低	/
合资	由外方直接管理,外方指导本土员工形成较高组织层次的技术积累;积累方法较为科学、效率较高	使本土企业处于被动状态,获取的知识偏重于生产操作层次的显性知识,积累结构不合理	上海大众、一汽大众等

【具体分析】

首先明确"市场换技术"与"市场带技术"的由来与概念，一字之差天壤之别。

"市场换技术"于20世纪80年代提出，旨在利用FDI、合资等路径，通过开放市场换取国外企业的技术转移，从而提升国内技术水平。我国汽车产业被视作这一战略的应用典型，通过"市场带技术"战略，中国成了汽车产业的"世界工厂"，但也因对国外合作者过度依赖，失去了关键核心技术的自主创新能力。本案例中，我国信息技术产业早期的发展也遵循这一战略，强调"自主CPU"融入已有生态，通过向国外企业让渡国内市场，企图在引进、吸收的过程中得到先进技术。然而，如今我国信息技术产业依旧面临着关键核心技术被"卡脖子"的风险。

"市场带技术"是龙芯等本土企业倡导的产业发展战略，即走内部研发、产学研合作等开放式自主创新路径，充分发挥我国体制优势和市场优势，通过体制内市场引导形成技术能力带动技术进步，再参与体制外市场竞争。我国航天产业可看作是这一战略的典型代表。在20世纪50—60年代，中国航天产业在重重封锁的情况下，以商业卫星出口为契机，打破了美国的技术封锁和竞争压制，实现了自主发展。

其次，结合自主创新的动力机制，可总结出胡伟武等选择"市场带技术"道路的动因。

(1) 内部动因。

第一，企业家精神。

作为第三代计算机人，胡伟武深受前辈以及中国科学院氛围的影响，培养了"国家需要什么，我们就做什么"的家国情怀，以及"学会在实践中发现科学规律，并用其解决问题"的实事求是精神，把发展中国计算机事业当成自身的心愿和使命。这种家国情怀和求是精神促使龙芯深入洞察了"市场换技术"和"市场带技术"两种产业发展道路的影响和后果，并从中选择了艰难但是有利于培养自主创新能力的道路，做有意义的创新。

第二，企业创新能力。

龙芯的前身为中国科学院计算技术研究所的课题组，在转型成立企业之前，龙芯团队已研制出"龙芯1号""龙芯2号"两款芯片样品，并得到了国家各项重点项目的支持，具备了基础研究实力，积累了技术能力。在成立企业后，龙芯也受益于中国科学院的人才储备，以及中央和地方政府一定程度的资金支持。这些因素为龙芯进行自主研发和产学研合作提供了保障和支持。

（2）外部动因。

第一，政府政策。

龙芯团队自成立以来，也得到了中央及地方政府的各类政策支持。2013年前后，由于国家转向支持引进国外CPU技术路线的课题项目，龙芯等本土创新型企业不得不在不利的资源和政策条件下竞争求生存，但反过来它们也因此不受约束而敢于大胆尝试，扎根本土市场，主动进行开放式创新，不断整合资源。

近年来，"美国制裁中兴通讯事件""美国制裁华为事件"等的发生使得龙芯等本土企业再次受到各界重视。2018年5月，习近平总书记指出"关键核心技术是要不来、买不来、讨不来的"；2020年11月，党的十九届五中全会指出"把科技自立自强作为国家发展的战略支撑""推动有效市场和有为政府更好结合"，诸如此类的国家发展战略和政策为本土创新型企业走好"市场带技术"道路提供了制度环境和保障。

第二，市场需求与竞争。

中国芯片市场存在巨大的需求。2018年，芯片持续成为中国第一大进口商品，进口额近3 000亿美元，而国内芯片自给率不足20%，高端芯片自给率不足3%。同时，基于芯片的电脑、手机产品，中国企业往往只能获得2%～3%的利润，而售价的20%～30%需要支付给国外专利持有者。另外，诸如英特尔、AMD等国外企业在国内市场中形成了垄断局面，具有很强的用户黏性，这使得技术成熟度不高的龙芯等本土企业很难获得早期用户和实验性用户，这样一来就造成了技术追赶的鸿沟。

在"市场换技术"战略中，中国整个信息技术市场都被视作一种换取核心技术的战略资产；但是在"市场带技术"战略中，体制内市场将首先成为本土企业的试验田和孕育地，帮助本土企业获取早期用户和实验性用户，而后再参与体制外市场竞争。因此，选择"市场带技术"更有利于龙芯等本土企业掌握市场机会、获利机会和试错机会。

第三,科学技术。

从技术范式来看,芯片研制遵循摩尔定律,因此更新周期相对较短,芯片企业需要对技术进步和市场变化做出快速反应。选择"市场带技术"战略,更有利于龙芯等本土企业根据技术进步和市场变化进行持续迭代,提升自主创新能力。

图 2 是龙芯"市场带技术"自主创新动力机制图。

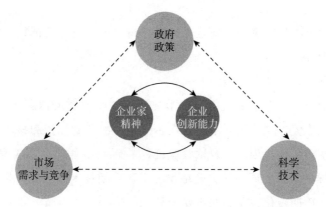

图 2　龙芯"市场带技术"自主创新动力机制图

最后,通过对比梳理出"市场换技术"和"市场带技术"战略的区别,形成结构化认识。

表 2　"市场换技术"与"市场带技术"战略对比

对比维度	市场换技术	市场带技术
概念	通过开放市场换取国外企业的技术转移,从而提升国内技术水平	通过体制内市场引导形成技术能力带动技术进步,再参与体制外市场竞争
典型产业	汽车产业	航天产业
技术能力提升路径	FDI、合资等	内部研发、产学研合作等
活动场域	开放市场	体制内市场→体制外市场
价值流向	中国市场→跨国企业→中国企业	中国市场→中国企业→跨国企业
结果	对工艺、流程等技术难度低的创新有直接、快速的帮助,但创新利润取决于国外企业,企业难以培养自主创新能力	为培养关键核心技术能力提供了试错机会和环境保障,企业能掌握创新利润的自主权,但创新的难度较大、时间较长

2. 龙芯的关键核心技术突破经历了几个阶段？每个阶段的划分依据是什么？

【理论依据】

（1）关键核心技术的内涵。

本部分内容请参见附录二。

（2）关键核心技术的突破。

本部分内容请参见附录二。

【具体分析】

根据关键核心技术突破的要素、过程视角，可对龙芯关键核心技术突破阶段进行如下划分。

第一阶段：技术原理突破。

在这一阶段，龙芯主要以中国科学院计算技术研究所课题组的形式存在，科研人员协同攻关。龙芯团队主要围绕芯片相关的基础知识和核心规律展开长时间的原理学习、理论创新以及试验验证，并研制出了"龙芯1号""龙芯2号"等原理样机。技术原理的突破是龙芯团队后期技术和产品开发的前提，原理样机也将在后期转化为龙芯的主要产品。

第二阶段：技术可靠性突破。

在这一阶段，龙芯转型成立了企业，在相对单一、简单的工控领域与产业链合作伙伴进行试错。工控领域客户需求的技术难度虽然不高，但异质性强。龙芯在试错应用过程中解决了成百上千的问题，培养了故障修复等能力，建立了质量体系和服务体系，这使得芯片能在给定的条件下正确执行基本任务，样机转化为早期产品，技术达到"基本可用"水平。

第三阶段：技术性能突破。

在这一阶段，龙芯在较为复杂的电子政务领域进行试错。相较于第二阶段的工控领域，电子政务领域的客户需求更为复杂，但还是有边界的，龙芯基于已有的知识积累，主要提升了芯片性能，使得芯片能更为高效地执行各项任务。龙芯高性能芯片"龙芯3号"单核处理性能已经与国际主流处理器相当，早期产品趋于成熟，技术水平达到"可用"程度。

第四阶段：技术兼容性突破。

关键核心技术的突破不仅仅是单个产品的突破，更需要建立起技术体系。想要进一步提升芯片技术水平，龙芯不仅要升级自己的芯片产品，还要带动产业链上下游的产品进行试配,使其性能协调发挥。

在这一阶段,龙芯的试错领域具有全业务、全地域的特点,客户需求十分复杂多样,且没有边界,龙芯在试错过程中不仅持续提升自身芯片产品性能,使得技术水平向"好用"的程度靠近;还在行业规范、系统架构和技术平台上下功夫,为技术体系以及产业生态的建设做出努力。

表 3 总结了龙芯关键核心技术突破阶段划分的具体情况。

表3 龙芯关键核心技术突破阶段划分

阶段	时间	划分依据
技术原理突破	2001—2009 年	• "从无到有"掌握基础知识和核心规律,一系列原理样机通过国际标准检测 • 但在实际使用时,发现芯片不可用,因此市场并未打开
技术可靠性突破	2010—2015 年	• 龙芯主要面向单一、简单市场进行试错,技术达到"基本可用"水平 • 2015 年,龙芯营收过亿元,达到盈亏平衡
技术性能突破	2016—2019 年	• 龙芯主要面向复杂固定市场进行试错,技术达到"可用"程度 • 大量企业加入了自主产业链队伍,形成了"场景应用—发现问题—解决问题并完善平台—在应用中检验"的良性循环
技术兼容性突破	2020 年以来	• 龙芯面向全业务、全地域应用,技术达到"好用"水平 • 通过多轮试错,龙芯的技术平台不断完善,产业生态体系也初步形成

总而言之,在龙芯关键核心技术突破的过程中,来自原理学习、理论创新和试验验证的基础研究,是关键核心技术突破的立足点和出发点;技术与市场良性循环互动、迭代试错是关键核心技术突破的必经过程;围绕技术和产品形成的技术体系和产业生态是关键核心技术突破的根本出路。

3. 龙芯团队为什么要在 2010 年转型成立企业?胡伟武觉得"龙芯团队不能再在科学院待下去了"的原因有哪些?

【理论依据】

(1)技术企业的组织形态。

本部分内容请参见附录二。

（2）自主开发型企业的开放性。

本部分内容请参见附录二。

【具体分析】

龙芯转型成立企业的根本原因是为了更好地履行自主创新的心愿和使命。

第一，转型成立企业有助于龙芯完善组织职能活动流程。很显然，在企业成立之前，龙芯称不上具备完整职能环节的自主开发型企业，缺乏生产制造体系和营销服务的职能，这使得龙芯处于"纸上谈兵"的境地。在转型成立企业后，龙芯也在市场化的推动下完成了从"作坊式"到"工业化"的转变，建立了现代企业管理制度。

第二，转型成立企业是为了更好地获取市场信息和客户需求等外部知识进行关键核心技术突破。处于科研院所的"象牙塔"之中，龙芯团队容易受到项目指南、学术导向的约束和诱惑，转型成立企业能帮助龙芯静下心来按照市场规律办事，在信息反馈机制作用下不断进行技术迭代。

第三，转型成立企业虽然短期内具有较大的财务压力，但是通过市场造血，长期可以为企业带来更大的利润，更好地服务于关键核心技术的投入。

4. 龙芯在内部资源非常有限并且外部充满不确定性的情况下实现CPU若干关键核心技术突破的主要经验是什么？

【理论依据】

（1）颠覆性创新理论。

本部分内容请参见附录二。

（2）开放式创新理论。

本部分内容请参见附录二。

【具体分析】

（1）基于颠覆性创新的市场战略克服资源劣势。

受到起步初期的资源约束，龙芯主要遵循颠覆性创新逻辑，基于现有资源和能力，从小项目做起，不直接与大企业竞争，采取一种"低端破坏"的方式有意识地扎根于中国基层市场，从本土已有积累中汲取养分。

第一，龙芯采用低端切入，从大企业看不上的"盐碱地"做起，对工控领域每一种单一、简单的应用进行专门的研究定制，先占领低端市场，以此为根据地,"没人争,也没人争得过"。

第二,龙芯的试点范围选取了包括党政办公和行业业务在内的"体制内市场",这一市场对本土企业存在支持性,是典型的制度型市场。龙芯在这一市场具备很强的竞争力,原因在于:由于一以贯之的自主创新战略,龙芯相较于国内其他走"市场换技术"道路的企业有更强的技术能力;同时这一市场又对国外企业设置了准入门槛。

龙芯通过在利基市场进行了多轮迭代试错,积累了资源和能力,才以此缓解了资源约束的局面。

图3总结了龙芯颠覆性创新过程。

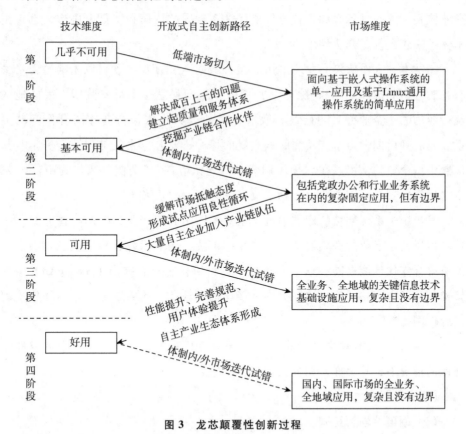

图 3 龙芯颠覆性创新过程

(2)基于开放式创新路径分担风险。

由于没有选取"市场换技术"的路线,龙芯也因此不受限于国外企业主导范式的约束,敢于突破价值链层级体系,主动号召上下游厂商整合资源、分担风险，在不断迭代试错的过程中提升了技术水平和市场应用效果，演变出了基于本土企业的开放式创新模式。龙芯得以建立这一模式的因素有：

第一，内部创新源方面。

核心技术作为支撑。龙芯"从无到有"地积累了技术能力，迭代出了具备完全自主知识产权的芯片产品，掌握了关键核心技术。

企业管理作为保障。在成立企业后，龙芯建立了现代企业管理制度，包括着手芯片标准体系建设、全面预算管理等，为技术突破保驾护航。

第二，外部创新源方面。

树立共同目标。龙芯与合作伙伴树立的共同目标为：搭建我国自主的信息产业体系。这一目标有利于各合作伙伴站在共同的价值和文化上协作，也为技术体系搭建提供了合法性。

团结本土合作伙伴。龙芯采用"星火战术"，"团结一切可以团结的力量参与龙芯应用和推广工作"，除前期密切联系中国科学院等科研院所、面向地区及行业的中小企业外，还始终与政府及其他公共机构保持良好的合作互动关系。发展到后期，由于产品和服务质量的提升，龙芯也愈发得到社会资本、其他大中型企业的认可。在"美国制裁中兴通讯事件""美国制裁华为事件"发生之后，龙芯等本土企业也得到了政府更为有力的政策支持。

发布统一系统架构的标准规范体系。不同于其他产业的生产运作方式，芯片是信息技术产业的基础设施，而芯片的系统架构更承载着整个生态。为了使得所有合作伙伴能在同一框架和标准下进行协作，龙芯推出了 LoongArch 指令架构，为各方产品的应用适配提供了接口标准规范。图 4 展示了龙芯开放式创新合作网络。

5. 在龙芯 CPU 主要技术指标已经逼近英特尔等国际巨头、基本完成性能补课的情况下，其怎样才能真正实现创新逆袭？

【理论依据】

（1）颠覆性创新矩阵。

本部分内容请参见附录二。

（2）创新生态系统理论。

本部分内容请参见附录二。

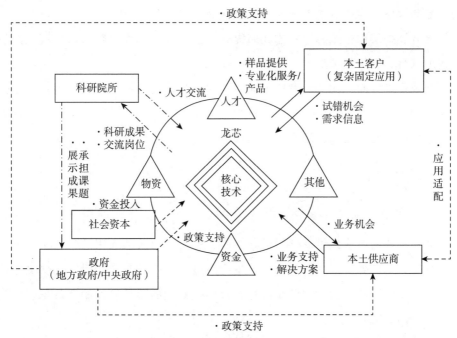

图 4 龙芯开放式创新合作网络

【具体分析】

本题为开放式讨论题目,可以从多个维度进行分组讨论,让学员之间相互启发。

维度1:基于颠覆性创新矩阵进行龙芯的定位思考。

根据颠覆性创新的基本思想,面对像英特尔这样的芯片巨头,想要实现创新逆袭,龙芯不宜一开始就与其进行正面竞争,而要另辟蹊径。

"开拓疆域"的思路更像是基于新市场切入的商业模式创新定位,通过打造出新的智能工控平台,更好地服务生产端的效率和质量。

"收复失地"的思路更像是基于低端切入的技术创新定位,基于龙芯 LoongArch 指令集架构,面向金融、电信、交通、电力、教育等细分领域研制集约型开源版操作平台。

维度2:基于创新生态系统的追赶路径思考。

未来企业的竞争乃至产业层面的追赶,愈发体现为生态体系的竞争和追赶。因此,基于关键核心技术的信息产业体系建设,对龙芯的发展至关重要。

核心和扩展生态圈方面:龙芯应考虑如何基于关键核心技术,推出更优质的产品和服务,与产业链上下游的合作伙伴紧密互动和协同。

支持维护层面:龙芯应考虑如何提升社会形象与地位,获取来自其他组织机构的认可、支持和维护。

宏观环境层面:龙芯应考虑如何通过加强与政府及组织机构的互动,增强"市场带技术"战略的合法性和执行力,进行"制度创业",为本土企业培养自主创新能力提供更好的制度型市场环境。

五、背景信息

1. 芯片产业的产业链背景

芯片产业的产业链可划分为设计、制造、封装测试和应用环节,各环节精细化分工。龙芯处于芯片设计环节,主要通过系统设计与芯片设计,根据芯片规格形成设计版图。设计版图是芯片设计的核心产品,是芯片制造的依据,决定了芯片的功能和性能。

芯片产业的产业链及代表企业如图 5 所示。

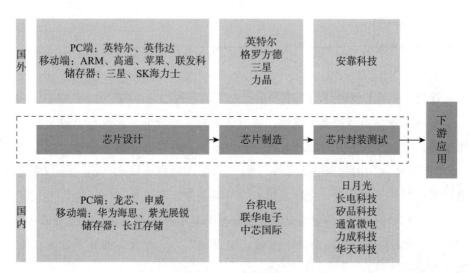

图 5　芯片产业的产业链及代表企业

资料来源:作者根据相关资料整理。

2. 中国信创产业背景

过去中国信息技术底层标准、架构、产品、生态大多数都由国外信息技术企业来制定,由此存在诸多风险。为此,中国要逐步建立基于自己的信息技术底层架构和标准,形成自有开放生态。

2019年我国提出发展信创产业以支撑我国信息技术产业生态发展。信创,即信息技术应用创新产业,旨在实现信息技术领域的自主可控,保障国家信息安全。其核心是建立自主可控的信息技术底层架构和标准,在芯片、传感器、基础软件、应用软件等领域实现国产替代。信创产业是数字经济、信息安全发展的基础,也是"新基建"(新型基础设施建设)的重要内容,将成为拉动中国经济增长的重要抓手。

3. 案例企业背景

2001年,以胡伟武为首的龙芯团队于中国科学院计算技术研究所组建,开始从事芯片研制工作,得到了多项国家级项目的大力支持,完成了十年的技术积累。2010年,在中国科学院和北京市政府共同牵头出资支持下,龙芯开始市场化运作,对芯片成果进行产业化。

龙芯主营业务为处理器及配套芯片的研制、销售及服务,主要产品与服务包括处理器及配套芯片产品与基础软硬件解决方案业务。龙芯研制的芯片包括主要面向工控类应用的"龙芯1号""龙芯2号",以及主要面向信息化应用的"龙芯3号"三大系列处理器芯片及桥片等配套芯片。

图6呈现了龙芯发展历程及关键事件。

图6 龙芯发展历程及关键事件

资料来源:作者根据相关资料整理。

目前,龙芯基于信息系统和工控系统两条主线开展产业生态建设,面向网络安全、办公与业务信息化、工控及物联网等领域与合作伙伴保持全面的市场合作,系列产品在电子政务、能源、交通、金融、电信、教育等行业领域已获得广泛应用。

4. 案例企业进展

(1)龙芯推出 LoongArch 自主架构。

2021 年 4 月,龙芯 LoongArch 架构下的中断模型被正式批准写入 ACPI 规范,成为继"X86""ARM64"架构之后第三种 ACPI 规范支持的 CPU 架构。CPU 指令系统是一种编码格式规范,一种指令系统承载了一个软件生态,如 X86 指令系统和 Windows 操作系统形成的 Wintel 生态以及 ARM 指令系统和 Android 操作系统形成的 AA 生态。

国外 CPU 厂商将指令系统作为控制生态的手段,需要获得"授权"才能研制与之相兼容的 CPU。采用授权指令系统可以研制产品,但不可能形成自主产业生态,就像中国人可以用英文写小说,但不可能基于英文形成中华民族文化。龙芯 LoongArch 指令集的推出,打破了由 Wintel 及 AA 国外厂商主导的基于指令集及芯片设计的生态体系,填补了国家信息化发展要求芯片性能优异且具有完全自主知识产权的空白。

(2)龙芯科创板 IPO 获批。

2022 年 3 月 29 日,证监会发布《关于同意龙芯中科技术股份有限公司首次公开发行股票注册的批复》。招股书显示,龙芯此次 IPO 计划发行不超过 4 100 万股,拟募资 35.12 亿元,投入先进制程芯片研发及产业化、高性能通用图形处理器芯片及系统研发和补充流动资金。

(3)龙芯产业生态建设进展。

2020 年 7 月,龙芯牵头成立了"龙芯生态适配服务产业联盟"。截至 2022 年 1 月,已有近百家厂商推出了数百款基于 LoongArch 的龙芯桌面、服务器、网络安全、密码等产品;已经有 70 余家适配中心和相关机构加入该产业联盟,形成了遍布全国的适配服务联动体系,其业务横跨大数据、云平台、安防、安全、存储、办公等多个领域。目前龙芯已在全国 20 余个省、自治区、直辖市拥有适配中心,在全国范围内形成了覆盖式的适配服务体系。

六、关键要点

1. 案例关键要点

（1）厘清"市场带技术"和"市场换技术"道路的根本区别，分析龙芯走"市场带技术"道路进行自主创新的必要性和内外动因【课程思政切入点】。

（2）理解技术因素与市场、制度等非技术因素对自主创新的作用，引导学生建立创新的开放观和系统观。

（3）结合龙芯的关键核心技术突破实践，学习切实可行的企业自主创新战略与模式【课程思政切入点】。

2. 知识关键要点

（1）自主创新理论：狭义与广义理解、技术能力提升路径和自主开发型组织形态。

（2）颠覆性创新理论：发生条件、颠覆性创新矩阵。

（3）开放式创新理论（创新生态系统理论作为延伸）：内涵、要素与实践经验。

七、建议课堂计划

1. 时间计划

本案例可以在专门的案例讨论课上来学习，课程人数以 20～30 人为宜。课中时间约为 90 分钟，如下是按照时间进度提供的课堂建议，仅供参考。

表 4　课中计划表

课程阶段	教学活动	时间
课前计划	将案例电子版发给学生，并附上思考题，请学生课前完成阅读	提前 1 周
	将所有学生分成四或五组。以小组为单位请学生结合汽车产业案例，对"市场换技术"产业战略进行初步了解，制作一个 3 分钟左右的 PPT，课中将随机抽取两组进行展示介绍	提前 1 周
	有兴趣的学生可以观看龙芯董事长胡伟武做客 CCTV-2《对话》栏目，就中国自主信息产业建设展开讨论的视频。视频地址：https://mp.weixin.qq.com/s/mb_2hoTVE9YqgwG4rUz5gw	40 分钟（非强制）

(续表)

课程阶段		教学活动	时间
开篇		教师通过开场白介绍案例企业背景,以及龙芯"市场带技术"道路的概念;抽取 2 个小组汇报汽车产业"市场换技术"道路的 PPT	10 分钟
课中计划	讨论讲解	以启发思考题为线索,以小组为单位,通过集体讨论、提问、互动等方式引导学生进行问题思考与分析; 问题 1 用时约 15 分钟,问题 2 用时约 10 分钟,问题 3 用时约 10 分钟,问题 4 用时约 20 分钟,问题 5 用时约 10 分钟	65 分钟
	总结	对案例讨论进行归纳和总结,对案例关键要点和知识关键要点进行评述	15 分钟
课后计划		课后作业:要求学生就启发思考题 5 这一开放性问题,为龙芯接下来发展制定简要的创新逆袭战略,以 Word 或 PPT 形式上交	课后 1 周

2. 课堂提问逻辑

分析思路部分已经将课堂提问逻辑列出,主要涉及"龙芯为什么选择走'市场带技术'道路""龙芯是如何走的"以及"龙芯接下来该怎么走下去"这三个递进问题(见图 7)。

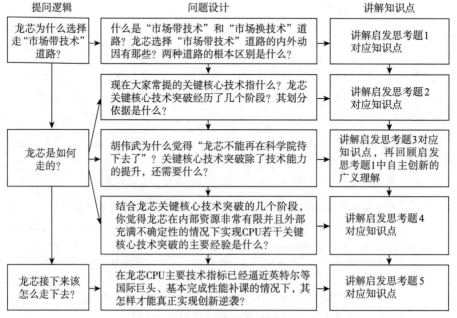

图 7 课堂提问逻辑

附录一
教学案例使用说明示例

3. 课堂板书设计

"市场带技术"道路

■ 龙芯选择"市场带技术"道路动因

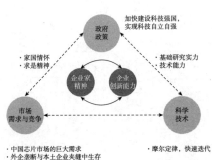

- 家国情怀
- 求是精神
- 中国芯片市场的巨大需求
- 外企垄断与本土企业夹缝中生存
- 摩尔定律,快速迭代
- 基础研究实力
- 技术能力
- 加快建设科技强国,实现科技自立自强

■ "市场换技术"与"市场带技术"对比

对比维度	市场换技术	市场带技术
概念	通过开放市场换取国外企业的技术转移,从而提升国内技术水平	通过体制内市场引导形成技术能力带动技术进步,再参与体制外市场竞争
典型产业	汽车产业	航天产业
技术能力提升路径	FDI、合资等	内部研发、产学研合作等
活动场域	开放市场	体制内市场→体制外市场
价值流向	中国市场→跨国企业→中国企业	中国市场→中国企业→跨国企业
结果	对工艺、流程等技术难度低的创新有直接、快速的帮助,但创新利润取决于国外企业,企业难以培养自主创新能力	为培养关键核心技术能力提供了试错机会和环境保障,企业能掌握创新利润的绝对自主权,但创新的难度较大、时间较长

龙芯发展历程

■ 龙芯关键核心技术突破阶段

阶段	时间	划分依据
技术原理突破	2001—2009年	• "从无到有"掌握基础知识和核心规律,一系列原理样机通过国家标准检测 • 但在实际使用时,发现芯片不可用,因此市场并未打开
技术可靠性突破	2010—2015年	• 龙芯主要面向单一、简单市场进行试错,技术达到"基本可用"水平 • 2015年,龙芯营收过亿元,达到盈亏平衡
技术性能突破	2016—2019年	• 龙芯主要面向复杂固定市场进行试错,技术达到"可用"程度 • 大量企业加入了自主产业链队伍,形成了"场景应用—发现问题—解决问题并完善平台—在应用中检验"的良性循环
技术兼容性突破	2020年以来	• 龙芯面向全业务、全地域应用,技术达到"好用"水平 • 通过多轮试错,龙芯的技术平台不断完善,产业生态体系也初步形成

■ 龙芯转型成立企业

- 转型成立企业有助于龙芯完善组织职能活动流程
- 转型成立企业是为了更好地获取市场信息和客户需求等外部知识进行关键核心技术突破
- 转型成立企业虽然短期内具有较大的财务压力,但是通过市场造血,长期可以为企业带来更大的利润,更好地服务于关键核心技术的投入

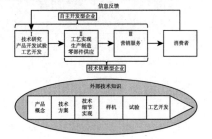

龙芯主要经验

■ 基于颠覆性创新的市场战略克服资源劣势

· 颠覆性创新理论

(1) 延续性创新
把更好的产品引入现有市场

(2) 低成本创新
以低成本业务模式为过度服务的客户解决问题

(3) 新市场创新
从价格或便利性上发现新市场,打破零消费

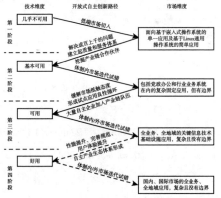

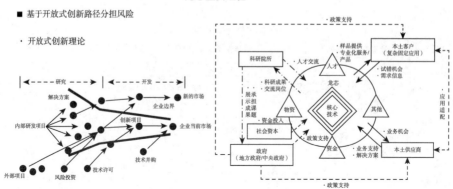

龙芯主要经验

- 基于开放式创新路径分担风险

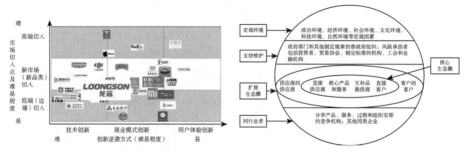

龙芯未来发展思考

 基于颠覆性创新矩阵进行龙芯的定位思考　　 基于创新生态系统的追赶路径思考

八、参考文献

[1] Adner R.: "Match Your Innovation Strategy to Your Innovation Ecosystem", *Harvard Business Review*, 2006 (4): 98-107, 148.

[2] Chesbrough H.: *Open Innovation: the New Imperative for Creating and Profiting from Technology*. Boston: Harvard Business School Press, 2003.

[3] Christensen C.: *The Innovator's Dilemma: When New Technologies Cause Great Firms to Fail*. MA: Harvard Business Review Press, 1997.

[4] Moore J F.: "Predators and Prey: A New Ecology of Competition", *Harvard Business Review*, 1993 (3): 75-86.

[5] Wei X, White S.: "Sequential Learning in a Chinese Spin-off: the Case of Lenovo Group Limited", *R & D Management*, 2004 (4): 407-422.

[6] 陈劲、曲冠楠、王璐瑶:《有意义的创新：源起、内涵辨析与启示》,《科学学研究》,2019年第11期,第2054—2063页。

［7］陈劲、阳镇、朱子钦：《"十四五"时期"卡脖子"技术的破解：识别框架、战略转向与突破路径》，《改革》，2020年第12期，第5—15页。

［8］陈劲、郑刚：《创新管理：赢得持续竞争优势（第三版）》，北京：北京大学出版社，2016年。

［9］胡伟武：《发展自主CPU应该走市场带技术的道路》，《信息安全研究》，2019年第5期，第450—453页。

［10］胡旭博、原长弘：《关键核心技术：概念、特征与突破因素》，《科学学研究》，2022年第1期，第4—11页。

［11］李国杰：《自主创新能力：国家竞争力的中心环节》，《中国集成电路》，2005年第3期，第39—40页。

［12］李维维、于贵芳、温珂：《关键核心技术攻关中的政府角色：学习型创新网络形成与发展的动态视角——美、日半导体产业研发联盟的比较案例分析及对我国的启示》，《中国软科学》，2021年第12期，第50—60页。

［13］李显君、孟东晖、刘曈：《核心技术微观机理与突破路径——以中国汽车AMT技术为例》，《中国软科学》，2018年第8期，第88—104页。

［14］路风：《走向自主创新：寻求中国力量的源泉》，北京：中国人民大学出版社，2019年。

［15］倪光南：《企业如何成为自主创新的主体》，《企业改革与管理》，2006年第4期，第4—5页。

［16］石明虹、刘颖：《战略性新兴产业集群式创新动力机制与关键诱导因素研究》，《科技管理研究》，2013年第24期，第203—206页。

［17］徐宁：《从"市场换技术"到"市场用技术"——基于GVC与NVC视角的中国企业技术创新机制研究》，《现代经济探讨》，2017年第12期，第84—92页。

［18］杨德林、陈春宝：《模仿创新自主创新与高技术企业成长》，《中国软科学》，1997年第8期，第107—112页。

［19］余光胜、李炜：《外商直接投资中技术引进的分析（上）——对"以市场换技术"战略的反思》，《外国经济与管理》，1997年第10期，第7—10页。

［20］张学文、陈劲：《科技自立自强的理论、战略与实践逻辑》，《科学学研究》，2021年第5期，第769—770页。

［21］郑刚：《创新者的逆袭：变革时代后发企业创新致胜之道》，《清华管理评论》，2020年第7期，第101—105页。

INNOVATORS' COUNTERATTACK

附录二

案例分析涉及的主要理论依据

一、从 0 到 1 理论

从 0 到 1 理论的提出者彼得·蒂尔于 1998 年创办 PayPal 并担任 CEO；2002 年，他以 15 亿美元将 PayPal 出售给 eBay，把电子商务带向新纪元；2004 年，他完成了对 Meta 的首笔外部投资，并担任董事。此外，他还联合创办了 Founders Fund 基金，为 LinkedIn、SpaceX、Yelp 等十几家出色的科技新创企业提供早期资金。从 0 到 1 理论指出，在传统时代，成功企业的商业模式是一个从 1 到 N 的过程，也就是在现有的基础上，复制之前的经验，通过竞争不断扩大自己的市场影响力。而在互联网时代，成功的企业却经历了一个从无到有、从 0 到 1 创造市场的过程，要实现这个过程，必须规避竞争、建立"垄断"优势。

从 0 到 1 理论指出，经济学对市场竞争的鼓吹误导了创业者，让他们眼里只有对手，为了赢而创业，而不再为了价值而创业，这会扼杀创新。因此，一定要靠"垄断"规避竞争，才能打造出一家能创造长期价值的企业，不被眼前的短期利益左右。创业成功的标志是建立"垄断"优势，这能把创业者从激烈的市场竞争中解放出来，把精力真正用到创造从 0 到 1 的壮举上，"垄断"优势是优秀创新企业身上的共同点。

怎么才能建立起"垄断"优势，实现从 0 到 1 的跨越？从 0 到 1 理论指出，企业要想通过创新获得"垄断"优势，需要做到以下几点：

（1）占领小市场。在一个小市场里占领主导地位比在大市场里要容易得多。当 PayPal 把目光锁定在 eBay 的数千个超级卖家上时，它就找对了路子。

（2）扩大规模。一旦你成功创造了或者主导了一个利基市场，就要逐步打入稍大些的相关市场。比如亚马逊的经营业务从图书扩展到音像制品和软件。

（3）颠覆性创新。"颠覆"是指一家企业可以用科技创新低价推出一种低端产品，然后逐步对产品做出改进，最终取代现存企业用旧科技生产的优质产品。

蒂尔认为，具有"垄断"优势的企业一般都具有如下特点：拥有专利技术、网络效应、规模经济以及品牌优势。要打造一家具有"垄断"优势的企业，也应从这几个角度去着手：

（1）专利技术。有专利技术指的是自身产品要比别人的好很多，让竞争对手没法通过简单的复制与你竞争。一般来说，必须比替代品好出10倍以上，才算拥有真正的垄断优势。阿里云就是一家掌握了大量核心专利技术的企业，而且其技术相较于原有的IOE等方案而言，实现了5K突破，这就是10倍改进。

（2）网络效应。网络效应就是让一个产品被越来越多的人使用，比如Meta不只是一个人在单方面使用，周围所有朋友都在使用，对用户来说这就是一个网络社交的圈子。阿里云也是具有网络效应的企业，阿里云为企业用户提供了数据、工具、上下游撮合等服务，构建了一个大型的协作网络。

（3）规模经济。从细分领域切入市场之后，需要持续地扩大规模，怎么扩大呢？应先从相邻的领域开始。例如亚马逊从图书领域切入市场后，发展得如火如荼，随后开始往相近的市场延伸，比如卖光盘、卖影像，一步步拓展出去，继续增加种类，直至成为一个世界级的综合商店。规模优势还需要充分考虑边际成本。"垄断"企业越强大，越可以用很高的销量来分摊掉开发一个产品的固定成本。也就是说，规模经济的实现，不仅意味着规模的扩大，边际成本也要有显著的下降。阿里云就是形成了规模经济的典型案例，其提出的政务、电商、工业互联网等行业解决方案是可以规模化复制提供给特定企业的。但很多企业之所以不能成为"垄断"企业，最根本的原因就是其商业模式设计得不对，不能实现规模经济。

（4）品牌优势。品牌优势巩固了企业对市场的垄断地位。阿里云、亚马逊AWS、微软Azure等都来自有品牌优势的企业，能够获取企业用户的信任。

二、自主创新理论

自主创新是破解关键技术受制于人这一难题的战略安排。多年来的实践已经表明，真正的核心技术是买不来的。现实告诉我们，在发展技术特别是战略高技术及其产业方面，必须强调国家意志。通过自主创新掌握关键技术，提升关键产业水平，应当成为新时期我国技术进步的基本立足点。

有学者认为，"自主创新"其实等同于"技术创新"或者"创新"。近年来，我国特别强调的"自主创新"，主要是针对以前过多模仿、引进而缺少自主知识产权和核心技术而言的。对于自主创新的内涵，尽管近年来已经有多种论述，但是仍然众说纷纭，存在一些争论。

1. 狭义的自主创新含义

早期的自主创新，对应于继技术吸收、技术改进之后的一个特定的技术发展阶段，即"自主技术创新"，或"在自有技术上自主创新"，并将技术创新细分为自主创新、模仿创新、合作创新三类。显然这是狭义的定义。清华大学傅家骥教授指出，自主创新是企业（通过自身的努力）或（联合攻关）探索技术的突破，并在此基础上推动创新的后续环节，完成技术的商品化，获得商业利润，以达成预期目标的一种创新活动。后来一些学者认为自主创新不一定是核心技术的突破，也不一定是技术领先的，甚至不一定完全依靠自己，而只要能够掌握自主知识产权，并能提升竞争力即可。

自主创新主要包括三个层面的含义：一是加强原始性创新，努力获得更多的科学发现和技术发明；二是加强集成创新，使各种相关技术有机融合，形成具有市场竞争力的产品和产业；三是在引进国外先进技术的基础上，积极促进消化吸收和再创新。

2. 广义的自主创新含义

随着认识的深入，有学者认为，自主创新不一定是技术方面的创新和突破。中国工程院院士倪光南认为，自主创新是在自主掌控下，利用一切可利用资源，形成体制、机制、产品以及技术上的竞争力，以及持续创新能力。中国工程院院士李国杰认为，自主创新也不一定是从头做起，集成创新和引进技术的消化、吸收、改进也是自主创新的组成部分。提倡自主创新主要是指应尽量争取避免完全受制于人，减少"路径依赖"。

自主创新是指在创新中不单纯依赖技术引进和模仿，而是（在以创造市场价值为导向的创新中）掌握自主权，并能掌握全部或部分核心技术和知识产权，以打造自主品牌、赢得持续竞争优势。自主创新不一定单纯是技术（新产品、工艺等）层面的，管理、制度、战略、市场、文化乃至商业模式等各非技术层面都是自主创新的有机组成部分。

三、跨越 S 曲线（第二曲线）

美国斯坦福大学教授埃弗雷特·罗杰斯（Everett Rogers）在《创新的扩散

（第五版）》一书中提出的 S 曲线反映了某一特定市场、行业乃至产品的发展轨迹，即从平稳开端进入快速增长阶段，然后显现下滑态势。为避免步入颓势，企业需要不断探索新领域，及时地跨越到另一条 S 曲线，从而实现企业绩效的持续性增长（见图 1）。

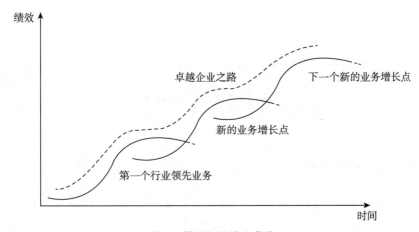

图 1　攀登和跨越 S 曲线

资料来源：E.M. 罗杰斯：《创新的扩散（第五版）》，唐兴通等译，北京：中国工信出版集团、电子工业出版社，2016 年。

《跨越 S 曲线：如何突破业绩增长周期》一书提到，多数企业花费大量精力延伸现有业务线（财务 S 曲线），而未能投入足够精力，为创建成功的新业务打下基础。与此相反的是，卓越企业主动攀升三条隐形的 S 曲线，即竞争、能力和人才 S 曲线，这些 S 曲线在财务 S 曲线达到顶峰前早已步入衰退。在核心业务持续发展的情况下早日跨越这些 S 曲线，才能为持续繁荣奠定坚实的基础。最初支撑企业攀缘下一条 S 曲线的市场、能力、人才等因素，都在随着市场的变化而变化，呈现出由盛至衰的 S 形发展过程。只不过这些 S 曲线与财务 S 曲线相比，不容易为人所知，是"隐形的 S 曲线"。当财务 S 曲线还在蓬勃向上的时候，这些隐形的 S 曲线却已经接近生命周期的尾声，企业在不知不觉中逐渐失去原先拥有的优势（见图 2）。

经总结，企业为跨越 S 曲线必须做到以下两点：

（1）制定边缘战略，以寻找下一个成功业务；

（2）尽快重组高管团队，以便在原有竞争力减弱之前具备新的独特能力。

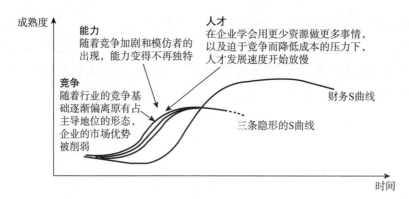

图 2　卓越绩效的隐形曲线

资料来源：作者根据相关资料整理。

四、关键核心技术突破

1. 关键核心技术内涵

从企业的角度来看，关键核心技术是企业的核心资产，服务于企业技术创新，在生产或技术系统中处于核心地位并发挥关键作用（张羽飞和原长弘，2022）。关键核心技术包含企业核心专有信息、技术诀窍，由核心材料、部件、设备、工艺等组成，是企业取得持续竞争优势的关键。

2. 关键核心技术突破路径与机制

从研发路径来看，我国企业需要坚持基础研究—应用研究—产业技术的研发道路，在基础研究与应用研究中反复纵横交替，才能实现关键核心技术从跟跑到并跑再到全球领跑（胡登峰等，2022）。从技术结构来看，关键核心技术突破需经历功能性、性能性和可靠性三个单元，自此技术物化的具体产品性能逐渐提升（李显君等，2020）。从技术链路来看，装备制造业关键核心技术突破需先掌握技术原理，然后突破制造工艺技术难点，最终落地为产品层次的创新（宋艳等，2022）。

突破关键核心技术的源头和基础就是知识创新，对基础研究的投入成为关键核心技术突破的重要机制（陈劲等，2021；王璐瑶等，2022）。企业关键核心技术突破在于其核心能力的逐步建立，关键核心技术创新能力框架由资金与技术、关键人力、研发与产业布局三项核心能力构成：第一，资金与技术能力由大量持续的研发投入与技术积累要素构成；第二，关键人力能力由包括领军企业家、技术专家与人才管理体系在内的企业人力资源要素构成；第三，研发与产业布局能力由企业研发组织体系、产学研合作与技术创新国际化战略要素构成（宋艳等，2022）。除了企业内部研发，企业还可采用"以我为主，联合创新"的模式，整合外部乃至全球资源，提升核心能力，缩短技术的创新时间（孙嘉悦等，2021）。

五、颠覆性创新

哈佛商学院创新理论大师克莱顿·克里斯坦森教授在其1997年出版的代表性著作《创新者的窘境：大公司面对突破性技术时引发的失败》中提出了破坏性创新，又称颠覆性创新理论。克里斯坦森将创新分为两种：延续性创新与颠覆性创新。延续性创新致力于在消费者所重视的维度上对现有产品进行改进，以及向现有市场提供更好的产品；而颠覆性创新则致力于创造新市场，或者提出一种新的价值主张来重塑现有市场。该理论认为，老企业之所以不能成功应对颠覆性变化，是因为其原有的能力只能够进行延续性创新，即通过改进原产品和服务来留住原来的主流客户。颠覆性创新则是通过推出新产品或新服务来开创一个全新的市场。颠覆性创新是基于够用技术的原则，建立在新技术或各种技术融合、集成的基础之上；它偏离主流市场用户所重视的绩效属性，引入低端用户或新用户看重的绩效属性或属性组合的产品或服务，通过先占领低端市场或新市场，从而拓展现有市场或开辟新的市场，引起对现有主流市场的产品或服务的部分替代或颠覆。克里斯坦森提出了两种基本的颠覆方式：低成本创新（低端颠覆）和新市场创新（新市场颠覆），如图3所示。

国内学者在颠覆性创新理论基础上，结合大量中国企业依靠颠覆性创新崛起的案例，开发了颠覆性创新矩阵。

1. 创新逆袭（颠覆性创新）矩阵

如前所述，创新逆袭（颠覆性创新）的一个基本前提是：不能以巨头的方式去挑战或追赶巨头，也就是说，以模仿巨头的方式去挑战巨头是不太可能短时间内追赶或超越巨头的，而是要另辟蹊径。我们在颠覆性创新理论基础上开发的颠覆性创新矩阵，可以很好地揭示这些创新逆袭的企业背后的规律。创新

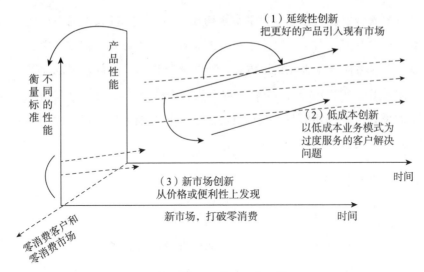

图 3　颠覆性创新模式三维立体图

资料来源：作者根据相关资料整理。

逆袭（颠覆性创新）矩阵的横坐标是逆袭（颠覆）的方式，纵坐标是最初的市场切入点。

根据难易程度不同，可以将引起颠覆的方式分为颠覆性技术、颠覆性商业模式、颠覆性用户体验三种。根据最初的市场切入点及难易程度不同，创新者要么从低端（边缘）市场切入，要么从新市场（新品类）切入，要么从高端市场切入（见图4）。

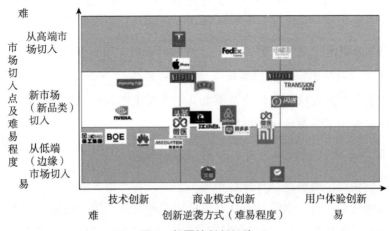

图 4　颠覆性创新矩阵

资料来源：作者根据相关资料整理。

具体而言，导致颠覆的方式（根据难易程度）包括：

第一，颠覆性技术。例如，大疆（消费级无人机）、极米（激光无屏电视）就是典型的相对主流市场而言具有颠覆性技术的科技创新型企业。需要特别指出的是，颠覆性技术一开始并不比原有主流技术更高大上或更高精尖，而往往是性能差、风险高、不成熟、商业模式未经验证的，但一定有某一项指标是比原有主流技术更符合边缘市场或新市场用户需求的。

第二，颠覆性商业模式。创新逆袭并不一定要掌握核心技术，尤其是在起步阶段。对于一些刚起步时并没有核心技术优势的新进入者，例如小米，刚起步的几年主要依靠互联网手机的创新商业模式而异军突起；再比如拼多多，聚焦于淘宝、京东还没有渗透的广大四、五、六线城市和乡镇，用"拼着买、更省钱"的社交电商新商业模式，短短3年时间积累了3亿多用户。

第三，颠覆性用户体验。在刚起步阶段，很多企业可能既没有独特的技术优势，也没有差异化的商业模式，它们能否实现创新逆袭呢？答案是肯定的。即使与同行采用同样的技术和商业模式，只要企业可以把用户体验做得明显比别人更好，就仍然有机会。例如深圳山寨机出身的传音，多年位居非洲手机市场占有率第一，一年卖出1亿多部手机。其创新逆袭的关键是没有局限在竞争日趋白热化的中国手机市场，而是很早就开辟了当时几乎空白的非洲市场（新市场切入），并且凭借独到的"美黑"拍照美颜功能，赢得了非洲当地老百姓的喜爱（颠覆性用户体验）。

根据最初的市场切入点及难易程度，要实现创新逆袭，可以选择以下方式：

第一，从低端（边缘）市场切入。像吉利汽车，刚起步时主打三四万元的"老百姓买得起的车"，先占领低端市场，解决了生存问题，然后不断进行产品升级迭代。

第二，从新市场（新品类）切入。例如，九阳豆浆机最先开辟了家庭豆浆机的新市场；大疆开辟了消费级无人机的新市场；王老吉开辟了罐装凉茶的新市场；传音开辟了非洲新市场；等等。

第三，从高端市场切入。例如特斯拉电动车，最初主要打造的是几十万美元一辆的豪华电动跑车，先切入高端、小众市场，建立起口碑和声誉，逐渐进入主流市场。

2. 用第一性原理进行颠覆性创新

硅谷科技奇才埃隆·马斯克被认为是乔布斯之后硅谷乃至全球最伟大的科技创业者之一。从1995年建立互联网广告企业Zip2，到1999年参与创办第三方支付企业PayPal，再到后来建立SpaceX——世界上第一家私人火箭企业，建立太阳城（Solar City）——主营太阳能发电，近几年还提出了超级高铁构想以及移民火星计划，疯狂的举动伴随着很多颠覆性的创新。

马斯克做的这些连续性的颠覆性创新，其背后有一个基本的"秘密武器"，就是第一性原理（First Principle）：一种不断追问事情本质的思考模式。这个原理最早出自古希腊哲学家亚里士多德："在每一系统的探索中，存在第一性原理，这是一个最基本的命题或假设，不能被省略或删除，也不能被违反。"结合当下的语境，第一性原理就是打破一切知识藩篱，回归物质本源，去思考基础性问题，而不是模仿别人做的事情并稍微加以改进。

大家熟知的类比或者比较思维（又称Me to思维）是指，我们习惯横向比较，看我们和竞争对手相比有哪些优势和劣势，怎么可以做得比他更好；或者纵向比较，与历史实践比较，在投资和创业领域C2C（Copy to China，即将国外模式引入中国）就是典型的类比思维模式。这些比较方式当然没有问题，但是如果只拥有其中一种比较思维，缺乏第一性原理的思考，就不容易产生颠覆性创新。

一般比较思维表现为：这件事没有人做，所以我们肯定也做不好，一般大家都是这样思考的；但是创新者们是这么想的：这件事在理论上是行得通的，我们为什么做不成？

因而，用第一性原理进行思考的人是或能改变世界的人，是我们眼中那些疯狂的人。他们实际上并不是真的疯了，而是他们看待问题的角度不同。

颠覆性创新理论在提出之初就包含低端颠覆性创新和高端颠覆性创新两类。其中，低端颠覆性创新强调颠覆者重视以更简单、更便捷和更高性价比的产品切入被忽视的低端市场，而后通过不断改进技术以快速提升产品性能，最终赢得主流市场份额；高端颠覆性创新则强调凭借新技术创造全新的市场需求。与低端颠覆性创新相比，高端颠覆性创新往往具有基于重大技术突破、以更高性能和价格的产品切入、聚焦于主流市场所忽视的新市场等表现（见表1）。

表1 高端颠覆性创新与低端颠覆性创新的区分

对比维度		低端颠覆性创新	高端颠覆性创新
颠覆结果	市场	主流市场忽略的低端市场	主流市场忽略的高端新市场
	技术	够用技术的重新组合、编排	• 技术的重大突破 • 技术跨界迁移
	产品	• 非主流价值属性切入 • 更低的价格	• 非主流价值属性切入 • 更高的价格

资料来源：作者根据相关资料整理。

六、奏效理论

1. 奏效理论的内涵

奏效理论（Effectuation Theory）来源于创业研究领域，是萨阿斯·萨阿斯瓦斯（Saras Sarasvathy）教授（其导师是诺贝尔经济学奖获得者赫伯特·西蒙）提出的一种解释创业者在不确定环境以及资源稀缺的情况下，创建新市场、新企业、新技术的创新行为的最有说服力的理论之一（张玉利等，2011）。

20世纪80年代以前，大中型企业面临相对稳定的内外部环境，管理者主要关注如何高效达成企业目标，与此相呼应的MBA教育也强调以目标为导向、以预测为基础的因果逻辑推理方式，即首先承认任务目标，预测潜在回报，评价每一个备选方案的机会成本，然后挑选出最佳途径。如今社会变革、竞争加剧，技术的快速进步使得企业所面临的成长环境发生了巨大变化，企业的目标可能变得模糊、市场机会有待挖掘、主导技术尚未确立，创业者、管理者进入了充满不确定性的环境。面临这样一种情况，创业者们是如何创新的呢？萨阿斯瓦斯基于对创业者的研究，认为创业者将遵循一种奏效推理逻辑，即在不确定情境下识别多种可能的潜在市场，不在意预测信息，投资他们可承担损失范围内的资源，并以（与外部资源持有者互动过程中）建立利益共同体的方式整合更多资源，充分利用机会来创造可能结果（Sarasvathy，2001）。

2. 奏效理论的实践应用

奏效理论的五大原则（Sarasvathy，2001）如下：

（1）手中鸟原则（手段导向），即利用现有资源开始行动。不要坐等良机，现在就开始行动，在资源稀缺的条件下充分利用你所拥有的一切资源：想想你是谁，你了解什么，你认识谁？

（2）可承受损失原则，即在评价机会时，要考虑消极后果是否是你所能承受的，而不仅仅看到预测结果中所谓的利益。

（3）柠檬水原则（利用偶然性），即要积极拥抱不确定环境中的意外情况，灵活处之，不要被既定目标所束缚。

（4）疯狂的被子原则（建立伙伴关系），即与那些愿意与你共创未来的人或企业建立合作伙伴关系，共同开发产品、新企业和新市场。不要过度担心竞争分析和战略规划。

（5）飞行员原则（创造机会），即如果你能够通过自如地控制和利用现有资源与合作者一起共创未来，那么就不要担心自己无法预测未来、无法确定完美的时机或者无法找到最佳的机会。

作为一种基本理论，奏效理论已经被学者们运用于除创业领域之外的新产品开发、产品创新、商业战略、研发项目、技术应用等更广泛的领域中，并在很多已创立的企业中也一直在被使用。

七、技术企业的组织形态

组织职能活动的流程包含如图 5 所示的环节。

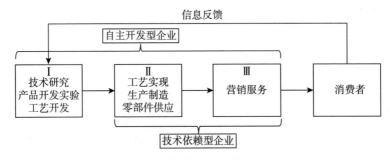

图 5　自主开发型和技术依赖型组织形态

资料来源：作者根据相关资料整理。

自主开发型企业包含环节Ⅰ、Ⅱ和Ⅲ；

技术依赖型企业包含环节Ⅱ、Ⅲ。

两者之间的区别在于企业是否包含制度化的技术研究和产品开发活动，由于研发活动对于技术学习具有不可替代的作用，所以这种区别对企业长期经济绩效的影响是深远的。而企业的研发活动并非随心所欲的，而是必须以市场需求为导向，所以消费者与企业研发之间存在着信息交流。这种信息交流的存在也暗含了一个判断，即没有产品开发能力的企业难以根据市场需求的变化调整产品结构。

一些人经常以"封闭性（关起门来自己做）"为理由反对自主创新，但从技术学习的角度来看，这种理由是荒谬的。图 6 为组织职能活动中环节Ⅰ的详细内容，它所表示的主题是：以产品开发为目标的整个技术研发过程必然包含着对外部技术知识的吸收，即自主创新必然具有吸收外部技术知识的开放性。

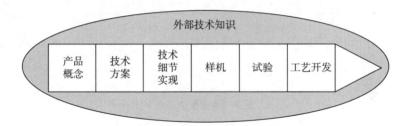

图 6 组织职能活动中环节Ⅰ的主要内容

资料来源：作者根据相关资料整理。

产品开发过程是从产品概念开始的，而形成产品概念不仅需要掌握技术，而且需要对市场需求及其特点的理解，这与企业的战略密切相关。

八、创新生态系统理论

1993 年，美国经济学家詹姆斯·穆尔（James Moore）从企业生态观视角正式提出了"商业生态系统"（Business Ecosystem）的概念（见图 7）。企业不再是孤军奋战的经营体，而是商业生态系统的一部分。同时，每个商业生态系统之间还可能发生交互和共演，并嵌入更广泛的经济生态系统（Economic Ecosystem）中。这种变化影响着企业经营管理的方方面面。例如，通信技术的发展为商业生态系统的形成提供了技术条件，而消费者需求驱动经济（Demand-

Driven Economy）则加速了这一过程。再如，商业生态系统打破了传统的行业界线，使不同行业的企业走到了一起，从而增加了共创共赢的市场机会。此外，超分工整合（Super Dis-Integration）的发展促使企业更关注自己的生态位，以及如何从超出组织边界的资源中获益。

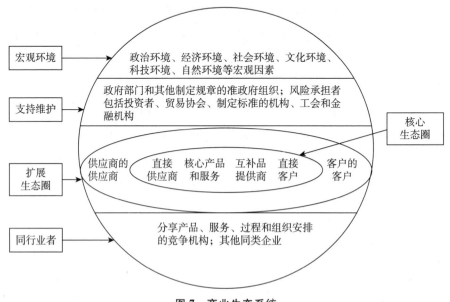

图 7　商业生态系统

资料来源：Mooer J. F.：*The Death of Competition：Leadership and Strategy in The Age of Business Ecosystem*，NY：Harper Collins Publishers，1996。

2006 年，美国学者罗恩·阿德纳（Ron Adner）在商业生态系统的基础上进一步提出"创新生态系统"的概念，认为创新生态系统本质上是指一种协同机制，这种机制能够通过人力、设备、资金、知识、技能、关系、品牌等资源的开放共享降低研发成本，分散市场风险，实现网络效应和规模效益。一个创新生态系统可以为商业运作中的创新提供引导，也将商业战略由简单的联合工作向协同、系统的合作转变，从产品竞争向平台竞争转变，从企业独立的发展向共同演化转变，从而为管理战略的制定提供依据。此时，竞争已不再局限于企业与企业之间，还同时存在于生态系统之间，组织竞争优势还依赖于外部环境的变化和生态系统成员的共同参与。

我国管理学者陈劲等梳理了企业创新生态系统的演化阶段及属性，区别了第三代高度基于战略管理导向的创新体系，以及第四代企业创新生态体系（见

图8和表2）。第三代创新体系强调创新战略在企业战略中的核心作用及其与企业领导治理决策系统的紧密关系，认为企业战略的主导性有效实现了创新所需的各项管理职能（包含研发、制造、设计、营销等）相关协调匹配关系的顶层设计，完善了企业创新战略对于企业战略与竞争优势提升的嵌入关系。而第四代创新生态体系则进一步打破了企业边界，整合了与企业创新活动相关的利益主体的资源，实现了利益共生、协同共演，从而促进生态系统价值的优化与健康地演进。

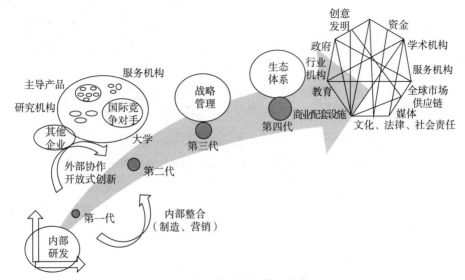

图 8　企业技术创新体系演化

资料来源：陈劲、黄淑芳：《企业技术创新体系演化研究》，《管理工程学报》，2014 年第 4 期，第 219—227 页。

表 2　各代企业创新体系的特点

代际	名称	特点
第一代（20 世纪 50 年代—60 年代中期）	以研发为中心的创新体系	内部、自主
第二代（20 世纪 60 年代中期—80 年代中期）	基于协同/整合的创新体系	互动、开放
第三代（20 世纪 80 年代中期—90 年代）	高度基于战略管理导向的创新体系	战略、治理
第四代（20 世纪 90 年代至今）	创新生态体系	生态、核心

资料来源：陈劲、黄淑芳：《企业技术创新体系演化研究》，《管理工程学报》，2014 年第 4 期，第 219—227 页。

与较为规则的网络不同，企业生态系统具有复杂性、动态性和交叉性等特征。如果传统创新网络的创新主体之间有 $(n-1)/2$ 个协作节点，那么创新生态网络各创新主体之间就有可能产生 $n\times(n-1)/2$ 个协作节点（见图9），因此创新生态系统的网络节点比传统创新的网络节点多了 n 倍，交易越多意味着整个系统产生的经济效应可能越大。

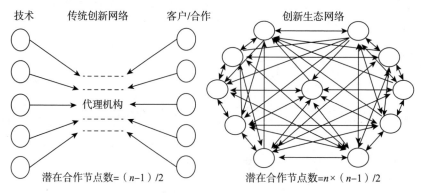

图9　传统创新网络合作与创新生态网络合作节点

资料来源：维克多·黄、格雷格·霍洛维茨：《硅谷生态圈：创新的雨林法则》，诸葛越等译，北京：机械工业出版社，2015年。

九、互补性资产理论

1. 互补性资产的内涵

企业和国家的发展与获利都不能仅仅依靠自主创新和内部研发。特别是在关键核心技术突破活动中，创新活动往往充满着高度不确定性和高风险性，如何有效推动企业从创新中获利成为新焦点。

Teece（1986）在考察"谁能从创新获益"（Profit from Innovation，PFI）问题时，开创性地提出了"互补性资产"（Complementary Asset）的概念，即商业化一项核心技术必需的各类专门性资产，例如竞争性制造、分销渠道、服务网络和互补性技术等。换句话说，企业要想从技术创新中获得经济收益，必须拥有能够将核心技术和知识引入市场的额外资产，这类资产有利于实现核心技术和知识的价值，是企业从创新中获益的源泉。

在技术变革初期，初创企业（即新进入企业）通常具有独特的技术优势，它们需要与成熟的大企业（即在位企业）进行必要的合作、整合，保证新技术的快速商业化。初创企业一旦占据了行业的薄弱环节，并鼓励相关互补性资产活动的竞争，同时限制自身领域的资产移动性、进入和竞争，就将获得结构优势，保证自身占据主导地位。

2. 互补性资产的分类

（1）根据依赖关系分类

Teece（1986）根据互补性资产与技术创新间的依赖关系，将互补性资产分为通用型互补性资产（General Complementary Asset）和专用型互补性资产（Specialized Complementary Asset）。

通用型互补性资产可以通过市场交易获得，不需要为特定的创新行为定制，例如一般性目的的制造设备。此类互补性资产是企业竞争能力形成的基础，但不是竞争优势的来源。

专用型互补性资产表现出创新和互补性资产的依赖（其中，共同专用型互补性资产表现出创新和互补性资产的双边依赖），率先进行技术创新的企业想要获得成功的前提条件之一就是拥有不可模仿的专用型互补性资产。例如，良好的品牌质量和优质的声誉是手机企业的专用型互补性资产，专门的卡车和箱体是集装箱运输活动中的共同专用型互补性资产。

（2）根据获取方式分类

Soh 和 Yu（2010）将互补性资产分为基于市场的资产和非基于市场的资产。

基于市场的互补性资产包括本地化专业知识、客户体验、品牌名称和渠道管理等。

非基于市场的互补性资产包括研发补贴和税收优惠、许可证的建立、管理和经营、政治关系等。

在中国等新兴经济体的部分产业中，由于政府的宏观调控（例如为本土企业创造制度型市场）和基础设施的本地化要求（例如本土通信基站建设），非本土化企业很难满足相应制度约束标准，获得非市场的资源相对比较困难（Soh 和 Yu，2010）

十、开放式创新理论

1. 开放式创新的含义

开放式创新的概念由美国学者亨利·切萨布鲁夫（Henry Chesbrough）提出，这一概念强调了创新的来源，即企业在技术创新过程中，同时利用内部和外部相互补充的创新资源实现创新。根据这个定义，企业技术的商业化可以从内部进行，也可以通过外部途径实现，开放式创新是在创新链的各个阶段与合作伙伴多角度地进行动态合作的一类创新模式。在当今以"开放式创新"为主要范式的知识经济时代，由于知识更新速度不断加快，依靠单个创新组织自身的研发力量实现不断创新变得愈加困难，于是越来越多的大学、科研机构（统称"学研机构"）和企业积极参与跨组织合作来获取知识和技术溢出，从而实现自身创新水平的不断提升，来应对知识（技术）更新速度日益加快所带来的机遇与挑战。开放式创新在帮助企业进行成本和风险的分摊、弥补资源和能力不足、相互学习促进价值共创等方面具有显著优势。当然，采取这一模式也可能面临利益冲突、知识泄露和竞争方面的风险，而化解这一风险的重要手段是明确共同的价值和目标。开放式创新的机理见图10。

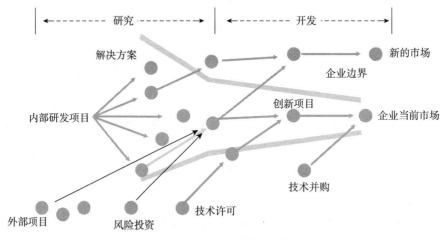

图 10　开放式创新的机理

资料来源：作者根据相关资料整理。

2. 产学研开放式创新

（1）产学研合作

产学研合作是开放式创新常见的类型之一，是指企业与大学或科研机构利用自身要素占有优势，分工协作共同完成一项技术创新的行为。大学和企业为了实现共同利益，以技术转移合约为纽带，在共同投入、资源共享、优势互补、风险共担的条件下，将高技术成果转化为现实生产力（陈劲和郑刚，2016）。

（2）产学研合作的类型

根据合作目的和产出成果的不同，产学研合作可划分为科学合作与技术合作。科学合作指产学研合作主体为了获得关于现象和可观察事实的基本原理的新知识而进行的实验性或理论性研究合作，它不以任何专门或特定的应用或使用为目的，其直接产出成果是合著论文。科学合作包括知识生成（Knowledge Generation）、构想测试（Idea Testing）。技术合作指产学研合作主体以"技术开发"和"技术问题解决"等特定的实际应用为目的，为生产新的产品、材料和装置，开发新的工艺流程而进行的系统性合作，其直接产出成果是联合专利。技术合作包括技术开发（Technology Development）和问题解决（Problem Solving）。

按照合作的紧密程度，产学研合作可划分为技术转让型、委托研究型、联合开发型和共建实体型，这几个类型之间产学研合作关系的紧密程度依次递增。

（3）产学研合作的动机

高校学者参与产学研合作的动机分成资助动机、学习动机和使命动机三类（Iorio等，2017）。企业参与产学研合作的主要动机在于节省交易费用、独占知识技术、获取技术转移等（陈劲和郑刚，2016）。

（4）产学研合作的影响因素

影响产学研合作效果的核心因素包括组织距离、价值共创、吸收能力等（王丽平和栾慧明，2019）。组织距离是指各主体之间在目标、知识、制度以及价值观念等方面存在差异的程度，这些差异的存在是影响彼此间进行合作的主要瓶颈，其主要体现在目标距离、知识距离、文化距离、制度距离四个方面。

组织距离越大，产学研合作创新绩效越弱。价值共创是多元主体之间在相互依存关系基础上所进行的互惠性互动和资源整合的过程，能够完善信息链、价值链和技术链并挖掘多方价值。产学研合作创新的核心在于多个主体间的价值共创过程，价值共创活动越强，对产学研合作创新绩效的促进作用越大。吸收能力是根本性的影响因素，大企业往往具备较多的技术能力积累，具有创新活动中利用学研机构科技知识所需的吸收能力。

（5）产学研合作与核心能力提升

产学研合作能推动后发企业技术能力的不断演变（杨小婉等，2021），其路径为：技术消化吸收→技术改进优化→技术原始创新。产学研合作也能推动学研机构学术能力的不断发展（张艺等，2018），其路径为：前沿技术科学原理的追踪研究→突破性研究→引领性研究。一方面，企业通过产学研合作，以资源协同提升技术创新速度（赵胜超等，2020）。企业与学研机构展开技术合作，能够集聚和整合更多组织间资源，例如实验室、科研仪器与设备、科技人才等，形成创新合力，以开展更多技术合作项目并加快创新速度。另一方面，企业通过产学研合作，以知识协同提升技术创新速度（赵胜超等，2020）。在科技密集型产业中，知识是企业进行创新以提升竞争力的至关重要的战略资源。科学合作通常涉及企业科学家和学术科学家之间的频繁交流和共同研究，这有助于企业获得最前沿的科学知识。除直接从科学合作伙伴那里获取科学知识外，企业通过与学研机构的合作所建立的科学合作网络有利于企业获得更多外部科学知识和科学人才。企业通过整合自身与合作伙伴的技术与科学知识资源，丰富内部科学家和工程师可用的知识库，能够为知识的组合、应用和创造提供更多的潜在机会和可能性，改进现有技术开发流程，提升创新速度。

十一、产品开发平台理论

1. 产品开发平台的内涵与结构

产品开发平台是指任何产品所赖以被开发出来的技术活动系统，即产品序列所"共享"并与之共生的技术活动系统。它以产品序列为工作对象，以不断开发产品为目标和方向，并以产品开发过程为协调机制，是包含了工作对象（产品序列）、工作主体（专业研发人员）和工作支持系统（设备和经验知识）的有组织的活动系统（路风，2018）。产品开发平台构成要素对于系统的功能来说是不可分割且互相嵌入的，具体包括：①有形技术支持系统，如环境设施、工具、工程试验、制造和检测设备等；②无形技术支持系统，指积累的经验知识，以及使这些经验知识能够发挥作用的组织系统；③外部技术支持系统，指一个具有长期稳定关系的网络，由焦点企业所协调，服务于焦点企业的产品开发活动。

2. 产品开发平台的作用

第一，产品开发平台有利于技术创新。当企业处于亚产品层次的学习路径时，学习者的视野被限制在与先进者的技术差距上，很容易忽略技术的应用关联环境（市场概念）。而在必须解决产品层次问题的压力下，创新链条的所有环节都会进入学习者的视野。

第二，产品开发平台有利于保持技术知识的连续性成长。无论是对现有产品的改进，还是需要开发（概念或原则发生变化的）新产品，产品开发平台的存在可以使开发者大大缩小解决问题和搜寻新知识的范围，帮助技术人员迅速把握新产品的概念和参数，从而大大降低在技术进步过程中无法避免的不确定性（Nelson 和 Winter，1982）。

第三，产品开发平台有利于协调研发活动。在技术永远处于变化的条件下，在什么时候和什么条件下需要以"稳定的产品形式"来集成变化了的元件技术，不是由技术本身决定的，而是由应用关联环境变化对于企业竞争地位的影响所决定的（Iansiti，1998）。

第四，产品开发平台的不断发展促进企业系统集成能力的形成。一次性的产品开发往往只需要静态的元件知识和构建知识（可以通过模仿而获得知识），但随着产品开发平台的演化，企业就必须开始学习如何塑造这种平台演进的知识，并且开始主动地关注技术变化对于产品演进的意义。

十二、企业内部创业理论

企业内部创业是指企业层面的创业行为。有多个相关的词：企业创业（Corporate Entrepreneurship）、内企业家精神（Intrapreneurship）、内部企业家精神（Internal Entrepreneurship）、企业风险活动（Corporate Venturing）、创业导向（Entrepreneurial Orientation）等。

管理学者丹尼·米勒于1983年首次提出了企业创业的理论和测量工具。根据 Sharma 和 Chrisman 的观点，企业创业是指组织内部的个体或群体通过与组织联合来创建新的业务机构、推动组织内部战略更新和创新的过程。企业创业对于企业的生存和发展具有极其重要的意义。

郑馨按照企业参与程度和控制权程度的高低，总结出内部创业的四种模式：内部创新提案、新项目小组或新事业部、创业孵化器以及衍生裂变创业（见图11）。张武保和任荣伟提出企业内部创业的层次、结构与内容逻辑。企业内部创业可以划分为企业内新创事业和企业外衍生创业两个集合（见图12）。

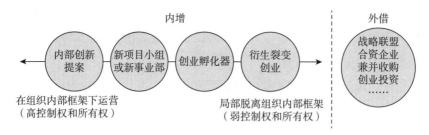

图 11　内部创业的模式

资料来源：作者根据相关资料整理。

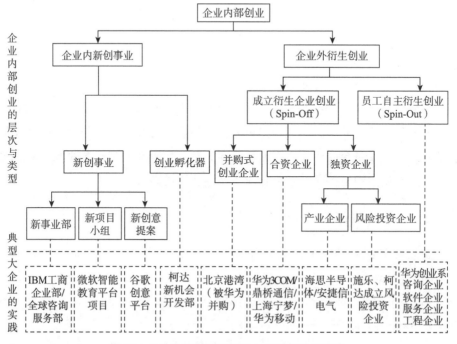

图 12　企业内部创业的层次、结构与内容逻辑

资料来源：作者根据相关资料整理。

图 11 中的衍生裂变创业指现有企业将某一业务部门分拆出去创立新企业，或者由员工离职创办新企业。国内出现的"华为系""阿里系"，以及美国硅谷的"硅谷族谱"等，都是由母体企业不断衍生裂变形成的。衍生裂变的新创企业通常与原有企业保持千丝万缕的联系，如资源的传承、业务上的往来。

衍生创业者会选择成为大企业上游的原材料供应商、下游的销售商或服务商，或作为母体企业的竞争者从事类似或相同业务。Zahra 等认为企业创业是企业在运营中所表现出的为鼓励创新和承担可计量风险所采取的行动，包括创新、风险和更新三种活动。

企业内部创业最核心的本质是激发创新，并且能够提升企业竞争能力。相对于个人创业而言，企业创业需要克服组织惯性和官僚化的侵蚀，解决新旧业务活动之间的种种冲突，善于从多个创业机会中选择适合成为未来战略内容的发展方向。

对于大多数企业而言，只有当企业遭遇发展困境时才会去考虑内部创新、创业的问题，但是优秀的企业却会在遭遇瓶颈前就开始行动。谷歌的创新往往走在世界前列，就是因为它考虑问题具有前瞻性，领先一步开展"裂变式创业"，避免企业的发展陷入停滞状态，也保证了优秀人才不会外流。

华为和谷歌都在企业发展的过程中使用了内部创业的方式来帮助企业不断进步。华为在内部创业的过程中，采取的是将企业的非核心业务内部创业为企业的代理商或外包业务商的模式；而谷歌采用的是"20%时间关注新创项目+现金奖励"这样一种内部创业模式。

硅谷精益创业教父史蒂夫·布兰克（Steve Blank）指出，大企业应该效仿"精益创业"的形式，鼓励员工内部创业以激发活力，但是与现有架构无缝衔接却不是一件容易的事。这需要在战略和架构层面与企业高层（董事会、CEO、高管）达成共识。为此，内部创业企业必须做到：获取母体企业高层权威人物的稳定支持，将自己的业务流程隔离和保护起来，以避免受到母体企业既得利益集团的毁灭性打击。

高水平的内部创业机制能较好地适应竞争环境的要求并创造出一种新的竞争战略模式。总体来看，衍生裂变创业既避免了由母体企业对业务的完全控制而可能导致的低效率，又避免了由独立创业而带来的完全市场交易中的高风险。这种模式一方面有利于大企业持续不断地孕育更多的创业精神、解决内部创新动力不足的问题，另一方面也为自我驱动力强、有创新基因的员工提供了自由空间和强有力的激励，避免了人才流失。

但衍生裂变创业也有潜在的风险。大企业作为新创企业的摇篮，如果完全失去对衍生企业的所有权和控制权，衍生企业很有可能成长为兼具创造力和破坏力的力量，甚至威胁到原有大企业的利益。例如，2000年左右，华为曾鼓励内部创业。李一男离开华为，带走了不少顶尖研发和销售人员，创建了港湾网络。港湾网络后来发展成为华为企业级数据通信市场的主要竞争对手。这一事件以华为实施狙击，最终收购港湾网络收尾，被视为华为衍生裂变创业的滑铁卢之役。

十三、精益创业理论

精益创业的概念由美国硅谷创业家埃里克·莱斯于2012年在其著作《精益创业：新创企业的成长思维》一书中提出，是近年来兴起于硅谷并日益产生全球影响的一种非常实用的创业基本方法论。其核心思想深受硅谷创业教父史蒂夫·布兰克在其著作《四步创业法》中提出的"客户开发"方式的影响。布兰克为精益创业提供了很多案例和精彩点评，他是一位连续创业者，先后开办了八家企业，其中有四家企业已经上市。布兰克在《哈佛商业评论》中预言：精益创业将改变一切！

几十年来，传统创业思维的基本假设在于：环境是确定性的，未来是可以预测的，用户需求基本是已知的，解决方案也是非常确定的。但现实绝非如此。我们当前所处的商业环境正在发生颠覆性巨变，不确定性和风险日益增加。

精益创业的核心思想是，先尽快提供一个最小可行产品（Minimum Viable Product，MVP），然后通过不断学习和获取有价值的客户反馈，对产品进行快速迭代优化，以期适应市场。其理念可以追溯到软件行业的敏捷开发管理，可以将其理解为敏捷开发模式的一种延续。精益创业不能保证创业一定成功，但无疑会大大降低创业失败率、加快低成本试错、提升创业成功率。

新创企业与大企业的真正区别在于商业模式是否已知：大企业已经有被验证了的商业模式，而新创企业没有；大企业更多是在运营和执行的层面执行已知或已经确认的商业模式，而新创企业则是探索未知的商业模式。新创企业肯定不是大企业的微缩版。新创企业之所以失败,是因为它们混淆了探索与执行。

一般来说,新创企业会经历四个阶段:第一、第二阶段是探索商业模式;第三阶段是放大商业模式,也就是说,在这个阶段,商业模式基本确立;第四阶段是进入正常的运营状态。

具体来看,第一阶段是商业模式的探索,这是发散式的探索,不确定性极高。企业可能会尝试多个方向,快速转向,不停试错;第二阶段是聚焦式的探索,企业已经初步确立了方向,有可能在两三个路径中选择商业模式;第三阶段,商业模式确立,进入放大阶段;第四阶段是商业模式的正常执行。布兰克基于精益创业理念提出的"四步创业法",分两大阶段、四个步骤,如图13所示:

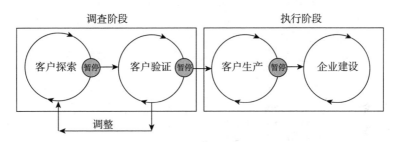

图 13 四步创业法的步骤

资料来源:史蒂夫·布兰克、鲍勃·多夫:《创业者手册:教你如何构建伟大的企业》,新华都商学院译,北京:机械工业出版社,2013 年。

十四、技术创业理论

技术创业(Technology Entrepreneurship)属于全面创业活动的部分集合,指创业者在高层次技术的基础之上所进行的创业活动。美国斯坦福大学托马斯·拜尔斯(Thomas Byers)教授对"技术创业"定义如下:技术创业是对一个地区、一个国家甚至整个世界产生重大影响的创业行为。技术创业是一种创业领导力的形式。技术创业者必须能够识别技术密集型创业机会,为了实现机会必须能够募集人才和资金。技术创业应该立足于革命性技术进步或者渐进性技术改善。技术创业的目标市场可能是现有市场,也可能会形成完全新的市场。技术创业的主体可能是相对独立的研究人员,也可能是属于现有企业的研发人员。技术创业本质上就是基于技术创新的创业。

从美国、日本发达国家的高新技术小企业成长的过程来看，技术创业的驱动力包括四个基本要素：市场拉力、技术推力、技术创业机制和创业精神，其中市场拉力和技术推力起着主导作用。在以上驱动力的作用下，高科技企业的创业团队开始整合内外部的创业资源，并领导创业组织，形成自身的核心能力，制定相应的技术发展战略和市场竞争策略，以获取超额利润。基于以上创业要素，可构建起高科技企业的技术创业过程动态模型（见图14）。

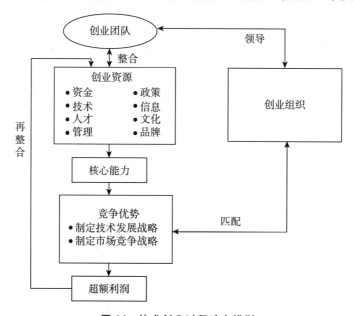

图14　技术创业过程动态模型

资料来源：作者根据相关资料整理。

模型中，创业团队处于核心地位，技术创业的成功与否取决于创业团队是否团结一致。创业不是个人行为，是创业团队共同努力的成果。一个团队的团结是企业根本的竞争力。有了创业团队后，才开始整合内外的创业资源。拥有必要的创业资源是高科技企业成功创业的重要支撑。然而，创业资源并非越多越好，成功的创业企业往往更着眼于最优化使用资源并且控制资源，而不是试图完全拥有资源。高科技企业的管理者需要有效识别各种创业资源，并且积极借助企业内外部的力量对创业资源进行组织和整合，提升企业的核心竞争力，促进创业企业的成长。与一般的资源不同，高科技创业企业发展所需的资源有其独特性，它们所涵盖的内容侧重点也与一般的企业有所不同，需要从创业成长的视角进行分析，把握高科技企业的创建和成长中的最关键要素。因此，高科技企业的创业资源可理解为其创立及成长过程中所需要的各种生产要素和支撑条件，以区别于一般的企业资源。对于这个概念，可以从以下三个方面深入理解。

首先，从创业过程本身来看，高科技企业创业的过程就是创业者组合创业资源、形成产品（或服务）并创造价值的过程。熊彼特认为"创业者的功能就是实现新组合"，这种新组合的对象就是创业资源。创业者实施新组合的途径包括产品（或服务）创新、工艺创新、市场创新、原材料创新和组织创新，目的就是赚取实现产品（或服务）的市场价值并创造超额利润。因此，创业资源是创业者必须时刻放在最重要位置并反复估量权衡的对象。

其次，创业资源的获取途径主要有两个方面，即外部获取与内部积累。由于创业的特点，在创业过程中，创业者要积极把握各项外部资源，拓展获取外部资源的能力，利用外部资源支持创业成长。创业者一旦开始创业，一般都会遇到资源短缺的问题，特别是在高科技企业发展之初。一方面，企业的创新和成长需要用到大量资源；另一方面，企业自身还很弱小，缺乏自我积累资源的实力。所以企业只有从外部获取到充足的创业资源，才能实现快速成长。

最后，创业资源不仅包括一般意义上的生产要素，还包括一些支撑条件。相对于成熟的大企业，高科技企业更需要一些重要的支撑条件，如政策上的允许和优惠、良好的创业文化氛围等。如果没有这些支撑条件，创业者或许根本无法开展创业活动，或者无法顺利开展创业活动。这是创业资源与一般企业在发展中急需的经济资源的重大差异，创业者必须意识到这些资源的重要性，充分发挥它们对创业成长的重要支持作用。

据此，创业资源可分为要素资源和环境资源：对于那些直接参与高科技企业日常生产、经营活动的资源，称之为创业所需的要素资源；而那些虽然未直接参与企业生产，但是其存在极大地提高了企业运营有效性的资源则被称为创业所需的环境资源。要素资源包括资金、技术、人才、管理；环境资源包括政策、信息、文化、品牌。

高科技企业所拥有的创业资源必须加以有效整合，才能形成企业的核心竞争优势，在市场上获得长期的生命力；如果仅仅是资源的摆设，只会造成大量的资源浪费，最终导致企业被市场淘汰。资源整合，就是把企业所拥有的自然资源、信息资源及知识资源在时间和空间上加以合理配置、重新组合，以实现资源效用的最大化。必须注意的是，这种资源效用的最大化，并非简单的各项资源各安其位、各司其职，而是能够通过重新整合规划，创造企业独特的核心竞争力，实现企业在市场上的竞争优势。只有通过资源整合实现企业的竞争优势，才能认为企业资源整合合理到位。

对于高科技企业来说，战略定位不清晰、核心竞争力不明确是其发展的主要障碍，所以有效的资源整合能够帮助创业者重新认识企业的竞争优势，制定切实可行的战略规划，为新创企业的成长打下良好的基础。当然，对于不同的企业来说，资源整合具有不同的内容，只有根据自身内外资源和市场状况的现实进行整合，才能使企业的资源配置达到最优。同时，创业团队还要领导创业组织，创业组织要与企业制定的战略相匹配，包括与相应的技术发展战略、市场竞争战略相匹配，以更好地执行企业的战略规划。

资源基础论认为，资源是企业能力的来源，企业能力是企业核心竞争力的来源，核心竞争力是竞争优势的基础。因此，必须从企业的资源出发，不断整合，最终形成企业的竞争优势，以获取超额利润。之后创业团队还要重新整合创业资源以实现企业的可持续发展。

十五、数字创新理论

数字创新即在创新过程中采用信息、计算、沟通和连接技术的组合，包括大数据、云计算、区块链、物联网、AI、虚拟现实技术等，最终带来新的产品、生产过程改进、组织模式变革以及商业模式的创建和改变等。根据创新产出的类型可以对数字创新做进一步划分（刘洋等，2020）：

（1）数字产品创新。数字产品创新指对特定市场来说非常新的产品或服务，包含数字技术，即信息、计算、沟通和连接技术的组合，或者被数字技术所支持的产品或服务。数字产品创新主要包含两大类：纯数字产品（如应用软件）以及数字技术与物理部件相结合的产品（如智能家居产品）（Boudreau, 2012）。

（2）数字过程创新。数字过程创新指数字技术（即信息、计算、沟通和连接技术的组合）的应用改善甚至重构了原有创新的流程框架。在数字经济时代,创意产生、产品开发、产品试制与制造以及物流和销售等环节都可能被数字技术颠覆(Austin 等,2012;Franke 和 Hippel,2003)。

(3)数字组织创新。数字组织创新指数字技术(即信息、计算、交流和连接技术的组合)改变了组织的形式或者治理结构。实际上,数字技术能够影响诸如交易处理、决策制定、办公工作等企业治理的方式甚至改变企业的形态,比如阿里巴巴在 2015 年为适应数字经济而启动了中台战略,重构了组织模式和运行机制(钟华,2017)。

(4)数字商业模式创新。数字商业模式创新指数字技术(即信息、计算、沟通和连接技术的组合)的嵌入改变了商业模式(Ciriello 等,2018)。

十六、商业模式创新

目前,管理界最广为接受的关于商业模式的定义是:商业模式是一种包含一系列要素及其关系的概念性工具,用以阐明某个特定实体的商业逻辑。它描述了企业能为客户提供的价值以及企业的内部结构、合作伙伴网络和关系资本等用以实现(创造、营销和交付)这一价值并产生可持续、可盈利性收入的要素。

商业模式可以分为以下九个部分:

(1)价值主张(Value Proposition),即企业通过其产品和服务向消费者提供的价值。价值主张确认了企业对消费者的实际意义。

(2)目标消费者群体(Target Customer Segments),即企业所瞄准的消费者群体。这些群体具有某种共性,从而使企业能够(针对这些共性)创造价值。定义消费者群体的过程也被称为市场划分。

(3)分销渠道(Distribution Channels),即企业用来接触消费者的各种途径。

(4)客户关系(Customer Relationships),即企业同其他消费者群体之间所建立的联系。

(5)价值配置(Value Configurations),即资源和活动的配置。

(6)核心能力(Core Capabilities),即企业执行其商业模式所需的能力和资格。

(7)合作伙伴网络(Partner Network),即企业之间为有效地提供价值并实现其商业化而形成的合作关系网络。

(8)成本结构(Cost Structure),即企业所使用的工具和方法的货币描述。

(9) 收入模型（Revenue Model），即企业通过各种收入流来创造财富的途径。

分析商业模式的实用工具是商业模式画布，如图 15 所示：

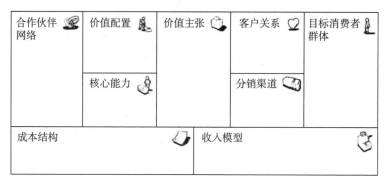

图 15　商业模式画布示意

资料来源：亚历山大·奥斯特瓦德、伊夫·皮尼厄：《商业模式新生代》，王帅、毛心宇、严威译，北京：机械工业出版社，2011 年。

十七、资源拼凑理论

资源拼凑这一概念最早源于人类学研究，核心是"利用手边一切资源做事"（Levi-Strauss，1966）。近年来，巧创的内涵不断得到丰富，专指巧创者（组织或个人）"利用已有的一切资源来完成面临的任务"（Weick，1993），体现了临时应对意外状况和机会的行为模式。

Baker 等（2003）、Baker 和 Nelson（2005）把巧创引入创业领域，他们针对资源贫乏的创业企业，进一步细化了巧创的概念——"凑合着组合手边资源以应对新问题或者新机会的即兴行为"。这个定义强调三个维度：凑合着用，体现了组织积极克服资源限制和应对新问题的态度；手边资源，指能够免费获得或者以较低成本获得的资源；为新目标进行资源组合，如重新组合资源和旧资源的新用途等（Baker 等，2003；Baker 和 Nelson，2005）。这三个维度涉及了巧创的对象（手边资源）、方式（重新组合）以及目的（新目标）（Senyard 等，2014）和成长（如 Salimath 和 Jones，2011）。

资源拼凑理论直接挑战了企业资源观、资源依赖理论、知识搜索理论等。这一观点为非研发创新研究提供了新的视角。

十八、组织变革理论

1. 组织变革的内涵

关于组织变革，最具代表性的观点来自彼得·德鲁克。他认为，组织变革就是当组织成长迟缓，内部不良问题产生，组织已无法适应经营环境变化时，企业所做出的组织调整，即对组织结构、内部层级、工作流程、沟通方式及企业文化等进行必要的调整和改善，同时及时改变领导者和员工的观念及行为方式，以促使企业顺利转型（张灿泉，2011）。

组织变革是管理者对组织设计、职权分配等组织相关内容进行的改变。这种改变可以具体分为：

（1）组织模式改变，例如由职能型结构向事业部制结构的转变，或者金字塔型向矩阵制的组织结构转变。

（2）职务设计的改变，包括：管理者重新设计职务或工作程序，修订职位说明书，丰富职务内容，以及实行弹性工作制。

（3）激励制度的改变，例如通过业绩奖励或利润分享方案，提高对员工的激励效果。

2. 自组织变革

企业作为一种组织形态，其运行和管理也必然遵循着一般组织的共性特质。组织是一种内部各元素有序耦合、协同运行的系统，或者是这种有序结构的形成过程。协同学创始人、德国理论物理学家哈肯从组织进化的视角，划分出了"他组织"和"自组织"。前者依靠外部指令和控制实现有序结构；后者则基于某种规则实现了内部不同要素的运作协调，从而自发地从无序走向有序。

自组织理论的基本特征有以下五点：

（1）整体大于部分之和。自组织因通过系统整合而在内部形成了协作、联合的关系，原本较为低级的个体结合在一起，产生了单个个体或者简单的叠加所无法达到的效果。

（2）以分布式控制代替集中控制，即改变以往一个控制中心支配的方式，实现多中心化的分散控制。在这种控制模式下，一个次级单元可以形成相对独立的主体，自主进行自我控制，并能够独立应对变化，在出现问题时也能利用完整的机制进行自我修复和成长。

（3）自组织的变化由底层、局部和边缘开始。受分布式控制的影响，自组织的变化通常来自底层、边缘，也就是一些小环节和低层单元，而非中心和上层。但这些小变量不容小觑，极容易对整个系统产生巨大影响，甚至带来颠覆性的变化。

（4）非线性和突变性演变轨迹。非线性是指发展变化过程中自变量和因变量之间的关系不能呈现出对应紧密的非线性关系，事物之间的关系变化并不能用清晰的因果关系来概括，而呈现出复杂化与多维的特征。

（5）自组织能够进行自我修复和演化。当组织内部能量使用完毕、面临枯竭的时候，只要对外界保持开放状态，这套生存机制就会发生作用，吸纳外界能量，进行信息交换，为组织注入活力，使组织重新焕发生机。

参考文献

［1］Austin R., L. Devin and E. E. Sullivan：" Accidental Innovation：Supporting Valuable Unpredictability in the Creative Process"，*Organization Science*，2012（5）：1505–1522.

［2］Baker T. and R. E. Nelson：" Creating Somthing From Nothing：Resource Construction through Entrepreneurial Bricolage"，*Administrative Science Quarterly*，2005（50）：329–366.

［3］Baker T., A. S. Miner and D. T. Eesley：" Improvising Firms：Bricolage, Account Giving and Improvisational Competencies in the Founding Process"，*Research Policy*，2003（2）：255–276.

［4］Boudreau K. J.：" Let a Thousand Flowers Bloom？An Early Look at Large Numbers of Software App Developers and Patterns of Innovation"，*Organization Science*，2012（5）：1409–1427.

［5］Ciriello R. F., A. Richter and G. Schwabe：" Digital Innovation"，*Business & Information Systems Engineering*，2018（6）：563–569.

［6］Franke N. and E. V. Hippel：" Satisfying Heterogeneous User Needs Via Innovation Toolkits：The Case of Apache Security Software"，*Research Policy*，2003（7）：1199–1215.

［7］Iansiti M.：*Technology Integration：Making Critical Choices in a Dynamic World*，Boston：Harvard Business School Press，1998.

［8］IorioR., et al.：" The Importance of Pro-social Behaviour for the Breadth and Depth of Knowledge Transfer Ac-tivities：An Analysis of Italian Academic Scientists"，*Research Policy*，2017（2）：497–509.

［9］Levi-Strauss C.：*The Savage Mind*，Chicago，IL：University of Chicago Press，1966.

［10］Nelson R. and S. Winter：*An Evolutionary Theory of Economic Change*，Cambridge：The Belknap Press of Harvard University Press，1982.

［11］Salimath M. S. and R. Jones："Population Ecology Theory：Implications for Sustainability"，*Management Decision*，2011（6）：874-910.

［12］Sarasvathy S. D.："Causation and Effectuation：Toward a Theoretical Shift From Economic Inevitability to Entrepreneurial Contingency"，*The Academy of Management Review*，2001（2）：243-263.

［13］Senyard J., et al.："Bricolage as a Path to Innovativeness for Resource-Constrained New Firms"，*Journal of Product Innovation Management*，2014（31）：211-230.

［14］Soh P. H. and J. Yu："Institutional Environment and Complementary Assets：Business Strategy in China's 3G Development"，*Asia Pacific Journal of Management*，2010（4）：647-675.

［15］Teece D. J.："Profiting from Technological Innovation：Implications for Integration，Collaboration，Licensing and Public Policy"，*Research Policy*，1986（6）：285-305.

［16］Weick K. E.："The Collapse of Sensemaking in Organizations：The Mann Gulch disaster"，*Administrative Science Quarterly*，1993（4）：628-652.

［17］Wei J., et al.："The Critical Role of The Institution-Led Market in the Technological Catch-Up of Emerging Market Enterprises：Evidence from Chinese Enterprises"，*R&D Management*，2020（4）：478-493.

［18］彼得·德鲁克：《巨变时代的管理》，朱雁斌译，上海：上海译文出版社，2006年。

［19］陈劲、阳镇、朱子钦：《新型举国体制的理论逻辑、落地模式与应用场景》，《改革》，2021年第5期，第1—17页。

［20］陈劲、郑刚：《创新管理：赢得持续竞争优势》，北京：北京大学出版社，2016年。

［21］胡登峰、黄紫微、冯楠，等：《关键核心技术突破与国产替代路径及机制——科大讯飞智能语音技术纵向案例研究》，《管理世界》，2022年第5期，第188—208页。

［22］李华晶：《学者、学术组织与环境：学术创业研究评析》，《科学学与科学技术管理》，2009年第2期，第51—54页。

［23］李显君、熊昱、冯堃：《中国高铁产业核心技术突破路径与机制》，《科研管理》，2020年第10期，第1—10页。

［24］刘洋、董久钰、魏江：《数字创新管理：理论框架与未来研究》，《管理世界》，2020年第7期，第198—217+219页。

［25］路风：《产品开发平台》，《管理世界》，2018年第8期，第106—129+192页。

[26] 宋艳、原长弘、张树满：《装备制造业领军企业如何突破关键核心技术？》，《科学学研究》，2022 年第 3 期，第 420—432 页。

[27] 孙嘉悦、郑素丽、黄灿：《研发模式与外部技术吸收速度：基于中国高技术产业的实证研究》，《科学学研究》，2021 年第 8 期，第 1373—1383+1406 页。

[28] 王丽平、栾慧明：《组织距离、价值共创与产学研合作创新绩效》，《管理学报》，2019 年第 5 期，第 704—711 页。

[29] 王璐瑶、曲冠楠、Juan Rogers：《面向"卡脖子"问题的知识创新生态系统分析：核心挑战、理论构建与现实路径》，《科研管理》，2022 年第 4 期，第 94—102 页。

[30] 杨小婉、朱桂龙、吕凤雯，等：《产学研合作如何提升高校科研团队学者的学术绩效？——基于行为视角的多案例研究》，《管理评论》，2021 年第 2 期，第 338—352 页。

[31] 张灿泉：《变革沟通对变革承诺的影响机制研究》，浙江大学硕士学位论文，2011 年。

[32] 张钢、张灿泉：《基于组织认知的组织变革模型》，《情报杂志》，2010 年第 5 期，第 6—11 页。

[33] 张艺、陈凯华、朱桂龙：《学研机构科研团队参与产学研合作有助于提升学术绩效吗？》，《科学学与科学技术管理》，2018 年第 10 期，第 125—137 页。

[34] 张羽飞、原长弘：《产学研深度融合突破关键核心技术的演进研究》，《科学学研究》，2022 年第 5 期，第 852—862 页。

[35] 张玉利、田新、王瑞：《创业决策：Effectuation 理论及其发展》，《研究与发展管理》，2011 年第 2 期，第 48—57 页。

[36] 赵胜超、曾德明、罗侦：《产学研科学与技术合作对企业创新的影响研究——基于数量与质量视角》，《科学学与科学技术管理》，2020 年第 1 期，第 33—48 页。

[37] 钟华：《企业 IT 架构转型之道阿里巴巴中台战略思想与架构实战》，北京：机械工业出版社，2017 年。

[38] 周炜、蔺楠、张茜：《学术创业：研究综述与展望》，《科研管理》，2022 年第 1 期，第 14—21 页。

教辅申请说明

北京大学出版社本着"教材优先、学术为本"的出版宗旨,竭诚为广大高等院校师生服务。为更有针对性地提供服务,请您按照以下步骤通过**微信**提交教辅申请,我们会在 1~2 个工作日内将配套教辅资料发送到您的邮箱。

◎ 扫描下方二维码,或直接微信搜索公众号"北京大学经管书苑",进行关注;

◎ 点击菜单栏"在线申请"—"教辅申请",出现如右下界面:

◎ 将表格上的信息填写准确、完整后,点击提交;

◎ 信息核对无误后,教辅资源会及时发送给您;如果填写有问题,工作人员会同您联系。

温馨提示:如果您不使用微信,则可以通过以下联系方式(任选其一),将您的姓名、院校、邮箱及教材使用信息反馈给我们,工作人员会同您进一步联系。

联系方式:

北京大学出版社经济与管理图书事业部
通信地址:北京市海淀区成府路 205 号,100871
电子邮箱:em@pup.cn
电　　话:010-62767312
微　　信:北京大学经管书苑(pupembook)
网　　址:www.pup.cn